■ 浙江工商大学文化精品研究工程

■ 改革开放40周年浙商研究院智库丛书

健康浙江

社会健康治理方法与实践

高 燕/著

浙江工商大学出版社
ZHEJIANG GONGSHANG UNIVERSITY PRESS | 杭州

图书在版编目(CIP)数据

健康浙江：社会健康治理方法与实践 / 高燕著.
—杭州：浙江工商大学出版社，2018.12
　ISBN 978-7-5178-3089-4

　Ⅰ．①健… Ⅱ．①高… Ⅲ．①社会管理－研究－浙江
Ⅳ．①D675.5

　中国版本图书馆 CIP 数据核字(2018)第 278397 号

健康浙江：社会健康治理方法与实践
JIANKANGZHEJIANG:SHEHUI JIANKANG ZHILI
FANGFA YU SHIJIAN

高　燕著

责任编辑	唐　红　谭娟娟	
封面设计	王妤驰	
责任印制	包建辉	
出版发行	浙江工商大学出版社	
	（杭州市教工路 198 号　邮政编码 310012）	
	（E-mail:zjgsupress@163.com）	
	（网址:http://www.zjgsupress.com）	
	电话:0571 - 88904980,88831806(传真)	
排　　版	杭州朝曦图文设计有限公司	
印　　刷	杭州高腾印务有限公司	
开　　本	710mm×1000mm　1/16	
印　　张	17	
字　　数	266 千	
版印次	2018 年 12 月第 1 版　2018 年 12 月第 1 次印刷	
书　　号	ISBN 978-7-5178-3089-4	
定　　价	52.00 元	

丛书编委会

总 主 编：陈寿灿

副总主编：李 军

副 主 编：范 钧 鲍观明 吴 波

编 委（按照姓氏笔画）：

于希勇 马 良 马淑琴 王江杭 刘 杰

肖 亮 余福茂 周鸿承 姜 勇 宫云维

徐 锋 徐越倩 高 燕 陶 莺 黎 常

总　序

当代中国社会 40 年的改革开放历程与当代浙江发展的"浙江模式"及当代浙商的成长是一个相互辉映、互促互进的动态历史进程。一方面，当代中国改革开放伟大进程既成就了当代"浙江模式"的发展奇迹，也成就了当代浙商的辉煌，并因此成为考察"浙江模式"与浙商成就的基础视界；另一方面，当代"浙江模式"与浙商以其自身的耀眼成就与成长轨迹诠释了中国改革开放 40 年的时代特点，涉及各历史时期的政治、经济结构性样态与转型范式。与之相应的是，作为改革开放之潮头阵地的浙江经济及作为改革开放之急先锋的浙商所代表的发展理念、未来趋势也在某种程度上指明了当代中国全面改革开放的可能方向。

所谓"浙江模式"，是指在由计划经济向市场经济及由农业社会向工业社会转型的进程中，发源于"温州模式"的以市场为主导、民营经济为主体及服务型地方政府建设为特征的当代中国改革开放进程中最具活力的经济模式。"浙江模式"的最主要特色在于创新——特别是通过民间尝试性制度创新——形成了民间投资、民间运营和民间分享的"民有、民营、民享"的自我循环体系，型塑了内生型的自组织的增长动力系统，并在结合社会发展与政府治理模式创新的基础上，较早且较为系统地解决了经济体制改革中的企业改制与产权改革等问题。可以说，"浙江模式"极为动态地呈现了经济体制改革图景中社会发展的内生型逻辑：一方面，制度变革首先为个体私营经济、民营经济的发展开辟了道路，并因此成为促进当代中国个体经济、民营经济发展的直接力量；另一方面，基于个体创业或集体创业的浙江个体私营经济和民营经济发展实践，成为中国改革开放的先锋，并为制度变革提供了坚实的基础和实践依据，从而成为推动制度变革的积极力量。

20世纪90年代以后，"温州模式"扩展至台州、宁波、绍兴、金华和杭州等地。进入21世纪，"浙江模式"又率先在乡村振兴、电子商务、海外并购、绿色金融等领域迅速发展，极大地拓展了"浙江模式"的恢宏图景，不但在当代中国改革开放与现代化建设中的道路开创与引领方面有所建树，更重要的是，"浙江模式"还在当代中国发展的"中国经验"的型构中，为全球发展中国家的发展提供了极其有益的"中国道路"与"中国方案"的战略借鉴。因为，在本质上，"浙江模式"代表的是新兴的中国特色社会主义市场经济模式，是中国特色社会主义道路的基本方向与策略指引下的市场经济，而"浙江模式"的成功代表了中国道路与中国方案的科学性与有效性。

当代浙商是浙江模式的最先锋力量，他们因特色的发展道路与辉煌的成就成为当代中国社会经济领域最引人瞩目的群体。当代浙商，萌芽于20世纪70年代末期即改革开放初期，在80年代商品经济和市场发育的进程中积聚了最初的资本力量；而后，在90年代市场经济体制建构的实践中迅速成长，并伴随着国有经济战略性调整和企业改制、产权改革等一系列的改革绘就了恢宏的浙商新画卷。当代浙商在90年代之前的发展历程，最为生动地呈现了他们自主改革、自担风险、自我发展、自强不息的"四自精神"。进入21世纪以来，当代浙商又成为中国经济融入全球化进程的先锋力量，迅速在经济全球化的进程中积极布局，在世界创业与全球并购中崭露头角。可以说，在当代中国，特别是在改革开放以来的社会进程中，当代浙商因其在国内外众多经济热点领域中的活跃表现与巨大成就而成为被公众广泛认可的地域性商帮。它既充分诠释了当代中国改革开放的伟大进程，又深刻揭示了作为浙商成长的"浙江模式"的实践价值。尤其值得关注的是，不论是当代浙江经济发展的"浙江模式"还是当代浙商创造的巨大成就，都离不开特定的文化支撑与引领。马克斯·韦伯在其《新教伦理与资本主义精神》一书中阐明了一个关于经济发展与文化支撑的真理性命题，即"任何形态的经济发展都必定内蕴了特定的文化力支撑，缺少这种文化力的支撑，任何形态的经济发展都不可能获得持续的生命力"。这一命题说明，当代浙江经济发展必定基于特定的文化力支撑，毫无疑问，浙学传统才是浙商文化、浙江经济发展的源头活水。而浙学传统所代表的并非一般意义上的地域性学术，因为，无论是从其学术要旨的维度还是从其学术的实践精神维度考察，浙学传统所代表的其实是中国传统文化的承继与创新性发展，并在这种承继与创新性发展中成就独特的浙商精神，其要旨有三：①以义和利的义利观。浙商精神中的以义和利的义利观既是对儒家传统的义利观的继承，又在永嘉事功学说的基础上有所开掘：一方面，永嘉事功学说的基本旨趣在于经世致用，它承继了二程的"义为利之和"的义利观，强调义和利并没有绝对的分别，即所谓的"圣人以义为利，义安处便为利"；另一方面，永嘉事功学说虽提倡事功趣向，但其事功并非以个体功利为目标，并非如道学家所批判的"坐在利欲的胶漆盆中"那样，而是始终把国家民族的社会公利置于私利之上。叶适所倡导的即是"明大义，求公心，图大事，立定论"的"公利主义"精神。②知行合一。知行合一是阳明心学的核心要旨，一方面它强调知中有行，行中有知，反对把知与行截然二分化。故王阳明说："知是行的主意，行是知的工夫，知是行之始，行是知之成。"另一方面，阳明心学的知行与道德是高度一致的，在四句教中就有"知善知恶是良知，为善去恶是格物"，故此，其知行观内蕴了深刻的道德追求。正是这种以知善为善行的取向成就了浙商的儒商气度。③包容开放精神。从中国传统文化发展的角度看，两宋以来，浙学绝非只意味着狭隘的地域性文化发展：永嘉学派、金华的婺学代表了儒家文化在浙江的传承与发展；象山心学虽盛于赣，但象山之后心学的最盛况发展却仍在浙江，先有甬上心学承象山衣钵，后有阳明心学之气象大成。朱氏闽学源于且盛于福建，但朱熹之后，闽学在黄榦之后便转向浙江，黄震是闽学在浙江最具代表性的学者，也是闽学后期最具代表性的学者。由此不难看出，浙学发展最为完美地体现了创新与融汇乃是成就学术气象的根本。在浙学激荡成长的过程中确立起来的浙江精神、浙商传统也因此成为最富于包容与开放的精神。

值此当代中国改革开放 40 年之际，我们推出"改革开放 40 周年浙商研究院智库丛书"，拟在当代中国改革开放的恢宏图景中审视当代浙江经济、社会发展的"浙江模式""浙江经验"与"浙商精神"，既在历史的回溯与反思中深究未来浙江发展的应然方向与实践路径，又在"浙江模式""浙江经验"与"浙商精神"的系统阐述中挖掘后发地区可资借鉴的思想资源与实践经验。收入本丛书的研究成果，不同于传统意义上的浙江经济发展研究与浙商研究，它们不求面面俱到，但求视界独特；不求论述系统，但求思想创进；它们既着眼于揭示当代浙江经济社会发展与浙商精神的文化真谛，又努力澄清人们在相关问题上的认知误区。

《中国范本：改革开放 40 年义乌国际贸易综合改革的理路与成就》一书通过介绍改革开放以来义乌市场的发展历程，义乌国际贸易综合改革试点的确立与进展，"一带一路"背景下义乌市场竞争新支点、电子商务与物流业的新发展等内容，展现了义乌打造国际贸易综合改革的创新之路。《以利养义：改革开放 40 年浙商参与公益研究》则从改革开放以来社会主义市场经济体制建立与完善的视角解读了浙商及其文化，并从企业家的社会效应维度审视了浙商的公益参与，阐明了浙商的公益参与在促进经济增长和社会进步方面的重要作用。《中国模式：中国跨境电商综合试验区试点实践与创新经验》在全面回顾当代中国改革开放 40 年以来电子商务及跨境电商发展历程、趋势与动因的基础上，从微观、中观和宏观的角度系统阐述了跨境电商相关理论；在总结我国跨境电商综合试验区试点背景与历程、试点方案、试点成效与存在问题的基础上，从业务模式、"单一窗口"、产业园区、物流模式、制度创新的角度系统阐述了我国跨境电商综合试验区试点的主要内容和实践创新，并从杭州、宁波、义乌跨境电商综合试验区试点建设背景与基础、现状与问题、成效与对策的角度总结了跨境电商综合试验区试点的浙江经验。《治理转型：浙江服务型政府建设研究》主要论述了浙江省服务型政府建设在简政放权、规制权力、效率提升和民生保障等方面的经验，并提出了服务型政府建设的未来趋向。《"撤村建居"：人的现代化和社区融合》一书以多元中心的理论为主导，主要探讨了"撤村建居"社区的基层社会治理以及基层社区重建与"城市化"建设方面的重要问题，阐明了突破"城乡二元分治"的基本路径及如何通过完善基层民主自治实现"人的城市化"等问题。《健康浙江：社会健康治理的方法与实践》一书以当代中国改革开放 40 年为背景，系统梳理了"健康中国"发展的主要脉络，并在中日社区健康教育比较的基础上，阐述了浙江杭州市 30 个街道、300 个社区在社区健康教育方面的典型案例和成功经验，阐明了将社会工作方法融入公共健康教育，以及从以卫生管理与控制为目的的行政主导型健康教育到个人自发参与学习的以居民需求为核心的公共卫生健康教育发展的实践路径。《浙商与制度环境的共生演化：企业家精神配置的视角》一书基于企业家精神配置理论，对转型经济背景下浙商的行为进行解释，构建了企业家与制度之间的互动分析框架，并在总结不同时期浙商成长路径、机制和模式研究的基础上，从理论层面和实践层面诠释了浙商 40 年的技术创新和制度创新行为。《浙学传统与浙商精神》深入探究了浙江思想文化与社会经济发展的互动关系，阐明了浙江文化与浙学思想传统及浙江精神之间的内在关联，并揭示了浙学的基本精神对当代浙江乃至中国的经济社会发展、文化建设的重要价值和普遍意义，以及其中存在的一些问题。《中国商业史研究 40 年》是第一部针对改革开放以来中国商业史研究的学术总结类专著，作者系统梳理了近 40 年来的中国商业史研究及其走向，并简要介绍了相关的研究论著、研究团体和研究机构等。《南宋临安商业史资料整理与研究》通过对正史、地方志、笔记小说等有关南宋临安商业资料的整理，深入研究了南宋临安的商业状况，再现了700 多年前杭州商业的繁荣盛况。《朝廷之厨：杭州运河文化与漕运史研究》一书通过中西方历史文献、档案资料的比较研究，立体地呈现了杭州历史上的漕运文化的历史变迁、演变特征与区域特点，并在大力倡议"一带一路"及大运河文化带构建的时代背景下，探讨杭州漕运文化的历史遗产价值。《〈童子鸣集〉笺注》在对《童子鸣集》进行点校的基础上，对童珮生平及交游进行了翔实的考证，并将相关成果以笺注形式呈现，在为学界提供扎实可靠的古籍整理文本方面有所建树。

整体地看，当代中国改革开放的 40 年，是浙江经济快速发展的 40 年，也是浙江经验、"浙江模式"发展的 40 年。"浙江模式"并不意味着一个固定的产业模式，作为一种具有典范性的发展模式，"浙江模式"的独特之处在于，它的每一发展阶段都是当代中国改革开放的先锋与旗帜，这里既体现了浙商的创新进取精神，也体现了浙商精神与浙学传统在当代浙江发展中的文化力，而这种创新进取的浙商精神与浙学传统的文化力恰是未来浙江经济、社会发展的不竭的动力源泉！

是为序。

陈寿灿

2018 年 10 月 30 日

本著作是以下项目资助成果：

浙江省哲学社会科学规划课题"供需匹配视角下城市居家养老多

元公共服务的机制研究"(编号:18NDJC197YB)

前　言

　　我国高度重视健康事业的发展，近年来随着"健康中国"口号的提出，健康更是上升到国家战略的高度。回顾发展，2015 年 10 月，"健康中国"建设写入党的十八届五中全会公报；2016 年 8 月，全国卫生与健康大会提出"将健康融入所有政策，人民共建共享"；2016 年 10 月，国家颁布《"健康中国 2030"规划纲要》，为推进"健康中国"建设，提高人民健康水平做出了战略部署；2017 年 9 月，《中国健康事业发展与人权进步》白皮书发布，对公民健康权以及我国健康事业的历史成就与未来规划等方面做出了系统性的阐释；2017 年 10 月，党的十九大报告将"实施健康中国战略，完善国民健康政策，为人民群众提供全方位全周期健康服务"作为民生发展的重要任务，并指出人民健康是民族昌盛和国家富强的重要标志；2018 年的政府工作报告再次提出"实施健康中国战略"。

　　健康中国，是全面建成小康社会、基本实现社会主义现代化的重要基础，是全面提升中华民族健康素质、实现人民健康与经济社会协调发展的国家战略，是积极参与全球健康治理、履行 2030 年可持续发展议程国际承诺的重大举措。基于当今社会治理的多元合作发展趋势以及公共健康的公共性、大众化和社会化特征，实现公共健康的可持续发展目标，需要进行公共健康的合作治理。新时代下的"健康中国"，主要目的在于完善公共卫生服务体系，以人民群众为中心，解决人民群众日益增长的美好生活需要和不均衡不充分的发展之间的矛盾提出要求。从宏观管理角度看，居民对健康需求的多元化与不均衡不充分的社区健康服务水平之间的矛盾，潜在的对健康服务的需求与不均衡不充分的服务模式之间的矛盾，亟待从社会治理的理念、方法、制度上进行创新。从微观视角看，城乡社区治理、社会组织的功能，以及居民对于健康服务的参与应进一步完善升级，提高社区健康教育的功能和实效，满足人民对美好生活的需要，创新社会治理，构建现代社会卫生服务体系。

改革开放 40 年来，浙江社会经济发展迅速，政府始终高度重视人民健康工作，把人民健康放在优先发展的战略地位，全面实施"大健康"战略，强化"三医"联动改革、"六医"统筹发展，高质量高水平建设健康浙江，实现"健康服务高质量、健康产业竞争力、健康事业现代化"，打造健康中国省域示范区。强调要加快建设健康浙江，践行以人民为中心发展思想、全面落实健康中国战略、推进我省"两个高水平"建设的迫切要求。在"八八战略"指引下，浙江省卫生健康事业在基础、体系、服务、制度上形成了优势。

而今，健康浙江的建设仍存在不少亟待提升的空间，各地各部门要坚持改革导向、问题导向、效果导向，找准人民群众对健康的需要与健康事业发展不均衡不充分的矛盾，统筹解决人民群众最关心最直接最现实的健康问题，精准对接和满足群众多层次、多样化、个性化的健康需求。浙江省通过《健康浙江 2030 行动纲要》的制度改革，按照"保基本、强基层、建机制"要求，深化医药卫生供给侧结构性改革，力争在社会办医、医疗服务"最多跑一次"改革、县域医共体建设上取得突破；通过抓好重点产业，着力在医药科技创新、产业融合、中医药产业化和标准化建设、重大项目、龙头骨干企业上下功夫，搭建"临床＋研发"高端医疗平台，大力发展以"医"为主体的医疗医药产业、以"养"为特色的养老养生产业、以"健"为支撑的健体康体产业、以"智"为引领的智慧健康产业，加快打造万亿级健康产业。浙江省聚焦老人、妇幼等弱势群体，残疾人、低收入等困难群体和流动人口等重点人群开展健康治理工作，确保所有人群享有健康生活、增进健康福祉。深入推进医保体制改革，持续打好污染防治攻坚战,多措并举提升居民健康素养,以此加快建立"大健康"指标体系建设。

本书以公共管理的视角,梳理了健康发展的历史逻辑,探究公共健康治理的机制框架,提出公共健康治理的实现策略,分析公共健康治理的未来趋势,为健康中国建设和全球健康治理提供理论支撑。 全书以"健康中国"为背景,对新时代下的健康治理理论内涵、服务模式进行整理归纳,特别对健康浙江的发展特色、经验做法、典型案例进行了归纳,结合国内外的健康治理理念模式提出未来社会健康治理的趋势和对策建议;较为系统地呈现了浙江在改革开放 40 年来,社会健康治理的发展轨迹、历程,以及典型经验。 希望通过此书,为政府在未来社会健康治理工作中的决策提供理论参考,同时也希望能为基层单位的相关从业人员提供健康管理和健康教育的技术指南。

本书借鉴了发表于《浙江社会科学》中《民生与权力——民生保障的理论与实践》和《从社会管理视角看日本社会的防灾应急制度体系与对策》中的相关观点和案例。 在本书起草编纂过程中,得到了浙江省疾控中心健康教育研究所所长徐水洋同志、浙江省民政厅基层政权和社区治理处处长李爱燕同志、杭州市健康城市指导中心主任王建勋同志、杭州市医疗保健管理服务局综合业务处处长叶志钿同志,以及浙江大学医学院延忠教授等政府职能部门领导、专家学者及施文等研究生、本科生同学的大力支持,在此深表感谢。 由于作者水平所限,对相关内容定有不尽不详之处,希望读者多提宝贵意见。

编　者
2018 年 8 月

C目录
Contents

1　健康治理的研究概述　001

　1.1　健康治理的内涵　001

　1.2　健康治理的制度发展　003

　1.3　健康治理的历史沿革　005

2　国内外健康治理的政策与方法　009

　2.1　国外社会健康治理的历史发展　009

　2.2　国外健康治理的模式比较　011

　2.3　我国社会健康治理的历史进程　030

　2.4　我国健康治理的机制框架　034

　2.5　我国居民健康治理的需求与供给　037

3　浙江健康治理的发展模式　041

　3.1　健康浙江的兴起与发展　041

　3.2　浙江健康治理的背景与模式　044

　3.3　不同区域的健康治理　048

　3.4　重点人群的健康治理　059

　3.5　健康治理项目的品牌建设　070

4　普及健康生活方式　97

　4.1　健康教育的源起与发展　97

　4.2　生活方式与健康教育　101

4.3 浙江健康教育与健康素养 104

4.4 健康教育科普的地方经验 107

5 优化健康服务质量 114

5.1 健康治理的社会需求 114

5.2 健康服务的体系构建 118

5.3 浙江健康服务典型案例 124

6 提升健康保障制度 156

6.1 浙江省医药卫生体制的供给侧改革 156

6.2 浙江省医药卫生体制改革的关键点 166

6.3 浙江省医药卫生体制的改革方向 169

7 改善健康生活环境 171

7.1 健康环境建设的背景 171

7.2 健康环境的组织保障 175

7.3 健康环境的运营机制 178

7.4 健康环境的评估指标 181

7.5 健康环境的治理方法 182

8 提升健康产业升级转型 196

8.1 浙江省健康产业发展的基本情况 196

8.2 浙江省健康产业发展的关键难点 202

8.3 浙江省健康产业的转型升级 204

9 社会健康的治理模式与发展路径 208

9.1 社会健康治理的重点与难点 208

9.2 社会健康治理的理论依据 211

9.3 我国社会健康治理的基本模式 214

9.4 社会健康治理的成效 219

　9.5　浙江社会健康治理的创新改革　224

10　健康浙江的经验启示与制度建设　228

　10.1　国外健康治理的经验启示　228

　10.2　我国社会健康治理的实践经验　230

　10.3　健康中国战略的应对与发展　233

　10.4　社会健康治理的实现路径　238

参考文献　245

1

健康治理的研究概述

1.1 健康治理的内涵

治理（governace）来源于拉丁文和古希腊语的"掌舵"一词，含有控制、引导之意。20 世纪 90 年代，公共管理专业开始聚焦治理理论，治理一词逐渐受到学术界重视并最终被公众所认知和重视。治理的定义目前尚无统一的界定，随着时代的发展，治理的理论要义和核心观点也在不断地变化和延伸，但其核心内涵包括以下几个部分：首先，治理指的是在思想理念、组织结构形式与管理制度等方面的变革；其次，它关注的是集体行动的逻辑，目的是要在有形手（政府）与无形手（市场）之外寻求更有效的途径，解决公共问题方面存在的不足；再次，治理强调参与主体的多元化、权威的非中心化和管理方式的综合化，治理主体不再局限于政府和公共事业机构，还包括民间组织、私人组织和个人力量。治理方式也不再是传统意义上政府权威下的单一治理结构，而是多个主体通过协商合作形成公共事务的共治状态。由此可见，在治理话语体系中，群众个体的地位得到充分尊重，作用得到充分发挥。

健康治理，是指对健康这一社会公共事务进行的多主体、多中心的共治。其宗旨是整合各种公立与私立机构，社会组织与个人的力量，通过搭建合理的治理框架，形成有效的治理机制，更好地利用有限资源达到最大的健康收益。

主要机制是通过构建一系列正式和非正式的制度和规则体系，来保障政府、卫生服务提供者、非政府组织、卫生服务使用者、社会公众等健康利益相关者的利益表达，通过有效的互动协调责权利的分配，形成有效的政策和行动，应对和解决各类健康问题，进而实现公共健康目标。 与传统的健康管理相比，健康治理并不单纯依靠政府的行政权威来推动，而是更多地依赖各个层面的合作与协商机制、充分地参与和问责机制来保障。 对于健康治理的定义主要有三类。 一是宏观概念学说。 从政治学角度出发，认为治理不是单纯的法律、法规与正式宪法之类的事情，而是宏观层面的概念集合，包含了一系列的法律、制度、规则、程式、过程等。 该概念集合属于网络化驱动，每一个网络包含很多节点（组织），节点之间在不同的活动中产生联系与合作。 如Chanturidze, Obermann 认为，健康治理是具备文化适宜性的一系列规则、方法与制度，通过这些规则、方法与制度使得决策与权威得以透明、尽责，并使健康治理的任务与目标得以完成与实现。 Dwyer J 认为，健康治理是一系列的组织结构，并通过健康系统得到管理、指导与控制。 Dodgson 认为，健康治理是指经社会认同、参与或组织的各类促进、保护健康的行动及方式的集合，包含组织、运行规则的定义，如《公共卫生法案》（*Public Health Act*）或《国际卫生条例》（*International Health Regulations*）等正式规则，也包括希波克拉底誓言等非正式规则；同时，健康治理具有治理结构的层次性，包括从全球健康治理（WHO），到区域范围内的健康治理（泛美卫生组织），到国家层面的健康治理（卫生部门），再到各地的健康治理（地区卫生部门）。 二是中观制度中心说。 制度中心说对健康治理的定义基于新制度经济学，认为治理是一系列制度的集合，制度通过约束塑造了关键参与者间的相互关系。 如 Brinkerhoff, Bossert 认为，健康治理是一系列规则的总和，通过此类规则，健康治理参与者的角色得以分配、责任得以确立、健康治理参与者间的相互关系得以塑造。 Inez, Kaspar 认为，健康治理是以政策为中心，关涉影响健康系统的所有参与者，加之影响、调节健康系统与利益相关者行为的一切诱因，通过透明与监督，强化责任与联系的过程。 Islam 认为，健康治理规则与制度塑造了与健康相关的政策、程序与行动，这些制度决定了社会成员扮演什么样的治理角色并承担怎样的责任。 三是价值准则学说。 价值准则说是对健康治理定义的新发展，由 Balabanova，Mills，Conteh 等人提出，认为健康治理是在一定的政治框架内确保健康系统运行的系列问题，诸如公平、透明等价值准则的集合。健康治理概念虽具有内在的复杂性与角度的多维性，但健康治理的基本内涵在核心要素上有重叠。

　　本著作中的"健康治理"，是指运用系列的政治、法律与制度手段，以正式与非正式相结合的网络化方式，分配健康治理参与者的权与责，体现公平、尽责、透明、开放、合作等基本价值准则，达到改善健康、促进健康、维持健康的系列过程。

1.2　健康治理的制度发展

　　健康治理的价值根基在于健康权的凸显。世界卫生组织（WHO）在1946 年成立时就将健康权纳入宪章，阐明了"享有最高的可获得的健康是人类的基本权利之一，不因种族、宗教、政治信仰、经济及社会条件而有区别"[①]。健康权由此成为 WHO 作为国际卫生工作指导机构的价值基础。健康权是最具普遍性的权利，只要是伦理意义上的人（个体、群体），都应该享有健康权，无论其社会身份与地位如何，在健康权的享有上都是平等的。1986 年 WHO 召开首届全球健康促进大会，通过了《渥太华宪章》，系统提出了健康的公共政策、建立支持健康的环境、强化社区参与、发展个人健康技能以及改革卫生服务模式等 5 大行动纲领。在这 5 大行动纲领中，社区参与和发展个人健康技能是其中重要组成部分，这显示在健康治理中，群众参与（包括社区和个人的行动）是不可或缺的重要力量。2016 年在上海召开的WHO 第九届全球健康促进大会，把"动员人民群众、政府及市民社会通过解决影响健康的社会决定因素来实现可持续发展目标"列为会议的 6 大目标之一，再次强调了群众和市民社会的力量。在我国，公民享有众多权利，在宪法中就明确规定了公民享有 20 多项权利，生命健康权也在其中。健康权的完

---

① 孙晓云：《全球健康治理的理性思考》，《社会科学家》2008 年第 3 期，第 49-52 页。

善除了明确政府责任和义务外，个人自决的权利也是必要因素。近年来，在欧洲一些国家的卫生改革中，很多学者已经将自我实现和自我决策等个人自我权利作为卫生部门改革的首要原则提出，这也为群众参与健康治理提供了重要的理论依据。

党的"十八大"凝练概括了社会主义核心价值观，在国家层面是富强、民主、文明、和谐，在社会层面要求自由、平等、公正、法治，在公民个人层面则提倡爱国、敬业、诚信、友善。这 24 个字奠定了我国卫生与健康价值观的基础。卫生与健康价值观的形成是离不开一个国家的医疗卫生体系和社会保障体系的。早在 1997 年的《中共中央、国务院关于卫生改革与发展的决定》中就指出，到 2000 年建立卫生服务、医疗保险、卫生执法监督的 3 个体系。卫生事业是社会公益事业，实行一定的福利政策，始终坚持以社会效益为最高原则，体现社会公平、人人享有卫生保健。我国卫生事业的公益性和社会公平性是具有中国特色的卫生与健康的基本价值观。2007 年党的"十七大"又进一步提出我国将建设覆盖城乡居民的公共卫生服务、医疗服务、医疗保障、药品供应保障等 4 个体系，为群众提供安全、有效、方便、价廉的医疗卫生服务，建立基本医疗卫生制度，提高全民健康水平；提出了建立基本医疗卫生制度和为群众服务的思想。2009 年是新一轮医疗卫生体制改革的开始，《中共中央、国务院关于深化医药卫生体制改革的意见》提出了要建立比较完善的公共卫生服务体系和医疗服务体系、比较健全的医疗保障体系、比较规范的药品供应保障体系、比较科学的医疗卫生机构管理体系和运行机制的 5 个体系；建立健全覆盖城乡居民的基本医疗卫生制度，为群众提供安全、有效、方便、价廉的医疗卫生服务；形成多元办医格局，人人享有基本医疗卫生服务。2012 年党的"十八大"，党中央提出到 2020 年实现全面建成小康社会的宏伟目标。为确保到 2020 年"实现社会保障全民覆盖，人人享有基本医疗卫生服务"全面建成小康社会的具体目标，将构建系统完备、科学规范、运行有效的制度体系，使各方面制度更加成熟更加定型。到 2020 年，中国卫生改革的愿景是：覆盖城乡居民的基本医疗卫生制度基本建立；普遍建立比较完善的公共卫生服务体系和医疗服务体系，比较健全的医疗保障体系，比较规范的药品供应保障体系，比较科学的医疗卫生机构管理体系和运行机制；人人享有基本医疗卫生服务，基本适应人民群众多层次的医疗卫生需求，人民群众健康水平进一步提高；强调推进依法治国；逐步建立具有中国特色的基本医疗卫生制度框架体系。

2017年党的"十九大"，习近平总书记作了《决胜全面建成小康社会夺取新时代中国特色社会主义伟大胜利》的报告，提出实施健康中国战略。人民健康是民族昌盛和国家富强的重要标志，要完善国民健康政策，为人民群众提供全方位全周期健康服务。 与之相对应的我国基本医疗卫生制度改革应该包含5个部分：（1）分级诊疗体系；（2）现代化医院管理体系；（3）全民医疗保险覆盖体系；（4）药物供应保障体系；（5）综合监管体系。 在我国，健康是促进人的全面发展的必然要求，是经济社会发展的基础条件，是民族昌盛和国家富强的重要标志，也是广大人民群众在新时代的共同追求。 中国的卫生与健康价值观将对世界产生影响，它体现了中国政府的政治意愿和政治决心，为联合国提出的2030年全球要达到的可持续性发展目标提供了宝贵的经验和实践。

1.3　健康治理的历史沿革

健康治理的概念最早出现于2000年，由Reinhardt在世界健康报告"改善健康系统的表现"中首先提出。 Reinhardt通过构设国家健康系统的4项主要功能（健康治理、筹资、创造与管理资源、提供健康或卫生服务）提出了健康治理的概念，并认为健康治理涵盖所有健康相关的行动与因素，包括远景与方向的确定、健康政策的形成、规则的制定、健康信息的搜集和利用等。 之后，学者Travis P，Egger D，et al.于2002年在研究报告"实现更好的治理：概念及其关键问题"中首次沿用"健康治理"一词，并在广泛的意义上将"健康治理"定义为"对于国民幸福的小心而又负责的管理"。 2007年，Banoo S，Bell D，et al.在研究报告"人人参与：为更好的健康强化健康系统"中，将健康治理的表述由"Health Stewardship"转换为"Health Govemanee"，其用意在于对接国际组织的治理概念，回应国际组织实现"好的治理"

（Good Governance）的倡议，并把健康治理重新定义为"将监管的实施、联合体的构筑、适宜规则的制定与绩效机制的设计相统一的战略政策框架"。从此，健康治理更加注重预防性健康教育与健康治理干预，政府行为与社会组织合作，居民实际健康需求与专业化方法的使用，健康治理的概念在 WHO 的推动下不断持续发展。

1.3.1　强化"初级卫生"保健

1978 年，世界卫生组织"阿拉木图宣言"中提到，健康是人类的基本权利，政府有责任提供适宜的技术与方法来增进居民健康，获得更高质量的健康状况是全世界共同追求的目标。该宣言首次系统地阐述了卫生部门与其他政府部门共同合作制定健康发展战略的必要性，跨部门合作是基于卫生服务与健康公平的状况，以健康风险及社会决定因素为指导的多部门共同参与的健康治理行动。一些非卫生部门（如财政、教育等）的决策会对居民的健康状况产生较大的影响，如可通过调整酒精、烟草和饮料等税收政策影响人们的消费行为，干预人们的生活方式，进而促进居民健康状况的改善。目前，跨部门合作的健康发展战略已被各国政府所广泛接受并实施。基于这一理念，世界卫生组织明确指出，初级卫生保健作为健康治理的理论基础与实践指南，不只是技术指南，而且还包括了具有指导意义的价值理念。无论是发展中国家还是发达国家，政府在健康治理方面的作用都应该重新界定并明确，充分体现健康治理模式的多元化与多部门决策的协调统筹机制。政府不仅要提供初级卫生保健服务，还需要致力于解决健康风险及社会决定因素。政府各部门以及卫生系统内部各机构之间的协调合作是改善居民健康状况的关键。同时，还需要全社会的广泛参与才能共同创造一个可持续发展的健康环境。

1.3.2　实施健康促进工程

1986 年，第一届国际健康促进大会通过了"渥太华宣言"，首次完整阐述了"健康促进"的定义、行动原则及未来的发展方向，系统提出了"健康的公共政策""建立支持健康的环境""强化社区参与""发展个人健康技能"及"改革卫生服务模式"5 大行动纲领，并明确指出了收入、安全、社会保障等影响健康的 8 个社会决定因素。 "健康促进"不仅要提升居民的健康知识与技能,而且还要在国家层面系统制定促进健康的公共政策,增加对健康的投资,强化社区的参与行为,创造一个健康的支持性环境,并且从预防保健的角度重新定位医疗卫生服务的功能与模式,改革传统的卫生服务管理体制,有计划、有效率地推动健康治理工作。

1988 年,第二届国际健康促进大会进一步明确了公共卫生政策所关注的 4 个关键及优先领域:维护妇女健康、强化食品营养、减少烟草和酒精消费及创造支持性的健康环境;并指出公共卫生政策的特点之一是明确所有政府部门及其政策都应该关注公共卫生、健康及其相关问题,并对相关的健康风险及社会决定因素承担起责任。 该大会敦促各国政府针对健康风险及社会决定因素采取相关行动,进一步强调公平是健康的重要社会决定因素,并引入相关的问责机制。 这一治理理念促进了利用健康风险及社会决定因素的变化,来评估政府公共政策的实施效果及其对健康的影响。 同时,通过制定"健康城市""建立健康促进学校"和"健康的工作场所"等优先发展领域,促进健康环境的改善,既有效弥补了多层次健康治理中众多利益相关者、卫生部门以及与其他政府部门之间的裂隙,也进一步促进了居民健康目标的实现。 1997年,第四届国际健康促进大会提出了通过健康促进帮助人们改善和增进自身健康的战略计划,具体包括:(1)提高个人行动能力,使个人具备所需的知识与技能;(2)改变人们的生活方式并对健康风险及社会决定因素进行干预;(3)强调居民参与健康促进与学习的重要性。 基于这一理念,强调自我保健,讲求科学卫生文明的生活行为方式成为了国际社会健康治理的新理念。

1.3.3 健康政策的全面融合

1998 年世界卫生组织提出引领 21 世纪健康促进战略,将健康促进纳入公共政策治理范畴。 一些发达国家,特别是欧洲国家开展了规模较大的健康治理项目,通过跨部门的合作参与等措施来改善居民的健康状况。 但相关的实证研究发现,唯有芬兰采取了所谓的"政治范式"治理,进一步明确健康作为一个关键要素在所有政府部门工作中的地位,体现了社会整体治理的模式。1972 年,芬兰政府的经济委员会将健康作为一个优先领域列入其相关议程,并努力实现卫生服务的公平配置。 具体措施包括：在农业和商业领域，减少牛奶等高脂肪产品的农业补贴，将这些补贴转移到鼓励水果和蔬菜等农产品的种植与生产。 基于这一实践，1986 年，芬兰政府正式颁布了基于跨部门合作参与的国家健康发展战略。 随后，这一实践经验成为世界卫生组织渥太华健康促进宪章中健康治理的一个典型案例。 1999 年，芬兰担任欧盟轮值主席时系统总结了其经验与模式，并提出了将健康融入所有政策，即政府各部门在制定相关政策与战略计划或面临多个决策方案的选择时，都要系统考虑其政策及其相关措施对居民健康状况所产生的影响。 其目的是让决策者加强论证决策，系统分析相关政策及其干预措施对健康风险及社会决定因素的影响和效果，从而制定有据可循的公共政策。 该建议在欧盟及其成员国之间产生了较大影响。 2006 年，欧盟理事会通过了这一决议，并形成了法律文件。 这一治理措施是在前两项治理措施（即强化初级卫生保健与跨部门协同合作）基础上整合形成，将传统的健康管理提升到了健康治理的新阶段。 世界卫生组织在 2010 年正式提出了将健康融入所有政策的决议。 健康治理可分为政府整体治理与全社会治理两类。 政府整体治理是通过政府各部门的功能整合与整体行动以实现共同的健康目标。 其组织结构不再以特定功能为基础，而是以结果和目标进行组织设计和创新，需要在不取消部门专业化分工的前提下实行跨部门合作。 政府整体治理模式可以采取正式或非正式的协同合作方式，也可以专注相关政策的制定、具体项目管理以及市场规制，具体体现在国家、地区和地方各级政府及部门之间复杂的关系，以及各种相关制度与运行机制的协调与统筹。 全社会治理是在政府整体治理模式的基础上，强调构建公私合作伙伴关系，鼓励全社会成员共同参与来完善健康治理。 因此，决策者的健康理念、部门间合作和社会的参与，构成了大健康理念的核心和基础。随着这些治理措施的不断实践、相关论证政策体系的逐步完善，不仅创新了卫生改革与发展的传统模式，促进了居民健康公平性的改善，也奠定了健康治理理念与模式的理论基础。

2

国内外健康治理的政策与方法

2.1 国外社会健康治理的历史发展

健康治理以健康的改善、促进与维持为目标，此目标的达成需要相应的策略与手段。国外学界对健康治理模式的研究主要有 3 大类，包括跨部门协作、健康的公共政策，将健康融入所有政策。健康治理的各个模式间既有相互渗透与继承，亦有模式间的发展与延伸。跨部门协作作为最早的健康治理模型，雏形初成于 1978 年的《阿拉木图宣言》。Peake 将其定义为：卫生部门及其以外的部门在健康或健康公平改善或健康公平性影响因素治理上的合作。Lisia de Salazar 进一步指出，该治理模式的核心在于信息和情报的质量与可及性及部门间协调一致的机制构设。学界认为，跨部门协作的治理实现了健康治理对象之优先顺序的再调整，将健康治理的重心从面向疾病转为促进健康。Kickbusch, Gleicher, Shankardass 提出，在跨部门协作的健康治理模式下，政府的作用应重新定义，政府不仅要提供健康服务，而且应致力于影响健康的社会、经济与政治因素治理。这是首次以系统治理的观点看待健康治理，并进行改善公众健康的尝试。但是，也有学者指出，跨部门的健康治理模式虽然显示出机构、个体、团队与社区参与健康治理的可能与必要及相关影响因素，但并未从政策层面进行规定以保障此类联合行动的发生与持续；而且，在跨部门的健康治理中，卫生与环境部门相较于其他政府部门处于较弱势的地位，统筹缺位，协调乏力；此外，跨部门健康治理模式并无独立预算机制，在各部门独立预算的情形下，联合治理缺少资源支撑。 "健康的公共政策"最早出现于 1988 年，由 Pederson, Edwards, Marshall, Allison, Kelner 定义，认为健康的公共政策是多领域合作的过程，该过程确保了参与各方对其政策与行为所产生的健康影响有清楚的认识。 健康的公共政策是以各种政策与干预项目在国家或国际间的各层面对广泛的健康影响因素产生影响的健康治理模式。 Harris, Kemp, Sainsbury 给出了健康的公共政策所具有的 4 大特征：关心健康的广泛定义；设计政策以改善民众健康，减少健康不公平；注重跨部门协作；评价政策循环的影响。 相关学者指出，该模式的主要目标在于通过健康的公共政策创造支持性的环境，使得民众以一种更健康的方式生活；通过此类政策，民众更易于做出有利于健康的选择，社会与物理环境状况得到改善。 一般认为，该模式认识到了健康政策的复杂性，在健康政策的制定过程中将更广泛的利益、价值、机构、定位与个人动机考虑了进去，并以一种环境网络的方式进行着健康治理，同时强调所有公共政策的制定与实施应将健康的影响状况纳入，让所有政策体现出对于健康及其公平性的关切，表明社会治理各方对于健康的责任。 在此情景下，卫生部门的职能转变，从实施者变成了倡导者与中间人（居于健康治理网络节点的中间环节。 但 Lindstrfim, Eriksson 的研究亦表明，目前在绝大多数与健康政策相关的国际期刊中，有关"健康的公共政策"的研究仍集中于传统卫生部门内的健康政策方面。 因而，从总体上看，该模式相关研究在研究工具、理论框架、实践策略上并未获得突破性进展。

健康治理政策的可行性与先进性源于健康政策在现实生活中的反复实践。 健康融入所有政策，是政府之根本，也是民生所盼，关注的是新政策的设计和已有政策的执行及其对健康的影响。 健康治理的范畴涉及健康教育学、心理学、社会学等多个领域，是一门交叉科学，体现了管理的公共性特征，学界对健康的公共政策治理模式的区别与联系有不同的认识。 如 Koivusalo 认为，将健康融入所有政策的治理策略是跨部门协作与健康的公共政策的融合。 但也有学者表示，将健康融入所有政策与健康的公共政策是等同的概念。 对于该模式的界定，Scottle，Wismar 认为，将健康融入所有政策强调卫生部门之外的部门通过结构、机制与行动的计划和管理来强化各政策与健康的联系。 该模式最终目的是为决策者呈现政策及其干预措施的实施效果，表明健康决定因素及其与最终结果间的联系，为基于事实的政策制定提供帮助。 Rudolph，Caplan，Ben Moshe 认为，将健康融入所有政策的治理是以合作的方式通过将健康纳入所有部门、所有政策领域的决策过程之中，以提升所有人健康的治理模式。 该模式的 5 大要素包括促进健康与公平、支持跨部门协作、创造多方共赢局面、谋求已有结构与过程的转变。 Scottle，Wismar 同时指出①，将健康融入所有政策的治理模式面临潜在的挑战，包括部门间或中远期利益协调难题，复杂背景下健康策略适用性及其可持续性难题，健康损害的潜在性且难以估量同当前治理投入的平衡难题。 在实证研究层面，Ilona， Kevin 的研究表明，将健康融入所有政策治理模式在实践层面得到了广泛的实施和好评。

2.2 国外健康治理的模式比较

国外的社会健康治理大致有 3 种模式：政府主导型社区管理模式、混合型社区管理模式、自治型社区管理模式。

（1）政府主导型社区管理模式。 政府主导型模式是政府主导、居民响应参与、自上而下推行的社区治理模式。 政府与社区行为紧密结合，对社区的干预较为直接和具体，并在社区中设立各种形式的派出机构，社区治理表现浓厚的行政色彩。 新加坡是这种模式的典型代表。

（2）混合型社区管理模式。 混合型模式是政府——居民处于双重主导地位、自上而下及自下而上两种实施方式并行的社区治理模式。 政府对社区发展的干预较为宽松，政府的主要职能是规划、指导并提供经费支持，官方色彩

---

① Scott L. Greer，Denise F. Lillvi：《超越领导力：卫生政策协调的政治策略》，《中国卫生政策研究》2014 年第 9 期。

与民间自治特点在社区发展的许多方面交织在一起。日本是这种模式的典型代表。

（3）自治型模式是社区主导、居民主动参与、由下而上实施的社区管理模式。政府以间接介入为原则，通过制定各种法律法规来规范协调社区内的各种利益关系，为社区居民的参与活动提供制度规范。社区层面的组织及居民按照自主自治的原则处理社区具体事务。美国是这种模式的典型代表。

2.2.1 政府主导型健康治理

德国的健康治理强调医疗保障模式，以医疗保障法为社会利益的服务宗旨，注重全社会团结互助精神，病人和医生对医疗服务均有多种选择权。德国拥有世界历史最悠久的全民医疗保险体系，这一体系始于1883年俾斯麦的社会保障法。德国政府依法提供广泛的健康保险计划，特定民众如终身职员、自营业者、高收入雇员可选择退出该计划，并另投保私人保险，而在2009年以前，此类特定民众选择不加入任何保险。根据世界卫生组织资料，2005年，德国医疗卫生体系支出中，政府及个人分别负担77％及23％，医疗支出约占国民生产总额11％；德国男性及女性预期寿命分别为77岁及82岁，居世界第20位；德国婴儿死亡率较低，约4‰。2010年，德国民众主要死因为心血管疾病，占41％；其次为恶性肿瘤，占26％。2008年时约有82000人感染艾滋病，自1982年起已经有26000人因艾滋病而死亡。

德国健康治理的组织和制度框架在国际上处于领先地位，其相关制度设计完善，执行彻底。德国的健康教育由国家健康宣传中心、医院等医疗机构和医疗保险公司共同承担。德国国家健康宣传中心成立于20世纪60年代，是德国全民健康教育的专业机构，也是德国全民健康教育的组织中心和指导中心。该中心在16个州设有分中心，为人们提供各种宣传教育、传播保健信息等工作。中心不仅拥有先进的保健器械和设施设备，还有来自社会团体及保险公司的丰富的经费支持。健康宣传中心既有长期规划，也有各种短期的、临时性的工作任务，如上街向游客派发安全套，宣传艾滋病预防知识。由于艾滋病宣传教育工作做得好，德国是艾滋病感染者最少的欧洲国家。中心非常注重少年儿童健康理念的培养，通常以动画片的形式向孩子传授各种健康知识，让孩子们在轻松愉快的气氛中了解人为什么感冒、发烧和癌细胞的秘密等。 中心通过形式多样进行宣传教育，为全民从小打好健康基础，减轻了成人健康教育的负担。

医院等医疗机构除了履行医院的职责之外，还肩负健康教育的职责，为健康教育提供了更专业的平台。 通过编印健康宣传材料，向市民提供各种与健康相关的信息，设立医疗专家宣传栏，由不同专家定期有针对性地举办健康讲座，发放健康知识问卷，让市民自测身体、心理状况，并给予专业指导和改正建议，内容丰富，形式多样。 德国医院还与社区共同合作，推广各类健康活动。 由于德国医院的门诊部不设药房（门诊患者凭医生处方到私人药房买药，后由保险公司结账），没有挂号收费和划价取药的窗口，人们看不到排队现象，听不到喧哗声，只有温馨、舒适的咖啡厅，供患者及家属小憩候诊。

德国拥有发达的、完善的医疗保险体系，医疗保险公司功能甚全，是世界上最早实施医疗保险制度的国家。 在德国，几乎所有国民都参加医疗保险，而且不管缴纳多少医疗保险费，都享有同等法定医疗保险待遇。 投保人的健康状况直接影响到医疗保险公司的经济效益和社会反响，因此医疗保险公司在承担医保费用的同时，更加积极、主动地开展健康教育，这也有效地提高了德国的健康教育覆盖率。 医疗保险公司一般拥有自己的教育专家，经常有针对性地向投保人函寄或当面发放健康教育资料，告知具体开课信息，及时提醒其体检等，有时候还有针对性地对投保人的不良行为进行干预。 为提高教育效果，保险公司还以"积分"的形式对按时完成健康教育课程者、按时接受健康体检者、按时接受免疫接种者给予奖励。 他们采取的这些切实有效的措施，大大改变了德国人的健康观念和提升了他们的健康水平，降低了发病率与重病率，并使德国的人均寿命得以提高，位居世界前列。

德国健康教育具有法制化、社会化、针对性强、方法新颖等特点。 除了上述 3 个机构肩负着主要的健康治理的职能之外，德国的健康教育还呈现出 3 个特点：一是健康教育实现了法制化。 《青少年保护法》中规定对 4—18 岁的少年儿童一律进行系统的健康教育；法律还规定年轻公民就业前必须进行严格的健康检查。 二是健康教育实现了社会化。 从政府到民众，从医保公司到健康机构，从学校到社会各个阶层，从少年到成年，无论医务人员还是患者，健康理念深入人心。 德国医疗行政主管部门、国家健康宣传中心、医疗保险公司、体育运动部门和国民成人学校里都设有保健课程，更有名目繁多的社会团体、私人机构及群众性自救组织。 此外，各种基金会也提供健康咨询服务，社会各部门的广泛参与，促使健康教育有效地融入了公众生活的方方面面。 三是健康教育针对性强、方法新颖。 针对一些健康问题，如吸烟、酗酒、吸毒、同性恋、艾滋病、忧郁症、牙病、肥胖等，耗巨资通过生动形象的宣传教育，告诫人们不要嗜好烟酒、注意性卫生、加强体育活动，收到了良好的效果。

社区层面的健康治理多体现在促进及基层健康护理方面。 德国财政实行高税收、高福利，全民免费享受医疗保健服务的政策。 其医疗保健服务体系分为政府、州政府、基层社区三级。 政府和州政府具有立法权。 国家卫生部对州卫生行政部门制定卫生政策，对各州的医疗卫生服务进行管理指导，并在卫生服务具体实施方面与各州卫生行政部门进行协作。 各州卫生行政部门主要职能是执行政府制定的政策和法规，监督医师协会和各医学基金会的工作，并负责学校卫生、医院管理、传染病预防与治疗、急救医疗管理等工作。 德国的区域性卫生行政部门是社区卫生服务的管理机构，具有卫生行政管理和医院双重职能。 区域性卫生局有双重职能：一是利用中介组织和行政法律等手段对医疗服务进行监管；二是作为医院提供部分医疗卫生服务，特别是公共卫生服务。 卫生行政机构的任何行为均有明确的法律条文规定，并且受到服务对象的监督。 德国的社会福利保险包括医疗保险、养老保险、失业保险、职业保险、护理保险、贫困人员国家救助等 6 个大类。 其中社会健康保险制度的建立为社区卫生筹资奠定了基础。 全面医疗保障、公平互助、个人原则是社会健康保险制度的基本原则。

德国的社区医疗服务主要是由私人开业诊所提供的门诊服务。 私人开业医生（家庭医生）既有全科医生，也有专科医生。 家庭医生由家庭医师协会管理。 医生可单独开业，但医生联合开业的情况更普遍。 护理人员和非专业人员一般都是开业医生的雇员。 98％以上的开业医生都与健康保险机构签订服务合同，其中部分医生专门为私人保险公司所保险的病人提供服务。 部分开业医生与医院签订合同，其内容包括在医院里安置床位、建立双向转诊关系等。 这一方面保证了病人在医院和社区之间顺畅转诊，同时也有利于提高社区医疗服务的质量，也有部分医院专科医生作为病人的私人医生，为病人提供社区和家庭医疗保健服务，这种"双向互同"的医疗服务体系使得居民更大程度上享有了便捷、优质的医疗资源，特别是对于社区层面的健康管理、疾病预防、康复照料以及养老服务提供了专业支持。

2.2.2 混合型社区管理模式

香港多年来重视居民的健康治理，地区政府和居民形成双向治理机制。政府主要通过加强健康治理的制度设计，加强治理的过程监管，通过提高市民的自我保健意识和能力，注重强化城市的环境卫生管理。 具体做法：一是制定出各种法规条例，严惩破坏社会公德、公共卫生的行为；二是重视学校及幼儿健康教育，香港中小学及幼儿园均开设健康教育课，拥有完整、系统的健康教育教材，提高全民的卫生意识，从小养成良好的卫生习惯。 香港各个健康教育部门还常常针对青少年中存在的不健康行为编制各种宣传教育材料，分发到学校或个人，也常常举办展览会、学习班或培训班，向青少年宣传各种健康知识，使他们从小养成良好的卫生习惯，培养有益于社会和个人的卫生行为，并将所学知识传播至家庭、同学、朋友以至整个社会，从而带动全港市民的文明卫生行为。

香港健康教育的组织框架与政策。 1978 年，香港卫生署成立了"健康教育组"，负责策划、组织及推广健康教育工作。 经过多年的努力，该机构下设 4 个分区健康教育中心。 健康教育组设有电脑控制的 24 小时热线电话，以指导市民了解和掌握健康知识，每月来电话咨询达 9 万次。 1996 年该组安装了一套先进的电脑系统，输入了 19 项健康主题资料，以对答方式对市民进行宣传教育。 另外，卫生署健康教育组与学生、妇女健康中心分科诊所，各级医院以及各公私营部门和志愿机构密切合作，形成一个覆盖全港的高效率、运转良好的健康教育专业网络。 香港制订卫生政策的目标主要围绕致力于保障和改善市民的健康。 为达到该目标采取了 4 项基本措施：一是改善公共卫生；二是加强健康教育；三是预防及治疗疾病；四是提高医疗服务质量。 香港的健康教育已明确列为整个卫生事业的重点和基础工作。 其人群涉及不同的层面，从孕妇的母婴保健到老人的健康教育，直至从事化学药物或危险职业的人群。香港健康教育组是香港卫生署下的一个独立机构，于1978年1月成立。其宗旨是：向有志进行健康教育活动的政府部门或其他组织提供教育的专业指导，通过社区联络方式筹办和发展健康教育活动，作为制作、储存健康教育资源和传播健康教育知识的中心，提供免费视听教材借用服务等。在健康教育组成立以前，医务卫生署所进行的各项活动都是由各卫生单位各自筹办，未经互相配合，当时母婴健康服务、胸肺科和社会卫生科是进行这些卫生宣传的主力。健康教育组的成立使香港的健康教育展开了一个新纪元，该组负责草拟健康教育计划和指挥、组织及协调各服务单位的健康教育活动。

香港健康教育组的服务与工作范围包括：

（1）健康教育运动。健康教育组每年均举办大型健康教育运动，以引起全社会各界人士的关注，例如高龄健康运动、反吸烟运动、家庭健康教育运动、防癌运动、心理健康运动、心脏健康运动、预防传染病运动、青少年健康运动、健康生活人人得益运动。每次运动的设计及形式以迎合教育对象的需要及兴趣为主，包括展览、研讨会、讲座、印刷品发放、幻灯片、电影及录像片欣赏、比赛等，同时大众媒介配合宣传。对于某些题材又采取特殊的活动形式，如"心脏健康运动"的烹饪比赛。在进行"青少年健康运动"时，健康教育组特举办青少年健康领袖训练计划，使青少年在受到培训后，能充实自己，并教育他人。

（2）经常性开展健康教育活动。大众媒介方面，除每年的大型活动外，健康教育组经常利用各种传播媒介传播医学知识。香港电台每周一至周五均播放有关医药和健康问题的讲座。电视方面，早晨直播节目就曾以老人健康、心脏疾病、家庭护理、癌症和传染病等作为专题，每次健康教育组均担任咨询和顾问的角色。此外，本组医生也按需要接受电视、电台或报刊访问，讲解有关的健康知识。视听服务方便市民直接索阅健康教育资料。健康教育组特别设立了健康教育视听中心，储存大量有关健康常识及预防疾病视听教材，如印刷品、电影、幻灯片、录像带及录音带等，市民可免费参阅。中心还设有定期专题展览，及为学校及团体安排集体参观、研讨等。这项服务自1983年开办以来一直都很受教师、学生、医护人员及社会工作者的欢迎。自

1984 年起，健康教育组开设健康教育热线电话，24 小时服务，为市民提供获取健康知识的捷径。 目前的服务包括每月专题和艾滋病热线电话，共有 13 条电话热线，日间有专人值班，其他时间由电脑应答。 为适应不同人群的要求，热线电话设有汉语普通话、英语、泰语。 在街道及住宅区，健康教育组的流动健康教育广播车经常进行广播、分发传单及拍摄录像片、放映幻灯片，将健康教育信息带到香港每个角落。 门诊部视听服务。 健康教育组不放过每一个可以进行健康教育的机会。 1983 年设立门诊幻灯片放映服务、1986 年设立门诊录像片放映，使门诊病人能在候诊时学习健康知识。 现 20 多家医院门诊部设有这项服务，由于很受群众欢迎，将来会继续扩展。

（3）制作宣传品。 健康教育组经常设计制作和免费发放大量的不同形式的健康教育材料（如图片、宣传画、小册子等）以提供医疗及健康知识，并介绍医疗服务。 健康教育组还拥有一整套先进完善的科学仪器，用于幻灯片、录像带及录音带的制作。 这些宣传品采用群众喜闻乐见的形式，直观、浅易、科学性强，使群众愿看、易懂，收到很好的效果。

（4）推广医疗服务。 健康教育的一个主要目标是使用合理及预防性服务。 为达到这一目标，健康教育组经常配合政府各项服务做宣传及推广工作，例如推行各项防疫注射、介绍精神病服务、进行家庭健康服务等。

（5）视听教材供应及咨询服务。 设立健康教育组的目的，并不是要垄断全港筹办健康教育活动的权利，而是在医务、卫生署顾问组织，提供健康教育资料及咨询服务，并与社会人士及团体接触，以推广健康教育。 在过去的几年间，不少政府部门民间团体及志愿团体机构均由健康教育组获得专业指导及协助，以举办各类活动，包括大型的香港大学医学会的健教展览，以至小型的社区中心内的电影放映或妇女讲座。 健康教育组储存大量视听教材，包括电影、幻灯片、录音带及其他辅助教材，欢迎政府部门、学校等机构免费借用。 如有需要，健康教育组提供教材、应用方式和教育技巧等辅导。 这项服务的最终目的是鼓励更多的社会人士参与健康教育活动。 香港健康教育组的一切经费均由政府拨款或接受社会赞助，所有服务均为无偿性的。

香港的健康教育有几个显著特点：一是覆盖面广，工作力度大。 各政府机构、医院、诊所、各种健康中心、医药局的咨询处都设有健康教育专栏和其他宣传形式的内容；当地新闻媒体（电视、广播、报纸、杂志）中健康教育内容所占比重也较高，医疗、诊所和一些社区机构经常公布当月各种健康教育讲座的时间、地点和内容；报纸上经常刊登各种健康讲座的海报。另外，大街上的巴士车身、电视中的公益广告，几乎都有健康教育内容。二是健康教育形式活泼、贴近市民生活。健康教育机构经常派出流动车，招募志愿人员，在学校和家庭开设健康课堂，在各种机构办展览。尤其对儿童更是寓教于乐，在游戏中受到教育。三是充分利用众多的节日传播健康知识。

如香港的控烟活动。香港1982年7月就制定了《烟草法》，明确规定烟盒上和香烟广告中要写上警语和焦油含量，并限制在交通工具、影剧院、音乐厅吸烟。1983年规定学校、医院、政府办公室、公共场所和食品商店等为无烟区。1983年4月又增加烟税400％。1987年香港政府成立了吸烟与健康委员会，进一步加强了控烟工作。20世纪90年代香港的控烟工作力度加大。1992年将进一步反吸烟的建议发至市民广泛征询意见，1994年修订了禁烟条例，将香烟包装及香烟广告必须附上"吸烟危害健康"忠告的规定扩大到更多的烟草制品，并禁止向18岁以下青少年出售烟草产品及做宣传。香港的街头遍布"严禁吸烟，最高罚款5000元"的警示，街头大巴车身印有"吸烟危害健康""吸烟可引起心脏病"等公益广告。经过多年的努力，香港市民吸烟率逐年下降，公共场所已看不见吸烟者。

1990年香港推行了地区健康服务，该规划强调社区的参与和公私营部门、志愿机构的互相合作，以推行预防疾病，健康促进及治疗康复等方面的服务。其基居服务中心是分科诊所，诊所包括治疗所，妇女、学生和口腔健康中心，公共健康护校及母婴健康院等，各分支机构有各自的职能和服务范畴，如学生健康中心负责全港906所小学和466所中学学生的健康体验。新学年开始学校就办理登记，家长填表后送中心，中心将检查结果交给家长，并对家长及学生开展健康教育，这一系列程序反映了社区健康促进中各机构的融洽。卫生署基层健康护理工作小组1991年提出关于推进工作的102项建议，通过政府的全力实施，全港有许多所对注册护士进行公共健康护理培训的公共健康护校，在护校要学习健康教育理论、市民调查、护理技巧等课程。

中国台湾从1995年起实施全民健康保险制度，向全体民众提供全方位的医疗服务及保障。

　　（1）中国台湾健康教育的组织框架与政策。 中国台湾健康促进暨卫生教育学会组织在中国台湾健康教育过程中发挥了关键作用。 中国台湾健康促进暨卫生教育学会由中国台湾师范大学健康促进与卫生教育学系教授发起成立，于 1979 年通过立案许可，至今已有 38 年的历史。 学会以研究健康促进与卫生教育学术，发展健康促进与卫生教育事业，加强有关机构团体的联系与合作，谋求会员的福利为宗旨，以非营利为目的。 学会每年定期举办各项活动，建立健康促进管理专业人员认证体系，包括每年举办 4－6 班健康促进管理师认证课程，每年举办 1 次以上健康促进管理师认证考试，每年举办 4－6 班健康促进继续教育研习课程，培训优秀的健康促进人员，使其在社区、学校、医院、职场，提供正确与优质的健康促进服务，其课程特色是以理论导入，让学员掌握正确的健康知识、态度及行为方法，有效完成健康促进工作。 不同领域的学员能有效运用健康知识及理论，让每个健康促进项目都能成为有效的、可延续性的、可评估的、可被管理的健康促进项目。 通过健康促进案例及实务经验分享，学员在执行健康促进活动时，能有效运用健康促进资源及工具，以提升其健康促进管理技能。 此外，学会拥有公开发行的出版品，包括《健康促进与资源应用》《健康促进与组织发展》《社区健康促进》。

　　中国台湾师范大学健康促进与卫生教育学系于 1959 年正式设立，是中国台湾地区唯一培育健康促进与卫生教育专业人才的学术机构。 现有专任教师 15 人，其中教授 9 名、副教授 2 名、助理教授 4 名；另聘有兼任教师 11 人，其中教授 5 名、副教授 4 名、助理教授 2 名。 该学系正式设立以来，除在教学设备、课程内容、教师阵容及学生素质等方面不断力求改进外，更积极开展各项学术研究工作。 该系旨在培养学生运用健康促进与卫生教育相关理论策略与方法，进而增强个人、群体和社区健康意识，开展健康行动，最终达到提升民众生活质量的目标。 中国台湾师范大学健康促进与卫生教育学系对于当地的健康教育起到了地区政府在健康决策的智库作用。

　　（2）中国台湾的控烟活动。 中国台湾的控烟由一个叫"中国台湾拒烟联盟"的组织，在 2007 年向中国台湾当局的立法院提出争取修改《烟害防制法》，力促"室内公共场所全面禁烟"。 2009 年 1 月 11 日《烟害防制法》新规定：室内公共场所、3人以上共用之室内工作场所、供公众休闲娱乐消费之室内场所、大专院校之室内场所、供儿童及少年教育或活动为主要目的之场所、大众运输工具、车站及旅客等候室等处，为全面禁止吸烟场所。 在拒烟的理念之下，为了市民健康，台北市卫生局早在2007年起就开始推动无烟公园计划，中国台湾当局依据《烟害防制法》第15条第1项第13款规定，于2009年7月11日公告台北市24座无烟公园（包含广场及动物园）。 之所以确定这些公园为无烟场所，是因为他们认为公园是"都市之肺"，是提供一个城市空气滤清、休憩调养的场所，公共场所禁烟已是全球趋势，除了密闭室内的禁烟政策势在必行，也有愈来愈多关注到户外特定场所禁烟。 为了推动"无烟公园"的实施，他们结合社区资源宣导公告、进行誓师活动，制订巡逻记录、志愿者按月排班巡逻，查核公园环境脏乱、公园不安全点检视、劝导在公园吸烟者熄烟及相关烟害防制宣传事项。 稽查人员不定时地机动稽查。 在无烟公园的入口处有标识牌，彩色标识牌有绑在树干上的，有绑在凉亭立柱上的，有制作成压克力板的标识牌挂在醒目处的，更有直接喷绘在进口处地砖上的，并明确告知于前述禁止吸烟场所即区域内吸烟者，将被处2000～10000元罚款。

（3）社区健康促进及基层健康护理。 中国台湾医院注重从事社区健康相关的教学研究工作，并结合社区资源，发展"社区保健""社区医疗"及"社区长期护理"，为病患或民众提供亲切、方便、持续与整体的医疗护理服务。为了促进一般居民的健康融入，医院强调社区化服务，深入社区开展医疗服务，为此成立了社区医学委员会，倡导预防医学的观念，致力于推动社区医学活动，将社区居民与本院的工作紧密结合，守护社区；当地政府在最近几年更是大力推动社区医院的概念及活动，希望医院不仅是医疗治病的场所，也是一个社区健康促进及疾病预防的中心。 医院在社区开展的服务有：本着预防医学的概念，将健康引入社区每个角落，医院结合居民区、职业场所、学校等，不定期地举办健康宣传讲座，并与社区居民互动，根植社区健康理念；与社区邻里楼宇组长合作，每月定点派遣护理（医）师驻点监测居民的血压、血糖、血胆固醇指标等；也派出齿科医师在社区为居民评估牙齿健康、护理人员监测肾功能、营养师现场评估、建议、社区医师作总体评估等。

（4）中国台湾的医疗保险制度。 中国台湾的医院分公立和私立两种，卫生署（局）只管理公立医院和卫生保健所，数量很少；私立医院很多，归医疗法管理。 在台北，公立市级医院 12 家、卫生保健所 12 家，私立医院和保健所有数百家。 具有一定规模的才能称为医院，医院必须有急诊，24 小时提供服务；保健所一般规模小，多数是私立的，如"三本诊所"主要从事各类体检，也设有特色门诊，如血液透析等，为了吸引顾客，他们也做了大量精致的健康教育宣传材料，且免费提供。

中国台湾普遍实行医疗保险制度。 就业人员根据工资按比例缴纳"全民健康保险金"，农民自己缴得少，政府补贴多，无工作、无子女的农民由乡公所缴。 市政府出的保险补贴，各市不一样，如台北市 65 岁以上的老人就不用缴，当地政府全包；小孩跟着父母亲缴"全民健康保险金"；无固定工资收入的老人跟着子女缴"全民健康保险金"。 缴了"全民健康保险金"的人就会得到"全民健康保险卡"，该卡全地区联网就医，如到外地后用现金就医用药，回来后可凭单据报销允许的部分。 在中国台湾就医时，每人要出挂号费，诊疗及药费个人也要承担一部分，就医次数多，个人就负担得多，这样也是宏观控制医疗费用的一种好办法。 医疗服务中有许多免费项目：40－65 岁的人，每 3 年体检一次；65 岁以上的老人可每年体检一次，接种流感疫苗；儿童接种按照 WHO 规定的列入计免程序的疫苗、水痘疫苗等；下列情况住院者：12 岁以下患重大疾病和罕见疾病、6 岁以下家庭清贫者等。 除此以外，中国台湾疾病管制局（CDC）是 1999 年 7 月 1 日由卫生署防疫处、检疫总所、预防医学研究所合并而成。 中国台湾的 CDC 建立了首席科学家制度，由首席科学家领导 CDC 的研究人员和检验人员组成。 控制工作包括艾滋病防治、结核病防治等等。

总之，中国香港和中国台湾在健康治理过程中，主要以支持者的身份参与治理，社区健康促进及基层健康护理工作的比重明显增大，基层社区和专业的社会组织较为活跃，地区政府在健康治理过程中主要负责顶层制度的设计规划、过程监督和质量管控。 地区政府、社区、社会组织、家庭在健康治理过程中分工明确，功能清晰，互动良好。

2.2.3　自治型社区管理模式

随着后工业时代的来临，亚洲经济文化的高速发展，各国政府越发高度重视国民的身体健康素养。日本在健康治理方面，科普知识、媒体技术、创新意识、健康行动是其核心要素。亚洲国家的健康治理虽然起步较晚，但健康治理的形式和方法更具有灵活性和实效性。灵活性特别指针对不同被教育者的特点和需要开展基层教育。政府清晰地认识到，对居民进行健康增进教育的意义在于，明白我们社会不同阶层的健康差距和社会公平性。从Advocate，Enable，Mediate 3 人的理念来看，健康教育是教育不同领域的人权教育、福祉教育、生命教育、环境教育、人生体验教育、男女性别教育、伦理学教育等方面，重视社会差距和福利均等，重视个人潜在能力的认识、优势的提升、资源的发掘。自 20 世纪 90 年代后期以来，日本对学校教育中的体育进行了一系列改革，采取了许多举措，增加了体育教育的内容。这种对体育教育的"延伸"被称为健康教育，取代了传统意义上的体育，这一变化实质是体育观的转变，也是整个教育观的转变课题中的应有之义。

1978 年，日本福利机关第一次正式启动健康保障工作。重点是以病患者与残疾障碍者服务为主，对于健康国民的预防支持涉及 3 个方面：一是在居民居住地附近成立健康咨询和保健服务的市镇村级保健中心；二是以职场和家庭主妇为对象的妇女健康保健中心；三是以终身健康为目标，开展健康教育和健康普及。在全国各地开展了健康方针和体力检测等有关健康支持项目，并且国家组织专家围绕健康保障计划制定了运动方针和营养指标。1988 年，日本第二次国民健康保障"激活 80 岁健身计划"是以人即使到了 80 岁，自己身边的事情也能自己完成，也能参加社会活动为目标的计划；旨在让居民拥有营养、运动、休养，养成保持平衡的生活习惯等一系列的健康生活方式。2000年，日本第三次国民健康保障计划中提出了"面向 21 世纪的国民健康保障运动（健康日本 21）"成为新的焦点。这是以欧美的"健康人民 2000"为模型，把健康检查和健康教育等数值化，用 10 年的目标指标来评估健康的公共卫生的成效。日本的各个市乡镇为了实现"健康 21 计划"，专门成立了委员会，参照国家和县制定的目标值计划，配合各种方针，预定用大约 10 年时间实现目标值。国家分别制定了饮食方针、休养方针、营养方针、修改睡眠指标方针等一系列的健康指南，通过综合性的考虑，形成了从饮食营养需求量到维持饮食均衡指南等一系列的测量指标。

A. 饮食生活的指南中规定

1. 保持愉悦心情吃饭

2. 健康饮食

3. 保持主食、副食均衡搭配

4. 米饭杂粮的合理摄取

5. 蔬菜、水果、牛奶、乳类、豆类、鱼等要综合搭配

6. 体重、饮食量和每天的运动消耗量保持平衡

7. 地方特色饮食之外也要有多元素的食品

8. 善于烹饪食物和保藏食物，避免不必要的浪费

9. 饮食生活的自我调整能力

B. 睡眠指南

1. 较快地入睡

2. 白天一天精力充沛是睡眠质量的标志

3. 自我调整睡眠质量

4. 睡前适当放松，消除脑海中的兴奋感

5. 醒后让光亮进入房间，开启体内生物钟

6. 克服午睡后的睡意

7. 呼吸障碍者向专家进行咨询

C. 休息指南

1. 保障生活有规律

2. 尽早关注自己的危险指标

3. 睡后很快清醒

4. 洗澡可以让身体和心情重新振作

5. 出去旅行，改变心情

6. 合理规划好休养和工作的均衡，提高效率，防止过度劳累

7. 一天 30 分钟，自己腾出时间休息

8.灵活运用休假，进行真正休养

9.在富足中找到快乐和价值

D. 环境指南

1.发现生活的绿洲

2.身边有随时可以休息的场所

3.吃饭的空间也看看综艺节目

4.多和大自然接触，感受健康的气息

5.与生活中遇到的伙伴多交往，开展丰富多彩的人生

6.能在融洽相处的社团中找到快乐

7.维护和朋友的各种生活关系

E. 肥胖指南（男/女）满足以下任何两个条件

1.腰围 85cm/90cm

2.高血压 130/85mmHg

3.脂肪异常症中性脂肪 150mg/dl LDL－Chol 150mg/dl HDL－Chol 40mg/d 以下

4.高血糖空腹时血糖值 110 mg/dl HbA1c 5.2 以上

"日本健康21"的健康增进法增加了综合推进国民的健康增进法，健康检查的实施准则，国民的健康营养调查，实施保健指导的要求，实施控烟指导等方面的内容。如根据高龄者医疗法的"特定健康检查"和"特定保健指导"。2008 年，日本厚生劳动省以市镇乡为主体，利用老年人保护法，废除健康诊断，根据高龄者医疗法，开始对健康保险组合进行"特定健康诊断"和"特定保健指导"。这个制度的特点是以内脏脂肪综合症为着眼点，作为健诊项目，开始设立新的腰围和 LDL 胆固醇以及血红蛋白 A1 的检查项目。这一项目的提出，对疾病的早期发现、早期治疗起到了关键作用。特定的保健指导方面，增进法提出对符合指导要求的患者，结合健康检查的结果和应对方法开展健康指导，激发患者治疗的配合积极性。要求地方自治体和健康的相关工作人员利用国家规定的指标开展保健指导服务，但是这些保健工作人员中很多人并不了解健康管理或者无相关学历背景。因此，培养专业的保健指导人员，任用筛选专业的、负责的健康教育工作者，并对服务进行实施与评价

都是很有必要的。

日本进入信息化时代，伴随高科技及其产业的发展，现代化水平日益提高，使社会结构、社会关系、社会生活发生了巨大变化。家庭结构的少子化，人口结构的老龄化，使"现役"的劳动人口相对减少，对与人口健康相关的医疗、养老等社会保障需求增加；在享用现代化的成果和便利，人居城市化、生活便利化的同时，精神上的压力越来越大，人们处于紧张的脑力劳动和为生活的奔波中，运动的机会越来越少；由于学校实行双休日制和社会劳动时间的减少，社会生活的五光十色，需要抵制影响健康事物的诱惑，构筑文明、科学的生活方式。面对种种社会问题，社会上对身心健康的呼声越来越高，日本的教育界认识到，健康教育是学校教育的严峻课题，鲜明地提出了要使受教育者"终身过充满活力的健康生活"的观点，并围绕"身心健康的保持及增进"这一主旨进行了系统的策划和改革。转变学校教育的体育观是推行健康教育的前提，观念变革是实践变革的先导。传统的体育内涵是通过基本的体育知识和体能训练，使受教育者掌握必备的运动要领，有一个健康的体质。日本文部省在此基础上提出，要使受教育者认识健康的价值，学会珍惜自己，过有规律的生活，树立保健意识，杜绝影响健康的不良因素的侵袭，增强预防疾病的能力，善于消除紧张状态，结合平时对健康的学习和正确的认识，进一步学习和实践对健康有意义的事物，学校应按照学生的发育阶段实行健康的学习教育，并对学生学会关于运动、健康的基本生活习惯。运动在有助于健康的保持和增进、提高体力的同时，还使人在精神上感到充实和愉快，树立成就感，尤其是高水平的运动，能够唤起人们的热情和追求，有利于全面发展，因此要大力组织学生的体育运动。再比如，充实健康教育课程，加强课程指导。日本文部省根据1997年7月教育课程审议会对"体育""保健体育"课程内容进行改革，从小学三年级开始增加保健指导课程，并修订了指导大纲，要求学校设立保健室，加强学生心理健康教育。另外，还在指导大纲的修订中充实了心理健康指导的内容，同时在学校配备了心理健康咨询教师和学校社会工作者。

韩国健康管理协会属实体机构，从事预防医疗和管理工作。最早建立的是1964年4月的韩国寄生虫病控制协会。1966年4月在国内立法，公布了寄生虫病预防法（法律第 1789 号），并以此为建制依据，制订了工作任务和目标。 建国初期，协会本部和分部主要是以开展人体寄生虫病为主的查治和预防工作，上下名称也统称寄生虫病控制协会。 在这阶段中，由于寄生虫病防治工作纳入了法制管理，并列入了政府的规划，所以防治的主要经费都由政府拨款。 以后随着防治工作的开展，寄生虫病已在国内得到了明显的控制，协会也根据形势的发展和变化，改变和扩大了自己的业务范围。 1982 年本部更名为健康管理协会，各分部也于 1982 年后相继设置建立。

韩国健康管理协会设有门诊、诊疗室（含内、外、妇、儿、检验、X 光等诊断室），有医院住院部设有各病种科室和病床。 配备有各种大型和特殊医疗设备，如血液自动分析机、全自动微生物培养机、自动体检处理机、电脑感应咨询机（病人可咨询就诊科目、医疗费用等）。 协会业务有类同于医院，但其任务仍是以国民保健为主，年度计划和任务，主要是放在对各类人员的体检、诊断和治疗疾病。

2014 年下半年，在韩国的保健教育及学生健康增进计划中，韩国首尔市提出了"让所有人都幸福的未来教育"的教育发展愿景，包括培养知性、感性和个性的创意教育，开启所有人发展潜能的责任教育，学生、教师、家长、市民的参与教育，安全又值得信赖的安心教育，沟通与支援相结合的教育行政协调 5 个政策方向。 其中"安全又值得信赖的安心教育"是学生能在安全、平和、宜人的环境中以幸福的心态专心于学业与自我发展，与朋友开心享受生活的教育，是保障学生安全和健康的重要承诺。 2015—2017 年，首尔市教育厅体育健康科每年基于首尔教育方向中安心教育的内容及要求，推出《保健教育及学生健康增进计划》（以下简称《计划》），丰富和充实了安心教育的理念。 该《计划》主要由致力于终身健康的系统化保健教育和保健教育支援体系两大部分构成，其中致力于终身健康的系统化保健教育的运转包含 7 个方面的内容，支援保健教育的体系包含 7 个方面内容，致力于终身健康的系统化保健教育包括 7 个主题：学校保健教育内实化；性教育的强化；建立保健教育、性教育、精神健康教育的咨询奖励；建立区域单位保健教育研究会；建立保健研究学校；建立性教育、精神健康授课研究会；提高保健教师的专业性和敬业精神。 韩国学校保健教育内实化，推进方向有 5 大领域：其一，保健教育实施方案,如表 2-1 所示;其二,保健教育授课中应急患者管理对策及支援方案的配备;其三,校内教职员工间的协作及与保健教育相关的学生健康增进项目的灵活运转;其四,多样化的教育资源的开发、灵活运用及优秀教育资源共享;其五,为保健教育体系化运作提供行政、财政的支援。

表 2-1 韩国初中、高中保健教育实施方案

选择保健科目的初中、高中要在国家性教育标准法案的范围内实施包含性教育、禁烟、急救措施及心肺复苏技术(教育部指定年级必须实施,即小学 5～6 年级,初中二年级,高中一年级)、精神健康等的教育过程
不选择保健科目的初中、高中学校的教育过程要确保法令(包含教育部指定的内容)所规定的保健教育内容和课时数,实施 17 次课时,细节性的事项和责任性事务由校长根据学校的实际情况而决定
根据法令和方针,要求学校实施的保健教育内容和课时数: 性教育 15 小时(有关性暴力、性买卖、性骚扰的法令) 禁烟、药物误用、滥用预防 2 小时 应急心肺复苏技术,学生 2 小时 应急心肺复苏术,教师 3～4 小时 生活习惯、疾病及校内必要的疾病预防、新型传染病预防,精神健康等

性教育的强化。 实施方针包括:提出性教育年计划,每个年级每年要实施 15 课时以上的义务性教育(包含性暴力预防教育 3 小时)等。 实施方法为:确保性教育课时数,实施持续的阶段性的性教育;确保性教育财政预算及支援;强化性教育任课教师的专业研修;家庭、区域、社会相结合的性教育的活性化;定期监察及实施情况调查。 建立保健教育、性教育、精神健康教育的咨询奖励。 通过建立学校保健教育、性教育、精神健康教育的支援,宣传优秀案例,强化保健教师的授课能力等。 其推进方向包括有关保健教育的支援、监督部门的组成和运行、保健教育的支援建设等。 建立区域单位保健教育研究会。 协会的建立旨在强化及内实化保健教育;通过摸索多样化的教授学习方法,提高保健教育的专业性;通过咨询、研修,挖掘优秀事例并应用于实践中。 推进方向包括:构建区域单位保健教育示范授课协会(小学 25 个,

初中 14 个，高中 11 个，特殊学校 2 个）；开设保健教育示范公开课（小学、初中、高中、特殊学校至少每年要实施三四次）等。

建立保健研究学校。 研究有关保健教育政策、教育过程、教育方法及教育资料的开发，继而普及、灵活运用其结果。 推进方向包括：2017 年教育部邀请的研究示范学校；创意经营学校与健康增进典型学校间交流结果；建立心理健康学校。 建立性教育、精神健康授课研究会。 通过授课研究会的运作，提高课程质量，开发典型课例，强化教职员工能力，继而培养对未来社会必要的创意、融合型人才等。 推进方向包括性教育、精神健康领域研究，运营方针，研究会运营结果的应用方案。 提高保健教师的专业性、敬业性。 推进方向包括：教职员工间要有效分工协作，校长要适当减轻保健教师的负担，且对未安排保健教师的学校进行最大化的人力支援努力，确保保健教育的财政预算以及职务研修；为全体教师安全应对能力的提高，实施教职工心肺复苏术教育。 为了健康的学校、幸福的学生，支援保健教育。 学校用制度保障了保健讲师的课程运作，应急管理对策，强化学生精神健康管理，需要保护的学生管理，健康的体重管理（低体重，肥胖），保健教育优秀学校和人员的表彰；保健教育讲学资料的开发和普及。 每个主题都包括基本方针、推进方向以及内容等。 学校保健支援讲师的运作。 该制度的建立旨在促进保健教师授课过程中保健室管理及应急医疗体系的稳定运转，提高学校保健服务质量，为学生精神健康增进及吸烟预防、传染病预防管理等提供支援。 2017 年 3—12 月（放假期间例外，8 个月）期间实施。 运营规模为 47 个学校（时间制讲师 46 个，全日制讲师 1 个）。 对象为 45 个班级以上或在籍学生数超过 1500 名的学校，运营类型包括全日制讲师、时间制讲师。 应急管理对策。 其推进方向包括应急预案的建立、组织结构关系、相关制度的建立。 应急措施分为：不危急但是需要护送至医院的情况；危急且需要紧急移送的情况；建立保健教师不在时（出差等）应急患者管理方案。 另外指出以学生为对象实施应急措施教育及心肺复苏术的教育、学校内应急体系中组织保障、学校保健室药品保管及管理方案。 强化学生精神健康管理。 寿命期待值的增加和家族类型、生活样式的变化，使得学生的健康问题不仅是生理上的，ADHD（注意缺陷多动障碍）、抑郁、自杀、焦虑等情绪、行为上的问题也在增加，因此对这方面问题的早期发现及加强预防性教育等尤为重要。 学生精神健康增进管理主要推进方向是实施学生情绪、行为特征监测，对学生情绪、行为特征监测结果的干预措施两大方面。 需要保护的学生管理。 基本方针是通过学期初的学生健康情况调查，掌握学生的健康问题，通过个别面谈和定期的健康咨询来保障需要保护的学生的安全又健康的学校生活。 其推进方向包括学期初（3月）通过与家庭联系实施全体学生健康情况调查：第一次，由班主任通过面谈识别健康异常的学生，将名单递交保健室；第二次，由保健教师对这些学生进行咨询后形成"需要保护的学生"名单，并将学生名单、注意事项、安全指导方法告知班主任及任课教师，在这个过程当中注意保护学生隐私问题。 应急患者出现时，为了能够及时联系到家长，学期初的调查问卷中应包含监护人的同意书、联系方式、希望护送至的医院等信息。 健康的体重管理。 健康的体重管理是对儿童、青少年肥胖导致的高血脂、高血压、糖尿病、动脉硬化进行的预防教育及肥胖管理等。 其推进方向包括：在形成健康行为的学龄期养成健康生活习惯，强化肥胖学生的健康管理，建设小学、初中、高中肥胖管理健康教室，学生的体重管理工作每半年提交一次报告。 保健教育优秀学校和人员的表彰。 挖掘、褒奖有卓越推进成果的人，进而刺激学校保健政策的发展，激发有关人员的士气。 其表彰种类包括有关保健教育方面、口腔保健方面、性教育方面等等。 保健教育讲学资料的开发和普及，包括通过保健教育教学、学习等资源的开发，普及并深化教学改革等。

日本和韩国在国家的健康治理中，政府的行政职能更加淡化，相比之下，企业、学校、医院、居民自治组织在健康治理中发挥了主导作用，分级分类进行不同人群的健康服务。 因此，健康保障制度和规定更为贴近特定人群的实际问题和需求，突出了问题导向，满足了现实性需求。 居民对于政策积极回应，主动参与，形成了更加积极主动的健康治理社会氛围。 总体上看，基于以上国家地区健康治理理念和不同的国情及文化，大部分欧洲国家在其实践中逐步形成了不同的健康治理特色与模式：基于健康治理中的政府与社会关系，形成了政府与社会协同治理的模式；基于健康治理中的政府组织结构，形成了纵向治理与横向治理的模式。

2.3 我国社会健康治理的历史进程

从公共健康发展的历史逻辑来看,公共健康理念经历了从疾病治疗到预防保健的转型,公共健康目标实现了从健康不平等到"人人享有健康"的发展,公共健康内容也从生存维持扩展至生命质量,公共健康手段最终从医疗技术走向健康治理。因此,从疾病治疗到健康治理构成了公共健康发展的历史逻辑。

(1)公共健康理念:从疾病治疗到预防保健

随着医疗技术的发展与健康观念的转变,公共健康理念经历了从疾病治疗到预防保健的转型。中国传统便有"不治已病治未病"的理念,近代以来医学模式也由重治疗的"疾病医学"向重预防的"健康医学"转变。起初,由于疾病认识和医疗技术的匮乏,个人健康更多关注于罹患疾病后的被动治疗,对于疾病前期的预防与后期康复缺乏科学的认识和应有的应对手段,由此集结成的公共健康理念主要关注点是疾病治疗。随着人们对疾病产生原因、治疗手段、健康结果等认识的逐渐深化,以及对生活质量的重视,人们开始关注并且能够应对疾病预防与康复等内容,由此汇集的公共健康理念与方式也随之变化。例如,医疗保障制度作为健康的一种费用化解机制,也显现出从疾病治疗到预防保健的关注,即"好的医疗保险制度"应该使更少的病人进医院,健康人不进医院;健康保障服务对象除了少数的病人外,还包括广大的健康人群和亚健康人群,保障全体国民的健康。现代公共健康服务已成为包括预防、治疗和康复的全体系、全过程的健康服务,从疾病治疗到预防保健是对公共健康理念的深化。

(2)公共健康目标:从健康不平等到"人人享有健康"

健康是公民的一项基本权利,消除健康不平等、实现"人人享有健康"是健康领域的主要议题。达到尽可能高的健康水平是世界范围的一项最重要的社会性目标,增进并保障人民健康对持续的经济社会发展是首要的。公共健康需要平等享有,公平平等的健康机会是其他机会公平平等的基础,通过公共健康政策措施保护和促进人们的正常身体机能，对保护机会的公平平等至关重要。　健康的社会决定因素和健康不平等有着内在联系，贫穷和处于社会边缘地位的人们比社会地位较优越者更易患病和更易死亡，通过了解决社会健康的多重因素，能够引导政策去提升整个人口的健康，同时促进最脆弱人群健康水平的提升。　此外，健康作为一种可行性生存能力影响着个体的自由发展，健康权利的缺失意味着个体自由发展的阻碍。　因而，健康促进不仅是对个体健康资本的提升，更是对个人参与社会生活、实现自由发展等各项权利的保护。　2017 年《中国健康事业的发展与人权进步》白皮书指出，健康是人类生存和社会发展的基本条件，健康权是一项包容广泛的基本人权，是人类有尊严地生活的基本保证，人人有权享有公平可及的最高健康标准。　总之，公共健康以促进健康，实现公众对健康的平等享有为目标，从健康不平等消除到"人人享有健康"成为公共健康的目标演进。

（3）公共健康内容：从生存维持到生命质量提升

公共健康作为一项健康维持政策，其内容从最初的传染病防治到实现生存维持，扩展至通过关注健康的影响因素实现生命质量提升。　公共健康问题的关注起源于传染病的应对，致力于对抗自然风险免受疾病的威胁。　最初的公共卫生工作针对特定疾病的控制，目标在于实现生存维持。　如：14 世纪发生的黑死病促进了检疫和防疫封锁线的产生；18 世纪中叶意大利颁布了最早预防结核病的公共卫生法；直至 20 世纪 80 年代天花的消除成为公共健康史上的标志性成就。　随着疾病控制技术的进步，公共健康的关注范围逐渐扩大。1978 年的阿拉木图会议提出重视初级卫生保健服务，提高中低收入国家的医疗卫生服务能力。　由此，全球公共卫生服务的范围得以延伸，从特定的疾病应对转向了关注卫生保健服务等健康的影响因素。　进入 21 世纪以来，各类公共卫生事件的发生、慢性病的普及、污染物的扩散及健康观念的更新，使人们改善自身健康的需求更加迫切。　人们更加关注公共健康环境要素，进而从自然疾病的对抗进行策略性生存维持应对，转向主动性消除社会不健康因素，他们希望通过良好的生活环境提高生命质量。　由此，公共健康的内容逐渐从生存维持扩展至生命质量提升。

（4）公共健康手段：从医疗技术到健康治理

基于健康促进的目标定位，公共健康手段也从医疗技术发展到健康治理。在早期，对于疾病治疗人们多依赖经验性判断与非世俗力量，如中国传统的食物药物偏方、巫术的治疗方法、西方的宗教疗法等。随着近代医学药物技术的发展，疾病治疗与健康改善更具有针对性，药物与医疗技术对致病因子的消除成为健康改善的主流。但医疗服务对健康的边际影响很小，个人生活方式、公众对污染及其他环境问题的决策对提高健康水平起着关键作用。公共健康是一个社会问题而非技术问题，疾病的传染性与健康的外部效应使得个体健康受到周围人及所处环境的影响，公共健康的实施涉及社会的方方面面，应加强各部门合作，强调社群的广泛参与。随着当代生活范围与交往的扩展，广泛参与应对公共健康的集体行为更具现实意义。21 世纪以来，"非典"、登革热等传染性疾病，以及埃博拉等不明原因的病毒性疾病在全球传播，迫切需要世界联合行动将健康风险与健康危机降到最小。因此，公共健康是公众的集体行为，强调社会共同参与的健康治理成为未来改善公共健康的重要手段，健康中国战略推进与全球健康促进需要公共健康的合作治理。

我国对居民健康教育的研究起步较晚，研究方向主要涉及不同个体对健康教育的需求，健康教育模式及其效果的探讨，健康教育存在的问题及其对策，以及健康教育的实施与管理。主要分为以下几个领域：①不同个体对健康教育的需求。年龄、性别、职业、文化水平、收入等因素都影响人们对健康教育的不同需求，患病个体、亚健康个体，以及健康个体对健康教育的不同需求。但是总体来说，都是关于疾病的预防、治疗、护理、康复等方面的知识、技术、教育形式的需求为主，同时满足居民对医疗保险、保障服务等政策性需求的教育模式。较有代表性的是陈兆杰（2008），其对长春市 620 位 60 岁及以上老年人的健康教育需求进行调查，并提出对策。健康教育的需求是多方面的，只有将需求与服务相结合，才能有效地将被动式的干预转化为主动式的自我管理，推动人们的健康发展。②健康教育模式较为多元，且一些模式卓有成效。研究者采用实证研究和对比分析的方法验证了对疾病治疗和康复有推广意义的健康教育模式，并阐明其效果。如系统化健康教育、个体化、家庭中心化、多元化、环节式、三阶梯、家庭——学校——社区——医院四位一体全方位等健康教育模式。其中，张秋燕（2015）对环节式健康教育模式开展了实证研究，即入院后进行个人评估建立健康档案，住院阶段进行集中式指导，出院前制定个性化康复方案，出院后进行电话随访和跟踪。 参与治疗的呼吸内科疾病患者康复率较高。 屈爱萍（2011）对三阶梯健康教育模式的应用进行了研究，即有计划性、针对性、互助性地为患者进行教育，开展服务。 虽然我国对健康教育模式探讨较多，但是大部分研究仍旧停留于对疾病的诊治和康复，对于预防阶段的研究模式甚少，也有作者提出健康教育路径应从医院转向社区；方式上应注重信息传播与教育并重，且对危险因素和不良生活方式的干预，维护健康，预防疾病；对象不仅面向病人，还应该注重对家属的健康教育，以形成有效的预防康复支持网络。

在诸多研究中，张跃兰（2006）提出加强前期调研和评估，设计个性化服务方案且形式应多样化等；同时程玉兰（2005）提出可与行政手段结合开展社区健康教育，也可将场所拓展至企业、学校、家庭等个人生活、学习的单位。另外，我国的健康教育实施与保障机制尚未健全。 彭西凤（2012）指出，我国现阶段的健康教育存在经费投入不足，整体服务网络建设滞后，缺少相应的评估体系，相关部门对健康教育的重视程度不够，管理体制不完善等问题。管理体系的缺失在一定程度上阻碍健康教育的实施和发展。 从总体上看，目前我国健康教育的内容、方法还存在不足。 在健康教育内容方面，虽然青少年心理健康教育的研究逐渐增多，但大部分依旧围绕临床性的慢性疾病；健康教育方式方面，普遍缺乏系统性和针对性，开展时机把握不准，实践性经验缺乏，缺乏感召力；此外，从事健康教育的服务人员相关知识和技巧水平偏低，理念依旧比较保守，还需要进行中国国情基础上的本土化、专业化、体系化的深层次研究；健康教育的场所也过于单一，基本局限于医院，针对性不足。介于以上的问题，为了给基层工作者提供改善工作方法的有效借鉴，本书的后半部分，列举了通过阐述社会工作方法介入的健康教育的基层社区工作案例，以便为基层管理者和业务工作人员提供一定的参考。

社区健康教育是在指定的地域范围内，以家庭和患者为主体对象。 通过社区护理计划，或者有目的地对社区患者及居民进行必要性的教育，帮助患者增进健康知识，改善不良的生活习惯等，最终提高其社区的生活质量。 社区健康教育，可以在社区开设社区卫生服务培训，从总体上提高国内社区群众的自我保健意识和能力，改善生活的不良习惯和行为，尽最大努力降低疾病的发生率，保证社区患者早日康复。 同时，医院也可以适当开展社区健康教育活动，增强医院和社区之间的友好沟通，促进医院和社区之间的社会关系，更好地促进社区建设的发展。 通过这些措施，宣传社区健康教育的重要性，保证社区群众的整体疾病预防意识。 本书在后续章节中描述国内社区健康服务教育的发展和现状，此为提高社区健康教育的工作，满足日益增长的社区群众的健康需求提供借鉴。

2.4 我国健康治理的机制框架

随着社会经济的日益发展，居民的生活范围与交往网络不断扩展，广泛参与应对公共健康的集体行为更具现实意义。 21 世纪以来，非典、登革热等传染性疾病及埃博拉等不明原因的病毒性疾病在全球传播，迫切需要世界联合行动将健康风险与健康危机降到最小。 因此，公共健康是公众的集体行为，强调社会共同参与的健康治理成为未来改善公共健康的重要手段，健康中国战略推进与全球健康促进需要公共健康的合作治理。 风险的消除、国民健康需求的满足和健康资本的保值增值，直至公共健康目标的达成，即将健康融入所有政策，引导全社会共同参与公共健康的保护和治理行动。 公共健康治理的最终目标是"人人享有健康"的健康促进。 个体健康依托于群体健康，依赖于健康生活环境，个体和社会的改变需要与卫生服务改善和健康促进政策齐头并进。 健康促进是社会经济增长的正能量，劳动者健康的工作方式以及全体社会成员健康的生活方式是经济社会可持续发展的稳定来源。

通过共创健康治理，达成社会公众共享健康促进的公共健康治理结果与目标。 《"健康中国 2030"规划纲要》指出，共建共享是健康中国的战略主题。 "共生——共识——共创——共享"的"共创共享"型合作治理逻辑及"健康风险——健康需求——健康治理——健康促进"的健康发生过程，共同构成了公共健康合作治理机制。 健康风险的冲击使社会公众结成健康共同体，分散或消除健康风险、保持良好的身心状态、提高个体健康资本的国民健康需求成为社会共识，而公共健康的外部性决定了健康改善需要全社会共创健康环境、共享健康促进。 即共生健康风险是公共健康治理的必要性所在，共识健康需求使得公共健康治理有了实施的可能性，共创健康治理则是公共健康治理的主要路径，共享健康促进是公共健康治理的最终结果与目标。 总之，公共健康治理是一种基于全社会"健康风险共生——健康需求共识——健康治理共创——健康促进共享"的合作治理。 从公共健康治理框架来看，公共健康治理发源于全体国民共生的健康风险与共识的健康需求，致力于健康风险因素的消除，具体的治理框架包括以公正的公共利益为主的公共治理体系、以公平的市场竞争为主的市场治理体系和以公开的社会参与为主的社会治理体系，从而达成政府、市场和社会的合作治理秩序。

（1）公共治理体系：健康治理跨部门行动

公共健康的公共治理体系以公共健康利益为导向，以跨部门行动为主要形式，关注于公共健康的需求回应与健康资源的公正分配。 公共健康受卫生部门直接控制之外的众多因素影响，例如教育、收入及个人的生活条件，因其内容项目的多样性和涉及领域的公共性，已非单一部门可以完成和应对，需要公共健康领域相关部门的合作，具体包括卫生部门主导的公共卫生服务和基本医疗服务、人社部门主管的医疗保险制度、民政部门负责的医疗救助制度等。 此外，财政部门对公共卫生经费进行合理评估、投入和监管，教育部门将健康教育纳入国民教育体系等都是公共健康跨部门合作的形式。 2018 年的机构改革方案中国家医疗保障局和国家卫生健康委员会的组建，是对国民健康政策制定、基本医疗保障制度、药品与医疗服务价格、职业安全健康监督管理等不同领域分散管理职能的整合，为建立更加合理的跨部门行动提供了组织机构的支持。 公共健康跨部门治理需要公正的公共利益体系，既通过网格化治理明确具体的责任归属，又通过合作机制优化和分享公共健康治理成果。

（2）市场治理体系：健康资源市场交换

公共健康的市场治理体系以实现资源优化配置为理念导向，以医疗、医保、医药为基本形式，通过健康资源的市场交换，满足国民的健康消费需求。在健康中国战略下，需要扩展三医的内涵与"三医联动"的外延，积极进行三医内部的要素整合、三医之间的结构优化与三医外部的协同联动，最终实现健康治理,①具体包括:首先,三医内部互律与自我治理。 鼓励医疗服务市场的公私竞争,整合各级医疗资源协同合作,完善医疗资源均等配给,优化医疗服务质量;加强药品生产、供应、流通、使用等各个环节的控制,完善药品质量和成本管理;建立多层次、多来源、科学支付的医疗保障制度。 其次,三医之间互嵌与合作治理。 医保是连接医疗服务供方和需方的纽带、引导医疗服务供方的价格杠杆和影响医疗服务行为的调控阀。 通过医保与医药间医保药品目录谈判优化医药质量与价格,通过医保与医疗间医保费用支付机制提高服务效率,通过医疗与医药间药品招标采购制度治理药价虚高,最终优化健康资源在医疗市场的交换和配置。② 再次,三医之外互融与协同治理。 即医疗、医药与医保之外的医疗卫生相关的利益主体,围绕健康服务进行的资源共享与协同治理,包括通过社会化管理、完善法律法规等内容,优化医疗体制、提升经办效率、规范医药与医疗服务市场等。 总之,通过三医内部互律与自我治理、三医之间互嵌与合作治理、三医之外互融与协同治理,达成公平的市场竞争规则,实现健康资源要素优化配置的市场治理目标。

(3)社会治理体系:健康治理社会动员

公共健康的社会治理体系以公共健康互惠共享为理念基础,以社会动员为核心形式,关注全体社会成员的健康集体行动。 公共健康是社群成员的集体行为,需要全社会的动员参与,以保证人民能够拥有获得健康的条件。 在社会层面建立公开的社会参与机制,鼓励与培育社会组织在提供公共卫生与医疗服务、扩大公众参与监督管理等方面发挥积极作用,使其成为构建健康治理新格局的重要力量,③形成新型的社会伙伴关系。 以社区等微观生活场域、企业等微观生产场域为中心的自下而上的自主健康行动同自上而下的健康政策引导相结合,实现公共健康的人人参与。 尤其发挥社区在健康治理中的作用,以社区为健康治理的单元细胞,依托信息网络构建健康治理的基层综合服务平台。 此外,随着人口流动与贸易往来的频繁,公共健康跨越空间的

---

① 翟绍果:《三医联动的逻辑、机制与路径》,《探索》2017 年第 5 期;王震:《"三医"联动的治理结构特征与实践模式》,《探索》2017 年第 5 期。

② 仇雨临:《医保与"三医"联动:纽带、杠杆和调控阀》,《探索》2017 年第 5 期。

③ 刘丽杭:《国际社会健康治理的理念与实践》,《中国卫生政策研究》2015 年第 8 期。

传播与影响成为一项跨越区域的事业,健康资源的社会化配置需要跨区域合作。 研究表明一个地区的公共健康受周边地区公共健康的影响比较显著,因而在提高公共健康水平时政府应该把整个地区公共健康作为一个整体,来制定一个有效的公共卫生政策①。 公共健康治理的跨区域合作,主要体现在不同区域健康服务资源的互惠共享,例如医疗技术资源、人才资源、医保资源、药品药械资源等的互通互联,运用互联网技术建立健康医疗大数据,建立全国统一的健康风险识别监测系统,做到区域性公共健康风险因素的即时识别、公共健康治理方案的经验推广等。

2.5　我国居民健康治理的需求与供给

健康治理是民生建设的根本需求,也是家庭幸福的起点和个人需求的基本要素,是立身之本,也是民生之基。 社会的健康治理成效代表着全面建成小康社会的重要指标,也是人类社会发展福祉的永续追求。 党的十八大以来,以习近平同志为核心的党中央统揽全局、系统谋划,从党和国家事业全局出发,做出推进健康中国建设的重大决策部署,突出重点、立柱架梁,从民生关切着手,实施一系列利当前、惠长远的重大举措,推动医药卫生体制改革由易到难渐次突破,为人民群众的共同追求、为民族复兴的光荣梦想不断夯实健康之基。

人民健康是社会文明进步的基础。 拥有健康的人民意味着拥有更强大的综合国力和可持续发展能力。 推进健康中国建设,凝聚着以习近平同志为核心的党中央的深邃思考和长远谋划。 早在 2013 年 8 月,习近平总书记提出,"人民身体健康是全面建成小康社会的重要内涵"。 2014 年 12 月,在江苏镇江考察时,他再次强调"没有全民健康,就没有全面小康"。 2015 年 10 月,党的十八届五中全会明确提出了推进健康中国建设任务。 2016 年,习近平总

---

①　孙涵、聂飞飞、申俊:《空气污染、空间外溢与公共健康——以中国珠江三角洲 9 个城市为例》,《中国人口·资源与环境》2017 年第 9 期。

书记在新世纪以来第一次全国卫生与健康大会上发表重要讲话，为建设健康中国指明了方向、提供了遵循。 "要把人民健康放在优先发展的战略地位"坚持以人民为中心的发展思想，卫生与健康事业改革发展的新成效更多地体现在增进人民的健康福祉上。 树立大卫生、大健康的观念，把以治病为中心转变为"以人民健康为中心"，将"大健康"嵌入了创新、协调、绿色、开放、共享新发展理念的有机版图。 "以基层为重点，以改革创新为动力，预防为主，中西医并重，把健康融入所有政策，人民共建共享。"新形势下卫生与健康工作方针既与长期以来党的卫生工作方针一脉相承，又体现了新发展理念的要求，具有鲜明的时代特征。 2016 年 10 月，由中共中央政治局审议通过的《"健康中国 2030"规划纲要》发布，勾画出打造健康中国的美好蓝图。 这一部署，标志着健康中国建设的顶层设计基本形成。 统计显示，仅2016 年一年，党中央、国务院共部署 10 方面 50 项重点医改任务，印发实施健康相关重要政策文件 20 余个。 建立现代医院管理制度、推进家庭医生签约服务、改革完善药品生产流通使用政策、鼓励药品医疗器械创新等健康中国建设急需突破的难点、焦点，就是中央全面深化改革领导小组的集中关注点和着力点。 全国卫生与健康大会召开后不到一年时间，中央全面深化改革领导小组已 6 次研究与健康中国相关议题。 其中中央深改组召开的全部 38 次会议中，有 11 次与医改相关。 促进全民健康，决胜全面小康。 以习近平同志为核心的党中央，把维护人民健康作为治国理政的基本要务，推进健康中国建设的成就令世界瞩目。

新时代下，中国健康治理更富标志性意义。 展望新时代社区健康教育的发展，加强社区教育工作势在必行，如何更好地提高社区的整体教育水平和服务质量，成为每个社区卫生服务工作人员的职责和神圣使命。 基层工作者根据自身社区的条件，加强社区健康教育的理论知识，并进行当地的社区教育服务工作，进行创新和改革，解决新时期下健康教育面临的新的挑战和机遇。从理论和实际两方面出发，积极吸取国外先进的健康教育理论经验和技术，结合国内的具体情况和疾病发展规律，使用现有的手段提高社区的健康教育水准。 保证国内社区健康教育事业的大幅度提高，从而提高社区群众的整体生活质量，让社区人民的生活更加和谐、健康和安定。

　　健康治理同时也是一种动态的学习过程，意义在于为个人和群体提供有效的健康行动所需要的知识、技能和价值观，世界各国的健康教育已经从以疾病为中心转变为以健康预防为中心的社会环境支持。针对健康治理的研究，国外学者提出了相对多元的理论和模型，如基于有效的个体健康行为改变的理论有健康信念模式、行为的阶段变化理论、理性行为理论、社会学习理论。提出了用于群体、社区和组织机构的健康促进理论模型，如社会动员模型、创新扩散理论、跨部门合作模型、组织机构改变模型等。健康信念模型，是人们通过意识到某种行为的严重性和对自身的影响，而产生改变不健康行为的信念，从而提高自我效能感，最终促进健康发展。创新扩散理论认为，健康信息会受到有社会公众人物的影响，大众媒体促使人们增加对信息的获知，但是最终行为的改变还是受到人际传播的影响。

　　目前，我国城市的健康治理工作发展迅速，一方面，《学校健康教育》刚刚开始在学校普及，许多成年人小时候没有接受过系统的健康教育，更多关注的是躯体健康，认为躯体没有缺陷就是没病，就是健康。他们很少关注心理健康，更谈不上道德健康。许多人除了应付各种社交活动，还要面临结婚、生子、教育子女、升迁、住房等种种压力，虽有健康意识，但精力有限，力不从心，无法保证健康行为的实施，常常直到生病才去医院就医。从总体上看，居民健康意识依旧淡漠，缺乏保健意识。另一方面，社区等基层健康教育工作面临困境。我国社区健康教育存在3种情况：一是社区没有固定的资金来源，经费来源不稳定，只是在有活动或者有任务时才会拨出相应的资金，资金投入不足，使得社区健康教育工作难以很好的开展；二是从社区健康教育的工作环境来看，社区健康教育大多缺乏固定的场所，难以留住相关人员，许多社区缺乏专业人员，健康知识陈旧，教育内容单调、乏味，流于形式；三是没有建立系统完善的健康教育制度，许多社区的健康教育工作是挂靠在社区医院或者街道，缺乏具体的政策引导的规章制度和激励措施，政策难以落地，社区工作人员的积极性难以调动，社区健康教育的深入性、持久性和系统性也难以保证。再次，健康教育缺乏统一规范的激励机制和评估标准。从社会层面来看，对健康概念理解的局限性和对健康教育重要性认识不足，加上经济限制，我国尚未形成健康教育的社会氛围，更缺乏有效的社会激励机制和评估标准。 另外，现有的评价效果主要以知识的知晓率来衡量，难以实现科学评价的目标。 健康教育的现状与"健康中国 2030"的目标尚有很大差距。

3

浙江健康治理的发展模式

3.1 健康浙江的兴起与发展

浙江省一直以来十分重视健康发展战略的研究和制定。改革开放以来，围绕群众健康保障的重大改革和举措不断推陈出新。浙江健康治理的核心，就是由政府倡导并引导的全省人民和社会组织共同参与的，从不同领域、不同层次促进人的全面健康和社会机体健康的活动，是为建立一个最适宜人居住和创业的自然环境和社会环境高度统一、协调运转的有机体而进行的资源配置、要素组合、生产服务的过程，是全社会为了人类共同的健康目标而持续前进的努力过程。目的要使浙江居民更加健康幸福，达到一种新的社会状态：生活质量不断提高，健康寿命明显延长；幸福感日益增强；具有良好的心态，团结进取，积极向上，充满活力，富有创造性；具有良好的社会适应性，构建人与人之间、人与社会之间的和谐关系。

2001年，浙江省政府制定出台了《浙江省卫生现代化建设纲要（2001—2020年）》，率先提出了卫生现代化发展战略。该纲要围绕基本现代化总体战略，明确了人人享有卫生保健服务的目标，构建了卫生现代化指标体系，重点加强公共卫生、农村卫生等领域的建设。2003年，浙江省成功处理了"非典"疫情，省、市、县三级政府均成立了公共卫生委员会，建立了乡镇公共卫生管理员和村卫生联络员制度，加快推进了浙江全省疾病预防控制机构和传染病院（区）建设，并纳入了浙江省"五大百亿"工程，公共卫生管理水平得到快速提升。 2006 年，浙江省政府制定出台了《浙江省卫生强省建设与"十一五"卫生发展规划纲要》，率先提出了卫生强省发展战略。 该纲要围绕保障民生和促进文化大省建设要求，提出了农民健康工程等 6 大工程，设计并实施了农村公共卫生服务项目，着力推进农民基本医疗保障制度（新型农村合作医疗制度）建设，为农民提供免费健康体检。 2009 年，根据国家深化医疗改革重大战略，结合浙江省实际情况，省政府出台了《关于深化医药卫生体制改革的实施意见》，制定了 2009—2011 年医疗改革重点任务实施计划，重点推动落实 5 项改革任务，突出强调加快农村卫生资源配置、建立农村卫生管理新体制等具有浙江特色的改革举措。 2011 年，围绕浙江省委提出的"八八战略"和"两创"总战略，制定实施了《浙江省卫生事业发展"十二五"规划》，明确了"卫生强省、全民健康"战略目标，提出了全民健康推进工程等新 6 大工程。 省政府第八十一次常务会议把"健康浙江"发展战略研究列入重点推进工作。 2012 年，省政府工作报告提出，要制定实施"健康浙江"发展战略。 省第十三次党代会报告强调，要"制定实施具有浙江特色的健康发展战略，积极落实国民健康行动计划"。 2013 年初，省政府层面"健康浙江"发展战略研究形成特色成果。 2016 年，浙江省委、省政府学习了全国卫生和健康大会的讲话，3 个月后推出了《健康浙江 2030 行动纲要》。 该纲要秉持浙江精神，以"干在实处、走在前列、勇立潮头"的要求，将浙江省的地方特点融入其中，以《"健康中国 2030"规划纲要》为基本依据，充分运用卫生强省和健康浙江的理论成果、实践经验，提出到 2030 年率先实现国家"主要健康指标进入高收入国家行列"目标，将浙江打造成健康环境、健康人群、健康社会与健康发展和谐统一的健康促进型社会。

从浙江关于健康治理的决策制度来看，到 2020 年，浙江全面建立覆盖全体居民的基本医疗卫生制度，基本公共体育服务体系更加健全，居民健康素养水平明显提高，环境更加健康优美，绝不把违法建筑、污泥浊水、脏乱差环境带入全面小康社会，健康产业体系基本形成，人人享有与我省经济社会发展水平相适应的基本医疗卫生服务和基本体育健身服务，人群主要健康指标达到高收入国家水平，为健康浙江建设和高水平全面建成小康社会奠定坚实基础；到 2030 年，健康优先的制度设计和政策体系更加完善，健康生活方式更为普及，健康服务更加公平、可及、优质，健康产业对国民经济的贡献度持续提高，人群主要健康指标居于高收入国家先进列，基本建成健康环境、健康人群、健康社会与健康发展和谐统一的健康促进型社会。 到 2050 年，高水平全面建成与我省经济社会发展相适应的健康省份。 "健康浙江"的发展战略总体要求可以概括为 1 个指导思想、5 条基本原则、11 大任务和 6 大保障措施。 1 个指导思想，即以学习全会精神和习近平总书记重要讲话精神，坚持"五位一体"总体布局和"四个全面"战略布局，以"八八战略"为总纲，以增进人民的福祉为出发点和落脚点，显著提升群众健康水平、生活品质和健康公平，努力为浙江继续走在前列提供坚实的健康基础。 5 条基本原则是：一是健康优先，融入所有政策；二是坚持问题导向，持续改革创新；三是坚持公平公正，促进均衡发展；四是坚持走在前列，突出浙江特色；五是坚持政府主导，全民共建共享。 11 大任务，包括健康环境改善行动、食品药品安全保障行动、公共安全强化行动、健康素养提升行动、全民科学健身行动、基本医疗卫生服务均等化行动、中医药传承创新行动、健康保障完善行动、健康产业发展行动、医药卫生体制机制改革深化行动、健康城镇建设行动。 6 大保障措施是：加强组织领导、加强政策支持、加强经费保障、加强人才保障、加强科技创新、加强舆论引导。

通过实施"健康浙江 2030"纲要，力争到 2030 年形成人人参与、人人建设、人人共享的健康新生态，人民健康水平持续提高，健康行为得到全面普及，健康环境更为优美安全，健康服务更趋优质高效，健康保障公平，健康产业更具竞争实力，健康治理更加科学有效。 居民人均预期寿命达到 79.5 岁，孕产妇死亡率和 5 岁以下儿童死亡率分别控制在 9/10 万和 6‰ 以下，国民体制检测合格率达到 94%，居民健康素养水平达到 32%，经常参加体育锻炼人数比例提高到 43%，省控断面Ⅰ—Ⅲ类水质比例达到 90% 以上，国家卫生乡镇创建率达到 30%，县域内医疗就诊率达到 90% 以上，个人卫生支出占卫生总费用的比重下降 25% 左右，健康产业总规模超过 1.5 亿元。

经过对浙江健康治理制度设计的梳理后，我们发现，"健康浙江"既是一种发展价值的追求，其核心是促进人的全面发展，实现"人人健康长寿、人人幸福生活"；又是一种发展方式创新，其基本要求是确立健康优先发展地位，推动形成有利于全民健康的经济社会发展模式。"健康浙江"不仅明确了居民的健康服务和健康寿命等指标，同时在城市健康环境的治理，健康意识和文化氛围的形成，以及通过网络平台的大数据分析对居民健康需求监测，开展个性化精准服务方面进行了率先尝试。《健康浙江 2030 行动纲要》是未来十几年浙江省推进"健康浙江"建设的宏伟蓝图和行动纲领，更对凝聚全省人民对"健康浙江"的共识，提振对健康浙江的信心，为卫生健康领域改革发展提升全省人民健康水平发挥作用。

3.2 浙江健康治理的背景与模式

2003 年 12 月，习近平同志在杭州小营巷调研时强调，没有人民的健康就没有全面的小康；2004 年，浙江率先提出卫生强省战略目标，勾画了卫生与健康发展的蓝图。10 余年来，浙江坚持一张蓝图绘到底、一任接着一任干，不断丰富健康发展战略内涵，不断谋新篇出实招，卫生与健康事业取得了长足发展。基本医疗卫生服务体系日臻完善，全民医保体系基本建成；"双下沉、两提升"全面实施，省、市医院与县级医院合作办医实现全覆盖，初步实现了小病不出乡、大病不出县；全民健身运动蓬勃开展，国民体质综合指数全国领先，人群主要健康指标达到中高收入国家水平。建立健全为民办实事长效机制，把医疗卫生作为为民办实事十大重点领域之一，有效保障了群众健康权益。特别是这几年，浙江以治水为突破口，打好转型升级系列组合拳，打赢"拆、治、归"三个大仗，治理了安全隐患、环境污染的民生之痛，倒逼了淘汰落后、结构调整的转型升级，推动了生产方式和生活方式的深刻转变，开辟了"绿水青山就是金山银山"的发展新境界，显著提高了全省人民的健康水平。

习近平同志关于就业、保障、医疗、教育等以民生为重点的思想前后相续、一以贯之，始终坚持突出普惠性基础性的民生建设，从人民群众最关心最急盼的医疗、教育、收入分配、社会保障等现实问题入手，让改革发展成果更多更公平地惠及全体人民。他始终把建设卫生强省、体育强省，提高人民健康水平摆到十分重要的战略地位，明确提出"没有健康就没有小康"的发展理念，并推动实施了农民健康工程、公共卫生建设工程等一系列促进健康的重大项目，形成"大健康"思想的科学体系。

高水平建设健康浙江，就是要把健康融入所有政策，为人民群众提供全方位全周期健康服务，促进居民预期寿命进一步提高。坚持医保、医疗、医药、医院、中医、医生"六医"统筹，实施医疗卫生服务优化工程，加快县域医共体建设，发展智慧医疗健康服务，健全基层医疗卫生服务体系和分级诊疗体系，加强医疗质量安全体系和公共卫生体系建设，传承发展中医药事业，加强全科医生队伍建设，深入开展爱国卫生运动。促进生育政策和相关经济社会政策配套衔接，加强妇幼保健工作，健全儿童医疗服务体系。深入实施全民健身工程，推动全民健身与全民健康深度融合。全面实施食品药品安全战略，健全从田园到餐桌的最严密食品安全链，保障舌尖上的安全。积极应对人口老龄化，构建养老、孝老、敬老政策体系和社会环境，深化医养护一体化改革，推进长期护理保险制度全覆盖，提升养老服务质量。

当前，浙江正站在高水平全面建成小康社会的关键节点，浙江坚持以"八八战略"为总纲，按照"秉持浙江精神，干在实处、走在前列、勇立潮头"的新要求，以增进人民福祉为出发点和落脚点，牢固树立大健康理念，全面实施大健康战略，切实抓好重大国民健康行动，显著提升群众健康水平、生活品质和健康公平，使人人享有与经济社会发展水平相适应的健康服务，人群主要健康指标达到高收入国家水平，为高水平全面建成小康社会奠定坚实基础，形成较为鲜明的健康治理服务模式。

第一，在大健康战略下，提升全民健康意识，开展协同发展大格局。大健康是覆盖身心健康和全生命周期，需要五大健康领域全面提升、社会各方整体联动的广义健康。大健康首先要体现在更全面的价值理念上。健康既是一种状态，也是一个过程；既是一份权利，也是一份责任；既是一种财富投资，也是一种人文精神。大健康要落实到优先发展战略。从"五位一体"总体布局、"四个全面"战略布局的高度来认识和把握健康浙江建设，坚持以五大发展理念为引领，统筹规划、通盘考虑、统一部署。把健康融入所有政策，在经济社会发展规划中突出健康目标，在公共政策制定实施中向健康倾斜，在财政投入上着力保障健康需求。大健康要覆盖到全方位、全生命周期。坚持预防为主，注重"形神共养"，推动卫生工作由以治病为中心向以健康为中心转变，从注重"治已病"向"治未病"转变。大健康要有工作大格局。坚持政府、社会和个人共同参与，使健康促进成为全社会的共识和自觉行动。

第二，在大格局视野下，以人民需求为中心，注重普惠性、均衡性大发展。浙江经验告诉我们，民生建设必须以人民为中心，站位居民的实际需要，满足人民对健康美好生活的向往。浙江要开创有高质量的健康生活、高质量的健康环境、高质量的健康服务、高质量的健康产业和高质量的健康保障。均衡性就是要更加注重城乡、区域、人群的均衡发展，体现浙江公平，努力把基本医疗卫生和健康服务的需求保住、底线兜住，确保健康浙江建设成果人人分享。特别是要高度重视少年儿童、妇幼、老年人、残疾人、流动人口、低收入人群等重点人群健康问题。加强幼儿园、中小学的卫生健康工作，持续改善少年儿童的身体素质，促进孩子们健康成长。完善计划生育服务管理，筑牢妇幼健康保障网。强化老年人健康管理，完善养老服务体系，坚持医养结合，逐步建立长期护理制度，使老年人更健康快乐。增强全社会残疾预防意识，将残疾人康复纳入基本公共服务。推进流动人口基本公共卫生计生服务均等化。巩固"消除4600"工作成果，深入实施健康扶贫工程，着力解决因病致贫、因病返贫问题，决不能让低收入群众因健康问题在全面小康的征程中掉队。

第三，在大发展前提下，以问题为导向，关注重点人群，提升服务成效。健康不健康是每个人实实在在的感受，来不得半点虚假。把问题和效果导向贯穿于健康浙江建设全过程，奔着问题去解决，向着实效去努力。从解决人民群众最关心最迫切的问题入手，使卫生健康事业发展成果普遍受益。对于群众最迫切的健康需求、最需要的健康服务和影响群众健康的最主要问题，各地各部门都必须高度重视，正视问题，着力解决。目前群众比较关注的、对健康影响比较大的公共服务、生态环境、食品安全等方面有了明显改善，但离广大人民群众的期盼还有不小的差距。要把存在的问题作为靶心，以人民满意度为检验标准，精准发力、靶向治疗，着力提升健康浙江建设质量和水平。

第四，在大服务环境下，突出浙江健康环境资源优势，扬长补短、协同发展。厚植绿色安全、生态宜居的健康环境优势，按照决不把脏乱差、污泥浊水、违法建筑带入全面小康的要求，续写好"绿水青山就是金山银山"这篇大文章，为百姓打造美好环境、创造美好生活、筑牢健康屏障。资源下沉、共建共享的健康服务优势，在"双下沉、两提升"方面，人要继续下，面要继续推，机制要继续完善，真正做到小病不出社区、大病不出县市。厚植市场导向、活力迸发的健康产业优势，着力推进健康领域的供给侧结构性改革，遵循市场规律，发挥民企优势，加强科技创新，促进融合发展，催生更多的健康新产品、新服务、新业态、新模式，为健康产业插上腾飞的翅膀。厚植全民健身与全民健康深度融合的健康促进优势，不断完善全民健身公共服务体系，广泛开展全民健身运动和群众体育活动，使群众体育发展水平更高、竞技体育竞争力更强、公共体育服务均等化更实。要厚植古为今用、健康养生的中医药优势，全面梳理历代浙江中医药学术理论，推广名老中医、专家的学术思想和临床经验，挖掘诊疗技术和方药，传承发展百年老字号，巩固"浙八味"优势品牌，培育遴选新"浙八味"，建设中药材基地，提升中医"治未病"服务，实现中医药振兴发展。

第五，在大协同机制下，联动各方力量，着眼可持续，共建共享。其核心在于正确处理好政府与市场和政府与社会、个人的关系。在基本医疗卫生服务领域，政府要有所作为，坚持政府主导，突出保基本、强基础，支持基础医学研究。坚持量力而行、尽力而为，立足于现有发展阶段和财力可承受范围。在非基本服务领域，放宽民间资本准入，鼓励支持社会力量参与，最大限度激发市场活力。大胆探索"保险十健康"新模式，积极开发政保合作新项目、拓展新领域，大力发展商业健康保险，为百姓健康提供更有力的保险支撑。

3.3 不同区域的健康治理

在浙江健康治理过程中，各城区都呈现出具有地区特色的服务品牌，形成了多元化的健康治理新格局。十余年来，在浙江卫生与健康事业的不断探索和发展中，涌现出一些典型代表，比如行政化和社会化相融合的杭州下城区、医养结合一体化相融合的杭州上城区，还涌现了一些健康特色小镇和健康社区。

杭州下城区现有60岁以上老年人10.76万人，已占总人数的26.58%，人口老龄化形势十分严峻。近年来，下城区主动适应新常态，树立新思维，运用新技术，积极推进养老服务业转型升级，以"满足老年人对美好生活的需要"为目标，构建以居家为基础、社区为依托、机构为补充、医养相结合的综合型居家养老服务照料中心，形成系统的养老服务体系，成为一批具有下城特点的服务项目，全力打造下城养老新名片。下城区现有的居家养老服务照料中心在服务针对性、场地使用率、老人参与度等方面与上级要求和老人需求还有一定差距。面对这些问题，我们以街道居家养老服务中心为抓手，坚持政府主导、部门协同、社会参与、公众互助，坚持从老年人需求出发，按照"街社两级分层抓，硬件软件一起上"的总体思路，切实抓好天水、长庆、文晖、东新4个街道居家养老服务照料中心项目建设和运营。项目总面积3500m²，总投入约500万元，设置日托床位50张，功能辐射覆盖老人4.35万人，初步形成了全覆盖、多层次、多支撑、多主体的社区居家养老服务体系。比较具有代表性的有以下几家。

（1）长庆街道居家养老服务中心

长庆街道居家养老服务中心，位于下城区长运路木庵5幢，建筑面积达650m²，中心内设楼层3层。为加强长庆街道居家养老服务中心的功能提升，完善运营管理，2017年11月，按照杭州市居家养老服务照料中心建设和服务水平的指导意见，在原有居家养老服务中心的基础上，对功能板块进行重新规划部署，建立健全日间照料、康复、餐饮配送、文化娱乐等功能。切实提高设施和服务的适老性、专业性。中心设有匠心工作坊、康复护理站、舞蹈房、长者书屋、百老惠学堂、御跸印社、乐龄互助会、健身房等活动中心，为辖区老年人提供集公益、居家、文化、娱乐等一体的综合性服务场所。在软装布局上，中心结合长庆街道、御跸苑当地特色，以"幸福养老"为主题，打造助老团队、敬老之家、为老服务团队活动展示区。在硬件设施上，除配备投影仪、音响、空调等设备和各功能场地外，给老年合唱团配备了钢琴。接下来，还会引入日间照料护理床、理疗设备等，让居民享受专业的护理服务。

街道采取公建民营方式，选择有服务经验的社会力量作为运营主体。浙江日报旗下的浙江爱乐聚养老产业有限公司进驻长庆街道居家养老服务中心，除常规的便民服务、生日会活动，还开展了一系列有意义的活动，如敲门行动，给60周岁以上的老人免费安装自动感应的"小夜灯"，为他们解决常年"摸黑"找点灯开关的难题；节日前夕让老人齐聚一堂，奉上精彩的节目表演；对接社会各类资源，开展义诊服务。在后期运营上，大力发展会员和志愿者。

突显浙江日报集团的文化优势，与下城区政府合作，创办浙报·爱乐聚社区大学，在长庆街道居家养老服务中心成立总校区。由《钱江晚报》《浙江老年报》发起，依托浙报集团强大的传媒影响力、公信力、资源整合能力深度介入老年文化服务业，将老年教育与老年文艺活动相结合，打造独特的文化养老服务体系。开设课程以老年人喜闻乐见的文化、艺术、书法、美术、摄影、舞蹈、声乐、旗袍、太极、园林等为主。

全力推进长庆街道居家养老服务照料中心建设。为实现援助、托老、康复护理、餐饮配送、文化娱乐、示范指导6大板块功能，特对服务中心功能板块进行重新规划部署，切实做好文化养老，在做好老年人文化娱乐的基础上，重点突出长庆街道、本地社区的文化特色，将日常、特色活动不断总结和更新，提高老年人获得感和幸福感。组建长庆街道惠民助老工作网络，整合资源高效利用。凭借浙江日报优质媒体资源，已整合超过50家包括文化娱乐、生活照料、精神慰藉、康复护理等形式多样的为老服务机构，长期开展合作。在服务中心定期举办形式多样的助老服务：每月举办一次便民活动，包含磨刀、修伞、免费理发、测量血压、小家电维修等贴近民生的服务内容；每周在服务中心举办各类惠老服务：健康讲座、电影惠民、健康养生等方面；链接多地旅游资源，设计适老特色旅游线路。 大力挖掘民间组织，发展乐龄互助会。 目前，三和交流社、乐明潮公益瑜伽组织、合唱团等组织十分活跃，长庆街道居家养老服务中心以这些优秀团队为标杆，积极发挥团队成员的创造性，充分开拓辖区银龄资源，拓宽以老助老渠道。 依靠 40 后主力队伍，推动 50 后新生力量，立足接力助老平台，传承银龄接力行动。 以点带面，增强老人之间的互动性，以长庆街道居家养老服务中心为平台，大力挖掘民间组织，发展乐龄互助会。

（2）天水街道居家养老服务中心

中心位于天水巷 7 号，包括一幢 1-3 层的主楼、副楼、社区医疗卫生服务站，及小花园院落，总面积约 1200m² 。 为加强天水街道居家养老服务中心的功能提升，完善运营管理，主楼、副楼、室外所提供服务的类别不同。 主楼一楼主要是动态活动区，配以亲子区（接待）、多功能室、康复室、无障碍卫生间（含助浴）、污洗间等，为长者提供亲子活动、娱乐学习、康复、医疗服务及各类综合活动。 主楼二楼主要是日照区和文娱活动相结合，日照休息间为日托老人提供休息、护理服务，加以阅览室作为静态活动空间，并配置日托活动区、社团组织活动室、无忧茶室、法律咨询、精神慰藉、心理（法律）咨询室、开水房、洗衣房、无障碍卫生间（含助浴）等。 主楼三楼以静态活动为特色，开设草根学堂、书画活动室、黄宾虹书画研究院，为长者提供安静雅致的活动场所。 副楼主要是社区医疗卫生服务站、理发室、助浴室、助餐室、办公室、库房等。

室外的主要功能是提供宜居的环境，种植花草树木，并设有康复器械。主要服务对象是街道 60 周岁以上需要服务的自理老年人、街道内需要康复和护理服务的介助老人、街道内介助老人、介护老人的家庭照顾者。

天水街道引进盈斐客（杭州）健康产业发展有限公司，合作运营本项目点，签约期限两年，是亚洲第一个落地项目。 在养老方面，盈斐客与德国专业养老护理服务机构 Infincare GmbH 形成战略合作伙伴关系，获得亚洲地区 Infincare 品牌独家授权，拟引入德国先进的养老护理服务理念，并通过本土化策略，使德国成熟养老体系内的健康管理、日间照护、长期照顾、医疗诊断、居家养老等服务适用于中国长者，为他们的晚年生活提供优质养老服务及产品。中心除了具备以上功能外，因地制宜探索以下特色服务：①开展"家庭照顾"陪护课程，与杭州师范大学护理学院共同合作，开设"家庭照顾"培训课程，为有需要的老年人家庭提供专业的护理、病理等课程培训，科学有效地降低家庭成员照护负担与风险；②会员体系，中心实行会员制，年满60周岁以上居住在天水地区的老人可以申请加入会员，年费20元，可以享受到站点的各项优惠服务，同时，老人在中心活动的时长、志愿服务时数以及消费金额均可以升级会员等级，享受更多的优惠；③引用先进的刷脸识别系统，为老人建立电子服务档案；④整合社会资源，组建为老服务志愿联盟；⑤高校联动，将杭州师范学院钱江学院护理专业的优秀人才输送到一线，为社区老人服务。

从杭州下城区在提供居家养老服务的案例中我们不难看到，政府加大对健康服务的政策扶持力度对于提升居民的健康行为有明显的支撑作用。在下城区政府2017年的工作报告中，建设综合性居家养老服务照料中心、为高龄老人提供"七个一"居家养老服务包、打造示范型老年食堂（助餐点）等3项养老服务工作被列入政府为民办实事项目，纳入党政领导班子实绩评价。同时，下城区通过完善区级养老服务扶持政策，整合养老服务资源，注重增强服务力、注重市场力，优化发展环境，促进养老服务转型升级。积极响应民政部关于"长三角一体化战略下区域养老合作与发展"，引进长三角专业养老服务品牌共同打造北景园养老综合体项目。项目采用公建民营模式，由政府投入基础建设，委托上海福苑专业养老服务团队运营管理，建成后将成为全省第一家集机构养老、居家服务、医养护一体化、区街社区三级联通的养老综合机构，按照机构带居家"以大带小"的思路，探索解决目前养老服务中存在的养老设施功能单一、专业化服务水平不高、单一日托照护机构生存困难、可持续运营乏力等难点、痛点问题。

另一方面，要做好整体规划和布局。下城区以老年人需求为导向，积极推进街道级居家养老服务照料中心建设，做实做强街道级照料中心在居家养老服务体系中的阵地支撑作用。2017年，新建天水、长庆、文晖、东新4家街道级居家养老服务照料中心并投入运营，2018 年开展武林、潮鸣、朝晖、石桥 4 家街道级照料中心的新建或提升改造。 每家街道级居家养老服务照料中心面积均在 600m² 以上，最大的 1200m²，配备了助餐、助浴、照护等功能。 2020 年以前实现示范性街道居家养老综合服务中心全覆盖，着眼于整个居家养老服务的升级提高，重点在于专业服务，不是社区居家养老服务照料中心的简单复制和面积扩大，实现与社区居家养老服务照料中心的错位发展、相互补充，形成专业服务与一般服务相结合，收费服务与免费服务相补充的服务体系。 开展助餐服务体系的布点规划，目前共有社区老年食堂 18 家，社区助餐服务点 21 家。 通过改造提升或新建社区老年食堂、建设社区助餐服务点、社会餐饮企业送餐上门等模式，初步打造了"三位一体"的助餐网络。

充分利用"互联网＋"载体。 下城区自 2016 年起将政府资助型居家养老服务补贴全部打入政府资助对象的市民卡养老专项账户，帮助资助对象享受全区的居家养老服务。 2018 年，通过开展"互联网＋政府资助型居家养老服务"项目，下城区在 7 月底前将全区居家养老服务商全部纳入市民卡签约商户与"智慧养老"项目供应商平台，并通过技术合作，实现"智慧养老"项目平台分析、市民卡结算数据监管，科学推进全区居家养老服务补贴发放和监管工作。 项目实施后，老年人可以根据居家养老服务目录自主选择助餐、助浴、助洁等服务项目，并通过市民卡刷卡结算。 实现"互联网＋"服务是老人最关心的助餐项目，只要通过市民卡 APP 中的简单界面，老年人就可以选择适合的餐点进行网上点餐。 没有智能手机的老年人，则可通过智能呼叫设备的绿键，一键享受"预约＋送餐上门"服务，政府还将对送餐费给予分类补贴。

多主体联动。 政府在承担政策引导、制定标准、托底保障等责任的同时，积极鼓励和引进社会力量参与养老项目。 4 家街道居家养老服务照料中心分别引进了德国品牌盈斐客（杭州）健康产业发展有限公司（盈斐客在亚洲的第一个养老服务落地项目）、浙江爱乐聚养老产业有限公司、浙江绿城集团颐乐学院、浙江金色年华养老服务管理有限公司参与前期设计、设备投入及后期运营管理，社会化程度达到 100％。 全区 76 家居家养老服务照料中心中有 31 家委托社会力量托管运营，占比 41％。

结合街道居家养老服务照料中心项目实施，通过改造提升或新建社区老年食堂、建设社区助餐服务点、社会餐饮企业送餐上门等方式，全区养老助餐体系实现有效覆盖，下城区的 72 个社区建有老年食堂，18 个社区设有老年助餐点，36 个社区实行配送餐，社会化运营覆盖率达到 64％。社区中的居家养老服务是健康教育的重要阵地，政府——街道——社区——家庭的联合，是健康浙江工作的独特风景。

第一，全面深化居家养老服务。面向政府资助居家养老服务对象推出 A，B，C，D4 个套餐，累计总数达到 7296 人。积极推进养老服务社会化，为全区 1.3 万名高龄老人购买家电维修统保，为 2.6 万名高龄老人购买意外伤害保险，为 2.3 万余名老人发放移动式或固定式终端。在全区开展市民卡电子结算试点，"以卡代券"优化智慧服务手段。完善社区养老服务硬件设施，全区共建有社区老年食堂 43 家，社区日间照料综合服务中心 76 家。利用政府购买服务的形式落实增配了 127 名居家养老服务员，打造居家养老专业化队伍。鼓励项目社工、专业社会组织或社会工作机构参与社区养老服务项目，培育了"鲍大妈聊天室""乐龄会"等一大批接地气、顺民意的为老服务项目。

第二，加快推进养老机构建设。鼓励社会力量兴办养老服务机构，目前全区共有养老机构 8 家，每百位老人床位数从原来的 0.64 张发展到 4.2 张。在全市率先出台民办养老机构管理考核办法，建立"温馨金晖智慧养老"信息平台，通过强化监督推动养老机构健康发展。为进一步提高服务老年群体水平，提供便捷高效的办事体验，下城区把老年人作为"最多跑一次"的重点服务对象，推出三大举措，实现"浙江省老年优待证"（简称"老年卡"）办理即办即领、代办代跑、零窗零跑。一是"小白"助力，实现即办即领。2017 年 7 月起，下城区在全区新增 11 个老年卡直办点，由区民政局统一配备制卡机（"小白"），将原来 2—3 个月的办卡周期缩短到 3 分钟，户籍在下城区的老人可携带申办材料自行前往直办点申领，实现"即办即领"。二是社工助力，实现代办代跑。针对有需要的老年人，在全区 74 个社区公共服务窗口设立代办点，由网格社工负责代办，3 个工作日内送卡上门。将老年卡代办服务方式、服务项目、服务程序等情况在社区网格进行广泛宣传，使原有的"等服务"变为社工"送服务"。如家住石桥街道都市枫林的王阿姨髋骨骨折，无法行走，无法到照相馆里拍照，网格社工王佳得知情况后，立即上门为其在家中拍照，替王阿姨全程代办老年卡。三是智慧助力，实现零窗零跑。依托4个平台建设工作，下城区率先在天水街道打造了老年卡办理信息化服务平台，居民只需打开微信公众服务号，通过点击"我要办证"，填写基本信息并提交申请后，只需在家等卡上门。后期办证受理、信息审核全部在公众号平台上完成，待老年卡制作完成后由社区网格员送卡上门，真正实现零窗零跑。目前这项工作正向全区推广。

第三，推动老龄事业全面发展。实施"幸福养老大课堂"、开展"敬老文明号""老年宜居社区"等创建活动，依托三级老年电大教学网络加强教育教学活动，大力营造老年宜居环境。开展《老年人权益保障法》主题宣传，每年结合老人节、"敬老月"开展丰富多彩、健康有益的文体活动，丰富老年人精神文化生活。

杭州上城区在健康养老新模式方面积极探索形成了社区较为成熟的医养结合的居家养老服务模式。2016年杭州市被确定为第一批国家级医养结合试点单位后，上城区作为全市老龄化程度最高的城区，率先启动了医养结合试点工作，通过多次调研，提出了在上城区建设健康颐养园，搭建健康养老大平台的设想，并印发了《推进"健康＋"养老服务暨建设健康颐养园工作方案》，按照政府引导、社会参与、科学规划、合理布局、保障基本、统筹发展的原则，加强部门协作，统筹社会资源，立足现状，通过打造"1＋1＋6"区级"健康＋"大平台，推进"健康"与"养老"的无缝对接，努力满足老年人日益增长的多层次、多样化的健康养老服务需求。提升养老服务内涵，拓展健康养老服务方式，紧扣辖区"医疗资源丰富"和"人口老龄化程度高"两个突出特点，打造"1个健康产业园＋1家健康管理中心＋6家健康颐养园"的"1＋1＋6"区级健康养老大平台，串珠成链，发挥集聚效应。着力开展养老、医护、康复、临终关怀等相互衔接的服务，重点做好辖区高龄空巢、失独、失能及慢性病患者的分类分级管理，扩大医养护一体化签约服务覆盖范围，探索实践老龄化城区以"健康＋"养老服务为目标的健康养老新模式，形成以"居家养老为基础，社区养老为依托，机构养老为补充的医养结合养老服务体系。比较具代表性的有以下几家。

（1）建设健康颐养园

在上城区 6 个街道各建立 1 所健康颐养园，依托街道现有社区邻里中心、居家养老服务照料中心等场地，采取"1 家社区邻里中心"或"1 家居家养老服务照料中心"＋"1 家社区卫生服务中心"＋"1 家养老机构"融合互助模式，因地制宜建设健康颐养园。 健康颐养园内设立 3 大区块，即健康服务区块、健康科普区块、健康体验和娱乐区块；提供 5 大健康服务，即建立健康档案、医养护一体化签约、中医药健康管理、居家医疗、智慧上城精准健康管理；同时，还与社会养老机构合作开展"医养"服务，对于 100 张床位以下的养老机构，支持其与各社区卫生服务中心建立稳定的医疗合作联系；对于大于 100 张床位小于 500 张床位的养老机构，一般在该机构设立审批时就建议或鼓励其内设医疗机构；对于 500 张床位以上的养老机构，支持其设置独立的医疗机构。 目前上城区 6 个街道健康颐养园基本完成初设。 湖滨家园健康颐养园、清波幸福家健康颐养园、小营红巷广场健康颐养园、望江唯康健康颐养园、南星馒头山邻里中心健康颐养园、紫阳邻里之家健康颐养园，6 家健康颐养园各具特色，充分体现了老人不出社区就能享受多种形式的养老服务。

（2）完善养老基础设施

上城区已经建成的 6 家健康颐养园都根据自己独特的优势规划建设养老基础设施，其中小营红巷广场健康颐养园，依托省市优质医疗资源相对集中的优势，为老年人群设置了健康服务、健康养生功能服务区。 设置有全套的体质监测设备，提供"两报告三处方"服务，设有与浙医二院联合打造的健康服务站、健康超市，为老年人群提供各种健康服务。 同时，园区还引进了彩虹鱼康复护理站，把康复护理服务送到家门口。 南星馒头山邻里中心健康颐养园，是馒头山居民的"市民中心"，设置有邻里客厅、长者照护园、老年食堂、社区卫生服务站、邻里文化苑，能够满足老年人的日常生活各类服务需求；此外还打造了总面积约 1.4 万 m² 的馒头山生态公园，成为居民健康锻炼的好去处。

上城区健康管理中心开展符合老年人群需求特点的健康服务。 一是膳食指导服务。 主要针对高脂血症、脂肪肝、糖尿病等老年慢性病人群开展饮食膳食搭配指导服务。 二是健康体验服务。 开展骨密度测定、人体成分分析、中医体质辨识等检测项目，综合分析健康大数据，研究辖区老年人群健康体质情况。 三是健康体检服务。 针对老年人群推出多层次、多项目组合的个性化健康体检服务，为慢性病患者提供干预式体检，为高危人群提供周期性健康体检。 同时，根据上城区妇女人均期望寿命高（到2020年"十三五"期末，将达到85岁以上），老年女性占比高的特点，关注老年妇女身心健康，开展侧重对老年妇女妇科项目的检查筛查。 设置全程随检全科医师，制定个性化套餐，应对可能存在的健康问题。 四是双向转诊服务。 体检中发现健康问题，健康管理中心将为其预约浙一、浙二、省中、市一等专家，提供一对一专科服务，保证医疗健康服务的质量和效率。 2016年和2017年两年来为全区65岁以上的老年人建立健康档案46031份，健康体检50779人次。

上城区充分发挥行业部门的专业指导作用，大力推进辖区健康产业发展，逐步调整区域健康产业业态，着重引进和培育健康养老产业，促进现有民营医疗机构向养老康复转型，为医养结合创造良好的外部环境。 目前小营健康产业园已拥有各类健康服务企业350余家，涵盖医疗服务、康复护理、医药生物科技、健康管理等。 通过政策倾斜、财政补助等优惠政策，加快对老年医疗机构、康复护理院、护理型养老机构引进力度，继2015年引进市重点健康服务业企业"彩虹鱼"高端康复护理机构后，今年又引进大型康复护理机构杭州暮泰护理院，投资达到5000多万元，床位达到550张。 同时，推动民营医疗机构向康复护理转型，促进健康服务产业融入养老领域。 今年有两家民营医疗机构杭州大承医院、杭州中兴医院已设立了康复病区，共建有康复护理床位近200张。 鼓励和支持100张及以上床位的养老机构开设门诊部或医务室，扶持养老机构内设医疗机构，开展康复、医学护理、临终关怀等服务。 对养老机构内设医疗机构的申请，优先予以审核审批。 2017年，"好地方""缘外缘"两家养老机构设立了门诊部和医务室。 据不完全统计，上城区各类机构有康复养老床位在1000张左右，其中社会办占比达70%以上。 通过加强公共服务夯实健康养老，充分发挥社区医疗卫生机构辐射作用，以医养护一体化签约服务为抓手，推进社区卫生服务中心与社区养老机构合作，建立医养结合联合体。 对于体量较小的社区养老机构，采取与社区卫生服务站点毗连建设的方式，提高医护人员日常巡诊效率。 如：紫阳街道候潮门社区卫生服务站与唯康老年公寓共建，卫生服务站全科医生与老年公寓居住的老人签约，对签约且符合家庭病床建床标准的老人提供家庭病床服务，对于有较重基础疾病的老人，无论是否建立家庭病床，每周保持上门巡诊 2—3 次。 这种快捷便利的服务模式，得到老年公寓的充分认可。 上城区是杭州市最早开设居家养老医疗服务的城区之一，在 2015 年就出台有《居家医疗服务管理规范》地方标准。

为推进医养结合服务，辖区各社区卫生服务中心与养老机构开展了签约合作，为机构老人开通绿色转诊通道，定期提供健康宣教、养生护理等服务，并按"一中心一方案"要求，提供有针对性的特色健康服务。 例如，湖滨中心为辖区敬老院提供代配药及上门推拿服务；南星中心特设慢病联合诊疗、糖尿病专病门诊，社区高血压筛查服务等。 截至目前，全区 16 家养老机构中，4 家已内设医疗机构，12 家与社区卫生服务中心签订合作协议。 54 家日间照料中心也与社区卫生服务中心签约开展合作。 辖区所有养老机构已实现医疗服务全覆盖。 同时，结合医养护签约服务，对失独家庭在内的 10 类医养护签约重点人群实现医养护服务全覆盖。

为更好地满足辖区居民就医服务需求，改善基层就医环境，提升医养护一体化签约服务的满意率，上城区下大力气，推进社区医疗卫生基础设施提升改造。 两年来，已投入资金 5900 万元，对全区社区卫生服务中心提升改造，深化区域内医联体合作，6 家社区卫生服务中心与杭州市一医院签订紧密合作协议，建立医学影像会诊、心电会诊和慢病联合诊疗中心。 今年，清波中心还与市肿瘤医院合作建立 CT 远程诊断系统。 此外，各基层医疗机构推出特色中医药服务，利用信息技术推广智慧便民服务，让更多老人安心留在基层就医。 为方便老年人慢性病用药需求，2016 年起执行"药品采购共同体"政策，使社区卫生服务中心、站点的用药目录扩大到市级公立医疗机构的药品目录范围，进一步改善与市级医疗机构的用药衔接。 社区医疗服务满意度逐年提升。 推进健康科普服务居民。 全面实施健康上城战略，离不开健康科普，实现生活品质标杆区也离不开健康科普，多年来，社区一直坚持把健康教育工作"做好、做精、做细"，把老百姓日常关心的、生活亟需的、权威准确的健康知识传递到居民身边，得到了公众的充分认可。 当前，健康教育与促进工作作为提高全民健康素养的重要手段，更加显出它的重要地位，上城区作为杭州的中心城区更应发挥积极作用。结合健康杭州及健康上城建设，目前正从以下几个方面持续开展健康教育与促进工作。

一是巩固传统宣传载体渠道。制作并发放各类健康宣传画板、宣传海报、宣传折页、定制宣传文化用品；编印《健康上城》报刊，目前共版发124期，特刊1期，印刷224000份，发放范围涉及省市区卫生行政部门、医疗机构、疾控中心、学校、社区等。借用新媒体开拓健教新渠道，广泛利用微信、微博、健康短信等手段，定期向社会公众推送健康知识。创新模式，以原创七言绝句形式结合二十四节气及健康宣传日编辑健康知识，提高受众接受度。

二是对相关机关企事业单位开展健康指导。对辖区各医疗机构及文广集团、学校、街道社区，开展健康教育工作现况进行业务指导。每年4次对区属6个社区卫生服务中心及6个服务站开展基本公共卫生服务工作督导；对16家省市及民营医疗机构和6个街道6个社区开展半年一次的健教工作督导。在春运、节庆或重大活动期间，还会为特定人群开展健康指导。通过开展健康教育指导工作，提高单位参与健康教育的积极性和专业性，不断提升城区健康建设水平。

三是开展公民健康素养提升社区行活动。与浙医一院联合，采用现场观摩经验交流的形式，举办上城区健康教育讲师团健康巡讲活动。今年，还与浙医一院合作，于5月3日举办了"2018年上城区健康教育与促进工作会议暨公众健康素养巡讲团师资培训"，进一步提升健康讲师师资水平。并拟在上城区各省市医院挑选学识渊博、经验丰富、讲课一流的专家讲师组成名医讲堂师资，开展2018年上城区"名医讲堂"精品课程进单位活动。

四是结合健康主题日开展各类健康活动。每年定期开展3·24"世界结核病防治日"，"职业病防治法宣传周"，"防灾减灾宣传周"、4·7世界卫生日、肿瘤防治宣传周、4·25计划免疫宣传日活动，同时中心还制作了宣传微视频"疫苗安全守护者"在4·25活动现场发布并在腾讯视频上宣传推广。还开展了5·15碘缺乏病防治日、5·20全国学生营养日、5·31"世界无烟日"、10·8"全国高血压防治日"、11·14"联合国糖尿病日"、12·1"世界艾滋病防治日"等 10 余个宣传咨询活动。

五是积极开展各类健康讲座普及健康知识。 各社区卫生服务中心,每年定期派遣医生到辖区各街道社区单位开展登革热、高血压、糖尿病等传染病、慢性病防控知识讲座以及以健康素养和生活方式为主要内容的健康知识讲座近百场。

3.4 重点人群的健康治理

(1)保障妇女儿童的健康权益

2016 年 12 月,浙江省政府颁布了《浙江省妇女发展规划(2016—2020年)》和《浙江省儿童发展规划(2016—2020 年)》,明确到"十三五"末,努力使浙江妇女儿童发展总体水平保持全国前列,让全省 2702 万妇女和 926 万儿童从中受益。 妇女规划设立了 7 个优先发展领域,共提出了 72 项主要目标和 68 项主要措施。 儿童发展规划设立了 5 个优先发展领域,共提出了 60 项主要目标,67 项主要措施。

在妇女儿童与卫生保健领域,规划注重保障妇女儿童的身心健康和享有基本公共卫生资源;提出了降低孕产妇、儿童死亡率和出生缺陷,预防儿童伤害,减少妇女、儿童心理问题,加强流动妇女儿童卫生保健,提高妇女儿童健康水平等目标和措施。 比如,孕产妇死亡率稳定控制在 9/10 万以下,婴儿死亡率控制在 6‰以下。 在妇女儿童与教育培训领域,规划注重在教育工作中贯彻男女平等基本国策,促进基本教育公共服务均等化;提出了 0—3 岁儿童早期发展、学前教育、义务教育、高中教育、高等教育、职业教育、特殊教育、终身教育、公平教育等目标和措施。 如:学前三年毛入园率保持在 97%以上,九年义务教育巩固率保持在 100%,高中阶段教育毛入学率达到 98%以上,普惠性幼儿园覆盖面达到 85%以上。 在妇女与经济发展领域,规划注重保障妇女平等获得经济资源和参与经济发展的权利。 提出了消除就业性别歧视,促进妇女创业就业,改善就业结构、提高就业层次,保障平等获得资源、享有劳动权利等目标和措施。 就业人口中女性比例达到 40%以上。 在妇女与决策管理领域，注重保障妇女平等参与国家和社会事务决策和管理的权利。

在妇女儿童与社会保障领域，注重在完善覆盖城乡的社会保障制度前提下，使妇女儿童平等享有社会保障的权利。提出了妇女参加生育、医疗、养老、失业、工伤保险，关注老年、残疾妇女和各类困境儿童，保障儿童享有基本医疗和保健服务，建立适度普惠型儿童福利制度体系等目标和措施。在妇女儿童和法律保护领域，注重完善法规政策和加大执法力度，维护妇女儿童合法权益。提出了制定完善妇女儿童权益法律法规，获得法律援助和司法救助保障，保障妇女儿童的人身、财产、土地承包经营等权利，预防制止针对妇女的家庭暴力，预防未成年人犯罪等目标和措施。规划提出，针对妇女的家庭暴力处理率 100％；各县（市、区）至少设立 1 个为家庭暴力受害人提供紧急救助的庇护所；强奸、拐卖妇女等案件的起诉率达到 100％等。

此外，在妇女儿童与环境优化领域，注重营造有利于妇女儿童生存发展的社会环境和自然环境。提出了加大男女平等基本国策和妇女儿童优先原则的执行力度，为妇女儿童提供丰富、健康的文化产品，营造良好的家庭氛围，扩大妇女儿童参与度等目标和措施。如每个乡镇（街道）至少配备 1 名专职或兼职儿童社会工作者。90％以上的村（社区）建设 1 所为儿童及其家庭提供游戏、娱乐、教育、卫生、社会心理支持和转介等服务的儿童之家。

例如，杭州开设了首家智能母婴室，随着二孩政策的逐步放开，社会越来越重视母婴公共健康环境条件。而我国传统的母婴室，经常作为洗手间的"附属"出现，不仅环境差、空间狭小，配置上也不尽如人意，无法全面解决妈妈与宝宝外出时的应急需求。杭城首家智能母婴室建在中大银泰城的 B1 层，在商场现有的母婴室边上重新辟出了一个 55m² 的独立空间。"两室一厅"的设计兼具公共性和私密性，充分满足带娃的妈妈们休息和哺乳的需求。在公共空间内，放置了几把舒适的沙发床椅，操作台上配备了空气净化器、冷暖饮水机、奶瓶消毒机、温奶器、智能体重或体脂秤等全系列常用设备。茶几上有 ipad，当妈妈去为二宝喂奶换尿布时，大娃就可以在这里看动画片、玩耍。还有无人贩卖机供妈妈们应急，贩卖机上可供选择的有某品牌奶粉和纸尿裤两种商品，在触屏上选好后，只需要拿出手机，通过手机淘宝 APP 扫一扫屏幕上二维码，就可以轻松支付购买。两个独立的哺乳室提供了私密安心的哺乳空间，房间内不仅有供宝宝休息的婴儿床，还有壁挂式可折叠的换尿布台，设备一应齐全，妈妈们在此能更方便、舒适地享受与宝宝相处的时光。每个哺乳室内都有一台天猫精灵，可以语音控制室内灯光、窗帘、音乐和各种设备，在方便妈妈操作的同时，更可以充当孩子的"玩伴"。房内还有感应式垃圾桶，可以自动开合，卫生简便。除了中大银泰城外，武林、湖滨、西湖银泰等商场的智能母婴室也已启动建设。未来，银泰和天猫将在国内各个城市的商业中心、火车站、机场、汽车站等公共场所打造1000家智能母婴室。

（2）重视和关心老年人的健康

2017年6月，浙江省政府印发了《浙江省老龄事业发展"十三五"规划》，这份规划旨在加快推进浙江省老龄事业发展，积极、科学、综合应对日趋严峻的人口老龄化形势，全面提升老年人福祉。规划指出，预计在"十三五"期间，浙江省老年人口年均增长4%，到2020年，60岁以上老年人口将达到1197万人，约占全省户籍人口的23.39%。为了积极应对人口老龄化带来的问题和挑战，充分挖掘人口老龄化带来的新机遇，使广大老年人共享改革发展成果，并在高水平全面建设小康社会中发挥积极作用，浙江省将在"十三五"期间实现如下目标，如表3-1所示。

表3-1　"十三五"期间浙江省老龄事业发展主要指标

类别	序号	指　标	2020年
社会保障	1	基本养老保险参保率（%）	95以上
	2	基本医疗保险参保率（%）	95以上
养老服务	3	每千名老年人拥有机构养老床位数（张）	40
	4	护理型床位占机构床位比例（%）	50
	5	职业化为老服务人员持证上岗比例（%）	95

续　表

类别	序号	指标	2020 年
医疗健康	6	人均预期寿命（岁）	78.50
	7	二级以上综合医院和中医医院设立老年病科比例（%）	70 以上
	8	65 岁以上老人健康管理率（%）	60 以上
文化教育	9	建有老年学校的乡镇（街道）比例（%）	60 以上
	10	经常性参与教育活动的老年人口比例（%）	20 以上
社会参与	11	农村老年协会依法登记率（%）	12 以上
	12	老年志愿者注册人数占老年人口总数比例（%）	12
宜居环境	13	新建（扩建）公共设施和涉老实施无障碍率（%）	100
投入保障	14	福利彩票公益金用于养老服务业的比例（%）	50 以上

　　规划提出的"十三五"期间全省老龄事业发展的 8 项主要任务：一是完善老年收入保障制度。坚持全覆盖、保基本、多层次、可持续的要求，健全完善以社会保险、社会救助、社会福利为基础，以公益慈善事业、商业保险为补充的养老保障体系，加强对老年人精准救助工作，稳步提升老年人生活保障水平。二是推动养老服务全面发展。全面落实《浙江省社会养老服务促进条例》，推进以居家为基础、社区为依托、机构为补充、医养相结合的养老服务体系建设，到 2020 年基本形成科学合理、适度超前的养老服务总体格局。三是提升老年人健康服务。以"健康浙江"为引领，健全完善以基本医疗保险为主体、大病保险为延伸、医疗救助为托底、社会慈善和商业保险等其他保障形式为补充的多层次医疗保障体系，提升老年医疗卫生服务能力，满足老年人多元化健康服务需求。四是丰富老年人精神文化生活。保障老年人基本文化权益，满足老年人文化需求，到 2020 年基本形成老年文化建设新局面，老年人普遍享有基本公共文化服务，老年教育事业更加繁荣，老年特色文化活动广泛开展，老年文化队伍不断壮大，老年文化产业快速发展。五是促进老年人社会参与。树立积极应对人口老龄化理念，重视发挥老年人的知识、经验等优势，为老年人参与社会发展营造舆论氛围，提供政策支持和服务。六是营

造老年宜居颐养环境。 以安全、便利、舒适为目标，加强老年宜居环境建设，加快实施适老化改造，营造孝亲敬老社会氛围，提升老年人宜居安养水平。 七是保障老年人合法权益。 全面落实建设"法治浙江"建设要求，进一步健全老年人权益保障机制，推进老年人法律服务和法律援助工作，切实保障老年人合法权益。 八是培育壮大老龄产业。 坚持走市场化、社会化、专业化道路，通过制度创新、法律规范、政策扶持和市场培育等方式，进一步优化老龄产业发展环境。

例如，杭州市江干区采荷街道"颐和·乐龄"惠老服务街区，是全国首个医养护一体化惠老服务街区，其整合了省民政康复医院、社区卫生院等医疗资源和滨江老人公寓、日间老人照料中心、老人食堂、老人公园、图书馆、越剧社等养老服务资源，打造老人短期照护中心、颐乐坊、颐养苑等为老服务场所，同时引进全国先进的智能养老信息化平台，将专业照护服务延伸到老人家庭，为需要各种程度护理的老人提供多元化、智能化的医养护分类服务。 养老街区虽然不大，但"五脏俱全"，既涵盖了老年人的吃喝玩乐项目，也能解决老年人的医养护问题。

（3）促进残疾人的健康事业

2016 年 10 月，浙江省政府公布了《浙江省残疾人事业发展"十三五"规划》（后简称《规划》），把加快推进残疾人全面小康进程作为浙江省高水平全面建成小康社会的重点任务。 坚持兜底线、稳增收、保公平、促融合，聚焦残疾人基本民生保障、就业创业、基本公共服务等问题，增加残疾人公共产品和公共服务供给，促进残疾人生活质量明显改善、融合发展持续推进，让广大残疾人安居乐业、衣食无忧，生活更加美好、更有尊严。 规划提出在全国率先建立健全完善的残疾人权益保障体系，率先建立健全残疾人基本公共服务体系，实现残疾人共享经济社会发展成果、共享全面小康。 到 2020 年，残疾人全面小康实现程度达到 96％以上。 全省残疾人工作将重点实施兜底保障、医疗康复、就业帮扶、特殊教育、文化体育、权益保障、无障碍环境、服务能力、基层基础、友好环境等十大提升计划，主要指标如表 3-2 所示。

表 3-2 "十三五"期间浙江省残疾人事业发展主要指标

序号	指标	权重	2020 年目标值	属性
	残疾人全面小康实现程度（%）	100	≥96	预期性
1	低收入残疾人家庭精准帮扶率（%）	6	100	约束性
2	残疾人家庭人均可支配收入年均增速（%）	8	≥8.5	预期性
3	困难残疾人低保目标人群覆盖率（%）	7	≥98	约束性
4	困难残疾人生活补贴目标人群覆盖率（%）	7	≥98	约束性
5	重度残疾人护理补贴目标人群覆盖率（%）	7	≥98	约束性
6	残疾人社会保险补贴目标人群覆盖率（%）	7	≥98	约束性
7	残疾人住房救助比例（%）	5	≥98	约束性
8	城乡残疾人参加医疗保险比例（%）	6	≥98	预期性
9	城乡残疾人参加养老保险比例（%）	6	≥95	预期性
10	困难残疾人家庭无障碍改造率（%）	5	≥90	约束性
11	适龄残疾人接受"十五年"教育比例（学前、义务教育和高中）（%）	7	≥90	预期性
12	残疾人基本康复服务率（%）	7	≥90	约束性
13	残疾人辅助器具适配率（%）	4	≥85	约束性
14	残疾人辅助器具适配率（%）	6	≥80	预期性
15	劳动年龄段有就业能力和就业意愿的残疾人就业率（%）	7	≥80	预期性
16	残疾人社区活动参与率（%）	5	≥70	预期性

《规划》全面贯穿"以残疾人为中心，以需求、问题、目标为导向"的理念，推出了一系列助残惠残新政策新举措，创新多、政策含金量高，残疾人覆盖面广，具体提出了保障困难残疾人基本生活、实施重度残疾人护理补贴等41个方面66个项目的具体政策举措，构建并逐步推进5个"全覆盖"：残疾人福利制度努力实现"全覆盖"。我省是在全国首个建立"广覆盖、高标准、动态调整、衔接有序"4项福利补贴制度（困难残疾人生活补贴、重度残疾人护理补贴、残疾人康复补贴和残疾人社会保险补贴）的省份。我省在政策突破、人群覆盖面、保障标准、调整机制上，均实现了重大的历史性跨越。

我省现有残疾人312万,其中持证残疾人102万,据初步测算,全省仅4项补贴制度将覆盖近80%的持证残疾人,164万残疾人次受益。 在此基础上,规划提出,制定实施视力、听力残疾人网络流量优惠、软件和设备配置等特定信息消费支持政策。 这一政策,将惠及视力、听力残疾人,使我省残疾人福利制度逐步实现各类残疾人群全覆盖。 规划提出,建立和完善康复以省市为主、托养以县乡为主、庇护以乡镇(街道)和社区(村)为主的残疾人康复、托养庇护服务体系,"十三五"期间,实现每个设区市和50万人口以上的县(市)都有1家示范性残疾人专业康复服务机构,每个市、县(市)都有1家示范性残疾人专业托养服务机构,全省人口1万人以上的乡镇(街道)建有1家残疾人辅助性就业(庇护性照料)机构,鼓励扶持村(社区)创建残疾人庇护照料机构。 平均每百名残疾人的康复和集中托养床位达到3张以上。 按此规划,未来5年全省将新建康复机构9家,托养服务机构60家,庇护中心1000家。 同时,《规划》出台了这方面的一系列特惠扶持政策。 残疾人就业帮扶努力实现"全覆盖"。 规划对加大扶持、推进按比例安置残疾人就业、集中就业、自主创业和灵活就业等提出了明确的政策措施和要求,全省今后5年要努力新增残疾人就业创业7万人以上。 特别是在按比例就业方面,要求各级党政机关、事业单位、国有企业应当带头招录(聘)和安置残疾人就业,未达到安置比例的,应当优先招录(聘)残疾人;国有和国有控股企业应当设定或预留适合残疾人就业的岗位,定期举办残疾人专场招聘会。 "十三五"期间,所有省级党政机关、市级残工委成员单位、50%的县级残工委成员单位至少安排1名残疾人就业。 无障碍环境建设努力实现"全覆盖"。 规划提出,大力发展残疾人文化体育事业,推动无障碍环境建设,为促进残疾人更加广泛参与社会生活创造友好环境。 规划要求,推进无障碍环境市县村镇建设,各市至少有1个以上的县(市、区)达到国家无障碍环境示范县标准;将无障碍环境建设纳入全省特色小镇和美丽乡村建设;加快政府机关、公共服务、公共交通、社区等场所设施的无障碍改造,各级政府网站能够满足各类残疾人无障碍浏览和在网上办理服务事项的基本需求;公共交通工具逐步配备无障碍设备,公共停车区按规定设立残疾人专用停车泊位。 特殊教育努力实现"全覆盖"。 基本普及残疾少年儿童15年教育。 普及学前特殊教育,特教学校普遍开展学前教育,普通公办幼儿园创造条件吸收残障幼儿入园;鼓励儿童福利机构和康复机构开展学前教育,加大孤独症等残疾儿童学前康复教育机构扶持力度,扩大残疾儿童招收规模。 全面实施义务教育,实施全纳教育,完善随班就读,推进在普通学校创办特殊教育学校的"卫星班";实行一人一案,规范送教服务并达到全覆盖。 大力发展以职业教育为主的残疾人高中阶段教育,支持市级以上特殊教育学校以及有条件的县级特殊教育(培智)学校发展高中职业教育。 支持省内各大高校扩大招收残疾人大学生规模,在师范院校增设特教专业,推进师范专业普遍开设特殊教育必修课程。 制订完善残疾学生特殊学习用品、教育训练、交通费等补助政策,残疾学生和残疾人家庭子女就学普遍得到资助,实现应助尽助。

例如,自 2015 年推出 4 个省级机关残疾人公务员岗位之后,2016 年 6 个市推出 7 个岗位后,2017 年推出 24 个岗位,各级机关党委为残疾人就业做出表率。 从 2017 年的残疾人公务员可以看出,岗位类型逐渐多元化,不乏一些热门岗位。 像省委宣传部、省人民检察院、省教育厅、省工商行政管理局及部分市县就业局、农业局、卫生监督所、行政执法局、安全生产监察大队、市场监督管理局、国土资源局等党政机关单位都提供了残疾人公务员岗位。 残疾人报考这些岗位的学历等条件限制也逐步放宽了。 2017 年招录的残疾人公务员,对性别、学位都没有设限,基本条件为年龄在 35 周岁以下,学历为本科或专科,可以为全日制学校毕业学生,也可以为非全日制学校具有相应学历毕业生。 此外在户籍方面要求当地户籍或生源,省级机关面向全省户籍,并且继续实施免收考试费。

(4)完善流动人口的健康管理

流动人口是全面建成小康社会的一支生力军,做好流动人口的健康管理工作,有利于保障浙江省流动人口公平享有基本公共卫生计生服务,不断提高流动人口健康素养和健康水平。 浙江省对于流动人口的健康管理,主要以卫生计生为抓手,在《浙江省流动人口计划生育管理办法》的基础上,探索"计生服务+健康教育+医养结合"的服务模式,以社区服务为落脚点,融合社区服务和流动人口计生协服务,做好计生服务、计生政策、生育关怀项目的宣传,推进"医养护一体化"服务工作。 2017 年 1 月,浙江省卫计委发布了

《浙江省实施〈流动人口健康教育和促进行动计划（2016—2020 年）〉工作方案》。工作重点是以流动人口集中的城市为重点地区，以学校、职场、社区和流动人口家庭为重点场所，以 1980 年后出生的新生代流动人口、15－49 周岁流动育龄妇女和 6－14 周岁流动学龄儿童为重点人群。根据方案，3 年后，全省将力争创建国家级流动人口健康促进企业 60 家、学校 60 所、家庭 600 户（其中含杭州、宁波、嘉兴、绍兴 4 个国家基本公共卫生计生服务均等化重点联系城市指标，合计 20 家企业、20 所学校、200 户家庭）；参照国家级流动人口健康促进企业、学校、家庭创建标准，同步开展省级创建工作，每年创建省级流动人口健康促进企业 30 家、学校 30 所、家庭 150 户，并择优推荐参加国家级评审。

（5）实施低收入人群的健康扶贫工程

2017 年 4 月，为贯彻落实党中央、国务院脱贫攻坚部署和全国健康扶贫工作会议精神，坚决打赢健康扶贫攻坚战，根据国家卫生计生委等部门《关于实施健康扶贫工程的指导意见》要求，组织对患有大病和长期慢性病的贫困人口开展分类分批救治，精准推进实施健康扶贫工程，保障农村贫困人口享有基本医疗卫生服务，防止因病致贫、因病返贫，为农村贫困人口脱贫提供健康保障，制定本行动计划。此项工程对核实核准的患有大病和长期慢性病的农村贫困人口（指建档立卡贫困人口和农村低保对象、特困人员、贫困残疾人），根据患病情况，实施分类分批救治，确保健康扶贫落实到人、精准到病，有效解决因病致贫、因病返贫问题。主要措施包含以下几个。

一是大病集中救治一批。开展农村贫困家庭大病专项救治，按照"三定两加强"原则，对患有大病的农村贫困人口实行集中救治。①确定定点医院。各省级卫生计生行政部门要会同民政、人力资源社会保障等部门按照保证质量、方便患者、管理规范的原则，确定大病集中救治定点医院。定点医院原则上设置在县级医院，县级医院不具备医疗条件的，可设置在上级医院。要建立疑难/重症病例的会诊、转诊机制，充分利用对口支援、巡回医疗、派驻治疗小组、远程会诊等方式做好救治工作。②确定诊疗方案。省级卫生计生行政部门要根据国家卫生计生委已发布的相关诊疗指南规范和临床路径，结合本地区实际，按照"保基本，兜底线"的原则，制订符合当地诊疗服务能力、具体细化的诊疗方案和临床路径。 要优先选择基本医保目录内的安全有效、经济适宜的诊疗技术、药品和耗材，严格控制费用。 定点医院要进一步优化诊疗流程、缩短等候时间，为农村贫困家庭大病患者开通就医绿色通道。③确定单病种收费标准。 各地要贯彻落实国家发展改革委、国家卫生计生委、人力资源社会保障部《关于推进按病种收费工作的通知》（发改价格〔2017〕68 号）要求，按照"有激励、有约束"的原则，以医疗服务合理成本为基础，体现医疗技术和医务人员劳务价值，参考既往实际发生费用等进行测算，制订病种收费标准。 加强医疗质量管理，省级卫生计生行政部门要切实加强医疗质量管理，制订完善医疗质量管理与控制相关指标，组建重大疾病临床诊疗专家组，开展质量管理、业务培训和考核评价等工作，对定点医院提供技术支持与指导。 定点医院要强化质量安全意识，完善各项制度和工作规范，开展单病种质量控制，按照相关病种临床路径要求，规范临床诊疗行为，保障医疗质量与安全。 医保制度建设方面，国家卫生计生委负责制订救治工作方案，指导组织实施食管癌、胃癌、结肠癌、直肠癌、终末期肾病、儿童白血病和儿童先天性心脏病等大病集中救治工作，2018 年实现农村贫困人口全覆盖。 省级卫生计生行政部门具体组织落实，结合实际，逐步扩大集中救治病种。 地市、县两级卫生计生行政部门实行挂图作战，对患有大病的农村贫困人口实行分类分批集中救治。

二是慢病签约服务管理一批。 开展慢性病患者健康管理，对患有慢性疾病的农村贫困人口实行签约健康管理。 建立农村贫困人口健康卡，为每个农村贫困人口发放一张健康卡，置入健康状况和患病信息，与健康管理数据库保持同步更新。 ①落实基本公共卫生服务项目，以县为单位，为符合条件的农村贫困人口每年开展 1 次健康体检。 ②实行签约服务。 组织乡镇卫生院医生或村医与农村贫困家庭进行签约，鼓励县医院医生与乡村两级医务人员组成医生团队与贫困家庭签约，按照高危人群和普通慢性病患者分类管理，为贫困人口提供公共卫生、慢性病管理、健康咨询和中医干预等综合服务。 对已经核准的慢性疾病患者，签约医生或医生团队负责制订个性化健康管理方案，提供签约服务。 需住院治疗的，联系定点医院确定诊疗方案，实施有效治疗。③开展健康管理。 国家卫生计生委负责制订统一规范的健康管理指导方案。

各地结合实际,制订健康管理实施方案,确定定点医疗机构、细化诊疗流程、明确质量要求,并加强基本药物配备使用。 乡镇卫生院等基层医疗卫生机构在县级医院指导下,根据农村贫困家庭慢性病患者病情安排个性化健康管理,每年按管理规范安排面对面随访,询问病情,检查并评估心率、血糖和血压等基础性健康指标,在饮食、运动、心理等方面提供健康指导。 签约医生和团队做好随访记录,填写居民健康档案各类表单,并将有关信息录入健康卡。

三是重病兜底保障一批。 提高医疗保障水平,切实减轻农村贫困人口医疗费用负担,有效防止因病致贫、因病返贫。 ①实行倾斜性精准支付政策。完善大病保险政策,对符合条件的农村贫困人口在起付线、报销比例等方面给予重点倾斜。 积极探索与按人头付费相结合的门诊慢性病管理。 加大医疗救助力度,将符合条件的农村贫困人口全部纳入救助范围,进一步提高救助水平。 ②建立健康扶贫保障机制。 各地要统筹基本医保、大病保险、医疗救助、商业健康保险等保障措施,实行联动报销,加强综合保障,切实提高农村贫困人口受益水平。 ③落实"一站式"结算。 贫困人口县域内住院先诊疗后付费,贫困患者只需在出院时支付自负医疗费用。 推动城乡居民基本医疗保险经办机构、大病保险承办机构、医疗救助经办机构、医疗机构之间基本信息共享、互联互通,相关医保、救助政策在定点医院通过同一窗口、统一信息平台完成"一站式"结算,为群众提供方便快捷服务。 未建立统一信息平台的,实行定点医院垫付、定期联审、统一结算的方式,确保减轻贫困患者看病经济负担。 动员社会力量救助。 充分发挥慈善医疗救助作用,鼓励支持相关公益慈善组织通过设立专项基金等形式,开展重特大疾病专项救助。 依托慈善组织互联网公开募捐信息平台向社会公众进行募捐,精准对接特殊困难家庭,减轻或免除个人费用负担。

浙江省在2015年全面消除了家庭人均收入4600元以下贫困现象,但是在农村贫困地区,因病致贫、因病返贫仍是最突出的致贫因素之一。 浙江省围绕让贫困人口"看得起病、看得好病、看得上病、少生病"的原则,深入实施健康扶贫工程,不让低收入群众因健康问题在全面小康征程中掉队。 政府部门依靠基层卫生计生服务网络,核准低收入农户中因病致贫、因病返贫家庭数及患病人员情况。 对需要治疗的大病和慢性病患者进行分类救治。 实行县域内低收入农户住院先诊疗后付费，实现基本医疗保险、大病保险、疾病应急救助、医疗救助"一站式"信息交换和即时结算。 例如，在浙一医院医疗扶贫工作中，为了改善贫困地区的医疗条件问题，浙医一院院长王伟林、党委书记顾国煜带领 10 余名该院专家赶赴景宁，为景宁百姓看病；同时送上了远程教学、多参数生命采集等价值 400 余万元的医疗设备，并设立了"浙医一院精准医疗扶贫基金"200 万元，用于帮助景宁偏远地区的村民看病。 两年来，在景宁已建 9 个远程会诊平台的基础上，浙医一院还利用互联网技术，将更多的优质医疗资源送达基层，帮助偏远地区提升诊疗水平，实现"小病在乡村、大病不出县"。 目前，浙医一院已与 150 多家基层医院实现远程联网诊疗。

3.5 健康治理项目的品牌建设

浙江的健康治理是以问题为导向、群众需求为指南的服务模式，在各区域、各街道、以针对各类人群开展健康治理工作的基础上，逐渐形成了群众喜闻乐见、广泛参与、具有一定社会影响力的健康治理服务项目品牌，形成了政府主导、城区谋划、社会组织引领、群众广泛参与的浙江健康治理特色。"参与"一词是指特定主体通过各种方式和途径投入到社会事务，影响相关决策的活动与行为。 群众参与就是指群众个体或群体参加有关社会公共事务并影响有关决策的过程。 群众参与的倡导，实际上映射的是一种基层群众被赋予权利的过程。 群众参与是在中国革命和建设进程中创造出来的独特形式，也是中国特色社会主义民主的重要发展模式，在政治、经济、文化和生态建设中都有着广泛运用。 健康是个人生存和成长的基础，是社会发展、国家富强和人民幸福的重要标志。 习近平总书记深刻指出，没有全民健康，就没有全面小康。 党的十八届五中全会提出"健康中国建设"的宏伟目标，显示了国家对维护国民健康的坚定决心。 要推进健康中国建设，就必须重视健康治理，通过治理框架下的全民行动，尤其是把被动医疗变为主动关注自己的健康，以此更好地提高全社会的健康水平，为实现健康中国战略打下坚实的微观基础。

在传统观念下，健康是没有生病，这是在烈性疾病侵害人类健康的历史背景下形成的惯性思维。医学的发展，使人们对于烈性疾病的防控能力得到较大提高，而随着生活水平的提高和生活方式的变化，慢性病成为人类健康的主要危害因素。在这种背景下，健康与疾病的界限就不再像以往那样清晰了，健康的测度也越来越关注期望寿命、健康寿命年、幸福感、生活满意度等指标。据世界卫生组织研究，在影响个人健康和寿命的4大因素中，生物学遗传因素占15%、环境因素占17%、卫生服务占8%、生活方式与行为占60%。而生活方式与行为更多取决于群体和个人的认识与自主行为。可见，在当前医疗卫生模式发生深刻转变的历史背景下，强调健康治理才能更好地符合历史潮流。群众参与健康治理的缺失一直存在，在我国的健康治理问题上，政府一直处于主体地位，是典型的政府主导型管理。广大人民群众更多时候只是作为一个被动的受体。这种方式没有充分考虑群众的自身素质，忽视了其主观能动性及在社会中的主体地位。在当前市场化程度和公民科学文化素质逐步增强的情况下，难以形成健康治理的合理架构。因此，非常有必要提高群众的健康能力，使民众形成健康自治的意识，更好地推动健康治理的深入开展。

社会主义市场经济的环境下，传统的医疗卫生结构由省市县乡村各级卫生机构构成与行政区划高度吻合，体现了政府的行政管理与社会管理，在计划经济时代创造了极高的效率。随着社会主义市场经济体制的确立，这种行政性体系遭到前所未有的挑战。尤其随着户口的放开和人口的大规模流动，超越了传统的固定区域模式，随着城镇化的推进和城市社区的形成，人口集聚和流动模式越来越成为一种主流状态，这种状态既呼唤新的健康模式的出现，也为健康治理的最终形成提供了深层次的经济社会动能。特别是当今，网络信息技术的发达已经全面植入人们的日常生活。有学者指出，网络社会崛起不是一般意义上的社会发展变迁，而是人类社会在工业社会基础上进入了一种新社会形态。在这种全新的社会形态下，垂直行政管控的健康管理方式已经不合时宜，"互联网＋健康"的背景下，各种健身软件如雨后春笋般出现，人们带着各种手环或者利用手机软件，计算每天运动量、监测运动轨迹、核算热量消耗，很多年轻人习惯用手机指导瘦身，并通过社交平台晒成绩激励自己。

各种共享单车的出现，人们骑着单车出行成为一种健康时尚……这些社会现象表明，个体人的健康意识得到空前觉醒，网络信息技术的发达为健康治理提供了无限可能。

在国外公民参与健康治理方面，如欧洲各国采取授权给病人等方式，鼓励患者参与临床治疗决策；美国高度重视公民的健康教育，大多是由民间组织开展，经费来源于政府拨款与社会捐赠；瑞典注重委托政府或大学研究机构进行调查与研究，提供以循证研究为基础的决策依据；加拿大政府通过系统监测、开放数据，提高全民的健康素养。这些成功实践告诉我们，随着社会的发展和公民参与意识、参与能力的提高，群众参与健康治理越来越变成一种现实。值得关注的是，在党的"十九大"报告中已经提出"坚持预防为主，深入开展爱国卫生运动，倡导健康文明生活方式，预防控制重大疾病。积极应对人口老龄化，构建养老、孝老、敬老政策体系和社会环境，推进医养结合，加快老龄事业和产业发展的战略目标"的有关要求，各地不断加快推进实施《国务院关于加快发展养老服务业的若干意见》（国发〔2013〕35 号）和《国务院办公厅关于全面放开养老服务市场提升养老服务质量的若干意见》（国办发〔2016〕91 号）精神。浙江立足"健康中国"，多年来在"健康社区"工作中积累了丰富的基层案例经验。基层社区经历了消灭"老四害"到治理"新四害"，形成了"卫生"到"健康"的社区教育模式，围绕"生活和乐、环境和宜、文化和美、产业和谐、社会和宁"5 个维度开展生动实践。以下 4 个案例在健康治理方法上具有一定的启发性，为我们的基层工作提供了借鉴。

案例一：从"试验田"到"示范点"——杭州市上城区小营巷社区健康教育活动

1958 年 1 月 5 日，毛主席亲临视察小营巷卫生，并称赞道："你们这里的卫生工作搞得不错嘛！"这不仅让小营人感受到了极大的鼓舞和激励，更掀起了全国爱国卫生运动的新高潮。从此，"小营巷"成了全国爱国卫生的典范和楷模。一代风范，百年传承。在小营巷，一场持续了半个多世纪的卫生红旗的传承接力从未停息，60 年来，爱卫精神在小营巷生根、发芽、茁壮成长，小营巷社区也从深藏闹市区的普通小巷成长为国际知名的"健康社区"。2003 年，时任浙江省委书记习近平同志实地走访小营巷，并于 2011 年专门复信小营巷社区，勉励要"把社区建设得更加美好"。 从"试验田"到"示范点"，60 年来，小营巷社区秉持"爱卫精神"，传承、坚守、不断创新，沿着伟人的足迹砥砺前行，扎实走出了一条具有示范意义的健康之路。

（1）理解和阐释小营巷爱卫精神，释放全国爱卫工作"能量源"

60 年前，小营巷因爱卫工作出色受到毛主席视察，成为全国爱卫工作典范并蜚声国内外，由此孕育而生的爱卫精神激励小营巷人推动社区健康建设不断走向辉煌。 爱卫工作是小营巷的金名片，爱卫精神更是小营巷人的核心价值观，其内涵主要体现在 3 个方面：一是群众性。 "从群众中来，到群众中去，走群众路线，依靠群众力量，发挥群众作用，激发群众智慧，推动爱卫工作成为群众自发行为"，这是小营巷爱卫精神最本质的特点。 小营巷社区始终把广大人民群众作为爱卫工作的主题，以全民参与作为核心，坚持群众路线与爱卫工作相结合，深入做好爱卫工作群众性宣传教育工作，从黑板报、宣传窗到电子屏滚动宣传，再到短信、QQ 和微信，大力营造全民爱卫、全民创卫的浓厚氛围，强化人民群众对爱卫工作的政治认同、思想认同、行为认同，不断激发全民参与热情。 积极动员社会各界投入群众性爱国卫生运动，从环境卫生整治到移风易俗、从五讲四美到健康城区建设、从除害防病到五水共治，始终保持人人皆知、人人关心、人人参与、人人受益的群众性卫生工作方式。 二是基础性。 坚持持之以恒，强化组织领导，打牢发展基础，营造浓厚氛围，变被动为主动，变少数为大众，变突击为常态，推动爱卫工作可持续发展，这是小营巷爱卫精神最鲜明的特点。 小营巷社区始终坚持建管并重、依法治理的方针，着力于提升居民文明卫生素质，积极贯彻落实各类法律法规，坚决摒弃突击式、运动式工作模式，依法科学推动爱卫工作。 注重根据不同时期不同特点，高度重视"软件硬抓"，开展各项专项整治活动，持续巩固创建成果。 注重强化目标管理，常态开展宣传教育活动、全面动手日活动、爱卫志愿者活动等工作，严格落实卫生评比、创卫考核，形成全员参与、全员共建、全员共享的长效机制。 三是全面性。 "紧跟时代发展，适应需求变化，在继承传统中开拓创新，在弘扬传统中丰富内涵，推动爱卫工作始终走在前列"，这是小营巷爱卫精神最突出的特点。 爱国卫生工作不仅是改善人居环境卫生、促进群众身体健康的有力抓手，同时也是提升群众满意率和幸福感的民生幸福工程、是促进经济社会又好又快发展的"助推器"。小营巷社区多年来坚持将卫生工作向纵深挖掘，不断强化健康教育观念，增强全面卫生意识，引导群众移风易俗、改善环境、革除陋习，在保障健康生活的同时，不忘精神文明建设；在改善人居环境的同时，同步推动健康生产，营造一个良好的生活环境、人文环境、生产环境。

（2）塑造和深化小营巷爱卫品牌，种好全国爱卫工作"试验田"

为纪念毛主席视察小营巷社区卫生工作这一重要的历史事件，打造好全国爱卫工作这片"试验田"，自1972年小营巷56号墙门被辟为"毛主席视察小营巷卫生工作陈列馆"后，40多年来小营巷不断地挖掘老物件、老故事充实纪念馆，鞭策大家不忘毛主席的鼓励和期盼，不断深化爱卫品牌。一是人员有依靠。小营巷社区始终注重发挥人的能动作用，依靠各级各类人员推动爱卫工作。注重用好小营巷受国家和省市区各级领导高度关心的优势，把小营巷社区的创卫工作作为一项重要工作来抓，由主要领导负总责亲自抓创卫工作，加强投入，按照"严格标准，分类指导，重点突破，全面推进"的原则，提出"政府组织、社会参与、群众为主"的创建方针，形成齐抓共管的创卫模式。积极发挥卫生委员作用，从当年全程陪着毛主席视察的第一代卫生委员程瑜，到现在的第七代卫生委员徐笛风，依靠七代卫生委员认真执着的"接力"，一棒又一棒奋力传承，一棒又一棒开拓创新，从解放初期除"四害"运动中在水缸里养鱼吃孑孓、到20世纪80年代五讲四美三热爱活动中推行"健康月"，到现在的智能化垃圾分类中的垃圾不落地行动，推动小营巷爱卫工作一直走在全国前列。善于调动大众评委参与，积极畅通渠道听取群众意见，采取召开座谈会、楼道会、个别访谈、现场办公等方式，实实在在地听取群众的建议、意见，督促和帮助居民小区建立业主委员会和居民自管小组，业主委员会和居民自管小组作为居民自管自治的平台，进一步增强了居民参与和管理小区事务的便利性，确保卫生工作的开展取得实效。充分发挥志愿者作用，60年来涌现出一批又一批的卫生志愿者，从用扩音器提醒大家不乱丢垃圾的大妈们，到如今的红巷卫生志愿者，他们一代又一代地把环境卫生整治这项志愿工作传承下去，铲平"垃圾山"，清除"蚊蝇窝"，改造下水道，改进防蚊设施，落实"垃圾不落地"，通过他们的不懈努力，带动了辖区居民自觉守护家园、爱护环境，推动小营巷社区的卫生工作持续发力，使"卫生"这个理念成为小营巷居民共同的信念。二是制度有保障。小营巷社区始终注重依靠制度机制推进爱卫工作，着力在组织领导、卫生保洁、长效保障和考核监督这4块工作上实现突破，确保爱卫工作形成长效机制。注重强化组织领导机制，成立以社区党委书记（主任）为组长的领导创卫班子，健全爱卫工作责任体系，把文明卫生工作纳入重要议事日程，做到业务工作同安排、同检查、同总结。建立卫生保洁制度，贯彻"三保"（保无、保洁、保健）、"四定"（定人、定时、定任务、定措施）、"三扫、二管、一监督"（早中晚打扫，痰盂、果壳箱专人管理，群众性监督）、"五勤"（勤换衣、勤洗澡、勤剪指甲、勤理发、勤洗晒被服）、"五不"（不随地吐痰、不随地大小便、不乱丢果皮纸屑、不喝生水、不吃变质不洁食物）等要求，这些都成为群众的自觉行动。落实各项保障机制，始终坚持"创卫为民"，优先保障爱卫工作人、财、物的投入，爱卫日常运作经费纳入政府年度预算，每年投入爱卫日常工作经费10万元。注重建立监督机制，将爱卫工作纳入社区绩效考核评价体系，不断完善管理体系、考核奖惩制度和检查评比制度，同时充分发挥好创卫网站和微信平台，爱国卫生投诉电话等作用，主动接受社会和公众监督，认真梳理群众建议，切实整改群众反映的问题，不断提高爱卫工作群众满意度。三是成效有彰显。小营巷社区始终坚持爱卫工作人人参与，爱卫成果人人共享，实现爱卫工作双丰收。①政治作用。60年来，小营巷社区始终秉承毛主席亲临视察的红色传统和优势，做足做好做强自己的爱卫"特色工作"，时时刻刻走在全国卫生工作前列，先后4次被评为全国卫生先进单位，打响了具有鲜明特色的卫生品牌，先后受到习近平等党和国家领导人的高度关注和亲临指导。②环境提升。通过几代人的治理、整改，小营巷的生活环境发生了天翻地覆的改变：解放前，这里垃圾成堆，污水存积，蚊蝇孳生，疾病流行；而如今的小营巷水清岸绿、景美人和，已经成为杭州市的一个重要旅游景点，每年都有数以万计的游客来此参观。群众整体健康水平得到明显提升，目前小营地区共有百岁老人15人，90岁以上的766人。③社会价值。创卫工作不仅是落在部门身上的担子，老百姓也在创卫宣传的耳濡目染之下，逐渐改掉一些生活陋习，争当起创卫的"主角"——不乱扔垃圾、公交车上让座、邻里关系和谐、遵守公共场所秩序等文明现象延伸至辖区各个角落，小营人民高度的文明自觉在 G20 杭州峰会期间得到了充分彰显，多项主题活动"从小营巷出发"。

（3）发挥和用活小营巷爱卫工作，抢占全国爱卫工作"制高点"

自从毛主席视察的那一刻起，小营巷人就产生了一种责任感，就是要保持这份殊荣，时时刻刻敢为人先，伴随城市生活前进步伐，以居民需求为导向，不断赋予传统的爱国卫生以新的内涵。一是以"WHO"为引领，健康社区建设得到国际认可。一直以来，小营巷社区的爱卫工作从环境综合整治到全民健康教育，确保卫生工作常做常新。1995 年 9 月，小营巷社区借助于地区医疗卫生资源优势，与联合国世界卫生组织（WHO）紧密合作，成功开展了《健康教育骨干培训方法与效果研究》和《社区老年人膳食结构调查及干预对策研究》两个健康教育课题研究，取得了重要的科研成果项目，得到了世界卫生组织、国家卫生部的首肯与好评，同时推动"小营巷"这块金招牌在全市，乃至全国始终处于爱卫工作领先地位，2013 年小营巷社区成功被 WHO（世界卫生组织）授予"健康社区"称号。二是以健康产业为推动，启动健康服务业集聚区建设。随着社会的发展，经济收入的增加，人们的健康保健意识逐步增强，小营巷社区将创卫工作的重点向健康、养生方面倾斜。通过设立健康科普一茶一坐，开设健康教育讲座，建立心理健康咨询点等做法，打造特色健康文化，营造浓厚的健康宣传环境。社区的卫生健康工作受到了中央、省、市领导的高度关注，各级领导都亲临小营巷视察指导工作，小营巷成为全国第一批健康教育示范点。2017 年年初，上城区第十届党代会确定在小营巷地区打造健康产业园，小营巷社区将依托浙二医院、社区卫生服务中心等医疗资源、专家资源、科研资源，以具有深厚历史文化底蕴的红巷景区"方谷园"区域为圆心，与第三方专业机构开展战略合作，精心打造 1500㎡ "健康产业展示中心"，着力推进健康服务业集聚区的规划、建设和打造工作。三是以"G20"为契机，彰显小营爱卫工作金名片。G20 峰会的召开是对杭州各项工作的一次集中检验和考验，其间，小营巷爱国卫生这块金名片得到了高度认可和彰显，多项文明创建主题活动"从小营巷出发"，向全市进行辐射。先后开展"打造国内最清洁城市——市民路长在行动"，"五长五包护峰会——文明创建从小营巷出发"等主题活动。对辖区道路实行"一路一长"管理，通过发现问题、督促整改、现场复查的循环督查模式，建立制度化、精细化、常态化的"路长制"管理机制。成立了居民党员"楼道长"、机关党员"街巷长"、社区党员"网格长"、团员青年"车站长"、妇女党员"阳台长"5支队伍，全面启动"五长五包"制度，拉高标杆，开展文明劝导、创建美丽上城、平安护航G20，为实现"十三五"精彩开局、服务保障G20峰会交出了一份满意答卷。

（4）创新和发扬小营巷爱卫工作，打造全国爱卫工作"示范点"

为巩固和提高前期创卫成果，小营巷社区紧跟时代的脚步，以打造"创卫工作示范点"为抓手，树立样板、典型引领，专项打造，以点带面，掀起创卫工作新高潮。一是发挥最美影响力，心灵美从自身做起。小营巷所在的小营街道是最美文化的发源地，自2012年起，街道深挖"最美小营人""红巷老舅妈"等品牌人物，连续5年开展"最美小营人"评比活动，涌现了一大批具有典型示范作用的最美人物，并持续成立小营地区自己的"最美巡讲团"，通过先进人物的典型故事在潜移默化中使人人争做最美的精神入脑入心，同时也使卫生、健康理念得到升华。近年来，小营地区最美现象不断涌现，社区15户居民自发开展"扮靓阳台"活动，倡导群众美化环境、文明晾晒，为美丽小营"锦上添花"；3800余名志愿者成立的"萤火虫"联盟，全面开展文明劝导、五水共治、志愿服务、交通引导等各类型文明服务，这些典型的出现无不彰显着小营地区的文明卫生已经深入人心，镌刻在每个小营人的骨髓里。二是推动产业可持续，生产美优化小营产业结构。小营巷社区遵循"绿水青山就是金山银山"的理念，在历年的招商引资项目建设中，严格把好环保准入关，倾向于金融业、文化业、健康业的企业落地，使辖区企业沿着可持续发展的健康方向发展，保住了小营一片净土，优化了小营环境。通过关、停、并，优化产业结构，淘汰那些小而单一、污染又危险的企业，充分利用好自己现有的资源，发挥好自己的区位优势，把企业做强做大。目前小营地区可持续发展企业共有1697家，占所有辖区企业的50%。下一步，小营将依托健康产业园区打造的战略机遇，顺势而为，全面开展招商引资大行动，以"招大商、引巨资"为目标，通过"走出去"，以商招商，有意向引进一批技术先进、产品科技含量高、投资规模大的健康项目入驻小营。 三是助力民生大提升，环境美实现幸福安居。 小营巷社区始终将开展环境整治作为推动发展、造福人民的一项重要工作来抓，在"五水共治"中，通过汇集污水井提升纳管、小型生态设备处理、化粪池改造、委托环卫站外运处理等方式抓治标，采取雨污分流改造、水质生态修复等举措重治本；建立"民间河长"队伍，引入民间力量参与治理，发动民间力量共同监督，达到净化水质、保护生态环境的目的。 在环境整治中，着力打好"拆、控、用"相结合的组合拳，全速推进区域内违法建筑拆除，为健康小营再添新颜。 在危房整治中，重点排查辖区建筑质量差或年代久远、主体结构损坏严重、超负荷使用的房屋以及河道边等地质灾害易发点的房屋，聘请专业检测机构进行危旧房等级鉴定，遵循"属地管理、业主主体，政府协调、市场参与，突出重点、分类治理，解危优先、项目结合"的原则，全面开展危旧房治理改造工作，让老百姓真正实现幸福安居。

（5）拓展和引领小营巷爱卫品牌，建设全国爱卫工作"特色窗"

2016 年 8 月 19 日，习近平总书记在全国卫生与健康大会上指出，"没有全民健康，就没有全面小康"，为新时期的卫生工作指明了道路。 2018 年是毛主席视察小营 60 周年，小营巷社区站在新起点、抓住新机遇、抢占新高峰，全力推动卫生事业实现新突破。 一是建设场馆，打造爱卫教育基地。 经过 60 年的不懈努力和积淀，小营巷社区的爱国卫生工作在众多申报单位中脱颖而出，被批准打造全国爱国卫生运动教育基地，小营巷将以此为契机，不断加强健康卫生工作，依托"三馆两廊一园"，大力推动卫生工作内涵建设，打造健康卫生教育新品牌、新亮点。 在今后的运行过程中，基地将不断优化服务程序，丰富更新健康卫生教育内容，创新健康卫生教育形式，为社区居民提供更多更贴近实际的健康教育服务，切实提高社区居民的健康卫生水平。 2017 年年初开展的"老物件征集""墙门映巷""健康报"等系列活动进一步激发了社区干部和党员群众的内生动力，涌现了道德模范提名奖获得者第七代卫生委员徐笛风、最美小营人"红巷老舅妈"、"平民英雄"李兔儿等一批先进典型代表，不断向社会传递卫生工作的"正能量"。 下一步，小营巷将充分发挥教育基地的实践激励、主题教育和辐射引导作用，不断提升小营巷社区卫生乃至整个杭州市的卫生工作水平。 二是营造氛围，系列活动掀起爱卫新高潮。 一直以来，小营巷社区坚持进行多方位不同载体的宣传活动，用多种形式全面扎实地开展健康卫生工作，形成全民参与的良好氛围。 在毛主席纪念馆内专门开辟了食品药品安全展示厅和品质生活展示，在小营公园一楼花厅引进健康体能测试仪，打造社区"百姓健康体能测试中心"，在小营公园内设立健康气象台，通过社区大型电子显示屏幕，每天播放健康科学的保健知识、健康科普小常识，通过趣味图片、健康授课知识扩大教育影响。 除此之外，社区还在东河便道开辟了一条健康小路，以特殊的方式激发社区居民的运动兴趣，提倡通过运动健身来防治疾病。 如今来此条小路走路健身的人们更是络绎不绝，健康氛围无处不在。 同时在广大居民中广泛征集健康格言，并邀请有关专家对征集的格言进行筛选、整理，汇编成册，部分格言已做成宣传展板在小营公园展出。 三是抢占峰口，健康产业中心即将亮相。 随着国家"十三五"规划的开局与"健康中国"战略的落地，大健康产业的发展受到前所未有的高度关注。 小营地区舒适宜人的自然环境、得天独厚的医疗资源和底蕴深厚的社会文化环境，是发展大健康产业的核心优势所在。 "十二五"期间，小营街道就已将"健康"作为发展的关键词之一，积极布局健康产业。2017 年，小营地区主动借势现有产业资源优势，围绕"一圆心三区域"打造健康产业平台，以楼宇经济、街巷经济为主要载体，拓展健康产业发展空间；推进健康和金融两大产业有机融合，加强健康产业众创孵化能力，形成上城区乃至整个杭州市的健康产业新高地，成为经济跨越式发展的又一新引擎。 目前，小营街道已经形成了占主导地位的医疗服务业，以及作为产业链延伸的药品、医疗器械等健康产品销售业，孵化了一批健康管理、健康信息领域企业，并将健康产业与休闲旅游、康复养生有机结合，这些成绩的取得凸显了小营发展大健康产业潜力无限。

案例二：共建田园健康家——上城区湖滨街道涌金门社区"都市菜园"健康
环境营造

随着时代的进步和社会的发展，城市现代化水平得以提升。生活环境的
污染、过量化肥、农药残留、果蔬有害物质超标已成为居民非常关心的社会问
题。越来越多的都市人渴望无污染、无公害的绿色蔬菜。特别是近年来，在
社区里种菜的人数不断增加，无序种菜导致居民矛盾日益突出，甚至出现部分
居民在公共区域"划地盘，抢空间"。种菜本身能给城市居民增添生活情
趣，给老年人带来精神寄托，还能美化环境，若能够引导居民有序种菜，才是
解决问题的好办法。在此背景下，涌金门社区积极响应国家建设"健康家
园"号召，满足居民向往田园生活的愿望，将绿化和城市田园梦相结合，通过
成立社会组织指导居民打造家庭"菜园"，形成"车棚、楼道、天井、阳台、
平台"等5大系列菜园文化。由此引导居民在种菜中增进邻里感情，利用
"健康社区"品牌，建设和谐社区。

（1）发现"田园"渴望，播下"健康"的种子

首先，社区工作者率先入户走访，了解需求。为及时掌握居民的需求，
专门制作"都市菜园"问卷调查表，对染坊弄小区463户居民做了入户调查，
有401户居民表示该项目比较有意义，有350余户居民表示会积极参与。在
走访的过程中，社区明显感觉到居民对该项目的关注度、参与率比较高，具有
较强的认同感，认为项目实施将会有比较广阔的前景。其次，社区成立组织
确立项目。社区广泛挖掘资源，与辖区共建单位杭州市农业局进行深入沟
通，获得支持。在该局的帮助下，社区成立了涌金门社区生态科普服务社，
并于2013年6月在上城区民政局注册登记，成为上城区第一家负责"种菜"
的注册类社区社会组织。该组织设有法人代表1名，联络员2名，成员20
名。其成员主要由农科院蔬菜所的专家、社区居民及社区工作者组成。组织
成立后，把打造"都市菜园"作为为民办实事项目，为居民提供持续性、专业
性、趣味性的家园式服务。再次，加强宣传，营造氛围。在项目启动前期，
通过张贴通知、发布征集令和入户走访等形式向居民宣传介绍"都市菜园"服
务项目；待项目确立后，通过举办项目启动仪式，向居民赠送番茄、茄子、辣
椒等蔬菜秧苗、种子及肥料，吸引居民广泛参与，并专门印制了种菜知识宣传

册分发给居民，提高大家的蔬菜种植水平。 为了鼓励上班族加入到种菜的行列中来，社区还在"涌金红星"微博上开辟"涌金菜园"专栏，及时发布菜园信息，并解答居民相关咨询，让更多居民成为"都市种菜族"。 此外，"涌金菜园"根据居民服务需求，确定了为居民提供蔬菜种植讲座，专家答疑解惑、农药检测、食品安全等方面的服务，鼓励居民在自家的庭院、阳台等空闲场地种植蔬菜。

（2）精心"田园"耕耘，捡拾"健康"心情

一是构建网络，建立制度。 加强社会组织的管理服务团队建设，设立"绿天使"技术服务队、宣传联络服务队等5支队伍，并将其组织建在社区的25个自管小组中，形成横向到边、纵向到底的"都市菜园"服务项目骨干网络。 制定相应规章及会议制度，每周小组成员召开一次会议，对日常在种植蔬菜中遇到的困难和问题进行探讨；每半月召开一次小组长会议，以座谈会的形式，进行小组间的交流和经验分享；每月召开一次负责人会议，对该项目的重点事项进行讨论和决策。 针对少部分居民"喜好"在公共花坛内种植蔬菜的问题，社会组织与加入菜园种植项目的居民签订了"蔬菜种植公约"，让"菜民们"承诺在种植蔬菜时保证不占用公共资源、不破坏小区绿化、不影响他人生活。

二是挖掘空间、精心打造。 请农科院的专家现场指导，从美观、实用两方面进行整体规划，以染坊弄5号车棚顶为试点，采用泥炭土基质无土栽培方法种植蔬菜，打造了杭州市首个车棚顶菜园。 目前在"菜园"里栽种了辣椒、青菜、苋菜、长豇豆等10多种蔬菜，将车棚顶打造成社区内一道靓丽的风景线。 此外，以染坊弄1号楼道为试点，在1—6层的公共楼道内安装种菜设备，种植韭菜、小葱、大蒜等常用蔬菜，动员楼层内的居民认领，做好楼道菜园的养护工作，让居民不出楼道就能品尝到健康蔬菜，体验种植乐趣。

三是实行会员管理、激发热情。 对参与蔬菜种植的居民采用会员积分制管理模式。 将积极参与蔬菜种植并取得成果的居民，发展为"都市菜园"绿色基地的白金会员，将不但自己参与而且热心指导他人种植蔬菜的居民，发展为"都市菜园"绿色基地的黄金会员。 白金会员可凭种植所得的成果换取相应积分，积分可换取更高档品种的秧苗或种子，并且可享受到专业技术人员定

期上门指导的服务；而黄金会员将取得农科院专家重点指导的资格。截至目前，"都市菜园"已发展白金会员232人，黄金会员126人，打造家庭菜园10个。农科院专家还定期走访家庭菜园，将各种植物的特性、浇灌方法等向12户居民传授，指导他们如何栽培、养护。

（3）传播"田园"文化，交流"健康"思想

一是丰收果实，交流幸福。9月至11月是蔬菜丰收的季节，社区将陆续收获第一批"车棚菜园"产出的健康蔬菜，然后统一转送给附近居民、困难家庭等。此阶段将开展以展示"家庭蔬菜成果"为主题的各类活动，如举办"瓜果PK"大赛，评选观赏性和食用性俱佳的家庭蔬菜；举办"蔬菜文化"摄影展；开展蔬菜交换日活动；举办邻里蔬菜宴等。此外，还将通过对种植能手进行宣传和召开种植经验交流及种植成果品尝会等，进一步扩大社区居民的参与度。

二是生态之旅，体验绿色。暑假期间，社区推出了"都市菜园"生态之旅活动，组织社区青少年走进车棚菜园、了解蔬菜以及蔬菜种植的过程，让社区青少年实实在在地感受一堂生动的科普教育课。有兴趣的孩子还亲自体验了种植、灌溉、收割。

三是推广文化，感受快乐。到2018年12月，社区将在辖区范围内70％的居民家中普及家庭蔬菜的种植，在重点打造20户精品家庭菜园的同时，逐步向更多的家庭延伸，在社区形成楼道、阳台、平台、庭院、车棚等5大系列菜园文化，让居民在"都市菜园"里感受亲手种植、品尝有机蔬菜的乐趣，践行环保绿色、健康低碳的生活方式。

（4）体验"田园"生活，收获"健康"果实

一是广受群众欢迎。"都市菜园"服务项目自推出以来，受到了社区居民的广泛欢迎，其关注度和参与率节节攀升。现种植蔬菜的家庭已从原来的200余户增至目前的1000余户，且"菜民"队伍还在不断发展壮大。居民们在"都市菜园"里亲身感受种植蔬菜的乐趣，品尝自己种植的有机蔬菜，这既是支持低碳环保的实践活动，也是对绿色健康产品的一种追求和体验方式。

二是形成健康环境。居民们以家庭为单位，在自家的阳台、庭院、平台等处见缝插针开辟场所，根据喜好因地制宜种植各色蔬菜瓜果，其特点为规模

小、品种多、热情高；而社会组织则选择在车棚顶、楼道等不占用小区场地的公共区域成片种植蔬菜类植物，并采用科技含量较高的栽培方式进行种植，既美化了环境、提高了空气质量，又在居民中起到一个示范种植的效果，其特点为规模大、观赏性强、技术含量高。上述两种方式相结合，使社区成为一个绿色、天然、立体的菜园。

三是增进邻里感情。从增进邻里感情出发，社区组织"菜民"开展线上交流、线下分享的蔬菜种植、分享交流活动。线上，在"涌金红星"微博上开设"蔬菜日记""活动集锦""成果展示"等互动栏目；线下，开展"邻里情"蔬菜交换日、组织蔬菜义卖、免费赠送等活动，既增进了居民间的沟通和交流，也丰富了居民的业余生活，增添了生活情趣。

四是营造氛围。"都市菜园"启动后，通过营造绿色、低碳、环保的氛围和概念，形成了独特的都市"菜园文化"，吸引了各大主流媒体的广泛关注，《浙江日报》《杭州日报》《青年时报》及浙江电视台、浙江在线、杭州网等多家媒体相继进行了报道，对湖滨街道涌金门社区建设"健康家园"的创新行动予以了充分肯定。

社区中的青少年家长普遍认为，该项目不仅能从小培养孩子健康的饮食理念，还能增加孩子的观察力、植物种植方面的知识及他们的责任感；老人们表示，在体验播种、发芽、成长、收获的全过程中收获了希望，解决了空余时间较多、业余生活贫乏、精神无寄托等问题，有利于身心健康；青年人也表示，种菜可以缓解青年人工作上的压力，放松心情，下班后回到家，与家人一起享受田园生活带来的乐趣。

案例三：强化社区品牌服务——杭州南星街道美政桥社区老年人健康教育活动

2018 年全国两会提出，加快推进健康中国建设，民生健康问题不容忽视，"大健康"理念正在不断地深入人心。中国的老龄化程度正在不断加深，截至去年底，中国 60 岁以上老年人口已经达到 2.3 亿，占总人口的 16.7%，远远超过了联合国对老龄化社会的认定标准（10%）。因此，党的"十九大"报告提出，积极应对人口老龄化，构建养老、孝老、敬老政策体系和社会环境，推进医养结合，加快老龄事业和产业发展。在庞大的老龄人口基础上，健康中国的建设，离不开幸福养老的实现。"老有所养"的实现，将打通健康中国建设的"最后一公里"。

南星街道美政桥社区东起紫花路、西至美政路、南临钱塘江、北至复兴街。社区占地面积 0.21km²，总户数 3013 户，总人数 7105 人，60 周岁以上老人 2235 人，占社区总人数的 31.5%。近几年来，社区紧紧围绕"老有所养、老有所乐、老有所为"目标，提升健康服务理念，以"养老＋"的服务模式，结合辖区资源，不断加强家居养老的服务，强化社区医疗服务，开展各类健康活动，以建设健康社区为己任，切实完善健康社区建设体系。

（1）老有所养，打造生活健康社区

老有所养、老有所医是老年生活的最基本需求。随着生活水平的不断提高，从最初的生活基本保障到医疗基本保障，再到现在提出的健康品质生活，老年人的生活水平得到了一定的保障和提升。近年来，从社区层面出发，杭州市委市政府推出了一系列为老服务政策，以保障老年人的幸福晚年。

强化家庭医生服务，缓解看病难问题。近年来，推出的家庭医生签约服务进一步保障老年人的医疗生活，社区医院不仅增设了常规药品，方便老年人配药服务，还提高了社区医院的医疗服务，提供家庭医生签约服务，一方面，家庭医生可以为行动不便的老年人提供上门体检及基本的医疗服务；另一方面，家庭医生定期为老年人推送短信信息，在换季中，让老年人注意预防季节病；同时，社区医院通过提供家庭医生人性化的服务，增加常规药品，缓解大医院看病的压力，切实解决老年人的看病问题。

提升居家养老服务，解决老年人家居问题。为了进一步方便小区老年人的生活自理，自居家养老服务推广以来，社区为 80 周岁以上的空巢独居老人、70 岁以上生活困难行动不便的老年人，提供居家养老服务。根据实际情况，每个月为老人提供免费或半价的卫生打扫服务。每月定时定量上门为老年人清洁打扫卫生，社区社工也会不定期地走访，发放服务券，了解清洁人员的工作情况及满意度，听取老年人的心里诉求，以提供更好的居家养老服务。加强社区走访服务，了解老年人的生活需求。了解群众之需，解决群众之难，一直是社区工作人员的基本工作要求。社区加大对社工走访力度的考核，每月定量完成走访目标，特别是针对高龄、困难、残疾的空巢独居老人，必须做到月月走访，切实倾听他们的生活需求，解决他们生活上的困难，为老年人提供一个良好的生活环境。

加大志愿者服务，提供各类便民服务。 发挥社区特长，加大小区的志愿者服务，为老年人提供各类便民服务，满足老年人的日常生活需求。 一是结合三联三领进社区，发挥党员的作用。 社区挂包单位区统战部为社区提供经费，要求便民服务志愿者队伍，每月定期为社区提供两场便民服务，服务内容包含理发、磨剪刀、修雨伞、修鞋等老年人特别有需要的服务。 二是发挥社会组织的作用，引进为老服务的社会组织，强化社区社会组织的作用，以服务居民健康为目标，依托各类社区组织团队的力量，打造专业的为老服务团队，给老人们提供中医诊疗、中医保健、中医推拿等特色服务，给老年人提供健康的生活理念，营造健康的生活环境。 老有所乐，打造精神健康社区。 随着社会老龄化程度的加深，"老有所养"已不再局限于物质层面，而是更多地上升到精神需求。 为了解决老人们"老无所乐"困局，社区开拓资源，为老人提供了精神产品和服务，不断延展公共服务，提供心理课堂，转变老年人自身观念，打造精神健康社区。

设立心理课堂，打造阳光心态。 社区结合有心理咨询资质的社会组织、辖区单位，定期为老年人提供心理健康咨询课。 课堂内容分两类，一类是专业心理疏导，以老年人的成功案例为引导，提高老年人对自我的认识，缓解老年人的孤独感、空虚感、无力感，为老人们营造阳光心态。 另一类是情绪疏导，给老人们提供一个交流的平台，在心理老师的引导下，宣泄负面情绪。在课堂上，不仅提高了老人们的自我认识意识，更助力他们打造阳光心态。

开展文化讲堂，提高文化素质。 为了提升老人们的健康理念，提高老年人的文化素质，社区开展文化大讲堂，讲堂内容涉及五水共治、防雾霾、禁烟、食品安全、防诈骗等，涉及内容广、信息量大。 通过各类讲座内容，特别是现在老年人比较关心的食品安全、防雾霾、五水共治等热门话题。 全面提升老年人的素质，在食品安全讲座中，老年人亲身检验食品安全等级，组队对辖区的小餐饮店进行食品安全宣传，身体力行，营造爱学习、爱生活、爱动脑的氛围。

组织社团，增添老年活力。 社区利用各类社会团体及平台，成立老年社团组织，如老年合唱队、老年舞蹈团、老年书画班等项目，丰富老年人的精神文化生活；同时，也聘请社区老年能人加入社会团体，用自己的特长进行授课交流，以居民服务居民的形式开展社团服务，不断给老年人充电、增能，满足社区老年居民的精神文化需求，真正实现老有所乐。老有所乐就是让老年居民在乐起来、玩起来的氛围中，不断增加信息，增强能力，提升对自我的认识。社区退休蒋老师擅长铅笔画，在得知社区开设老年社团后，积极参与，在老年微信群里上传自己的铅笔画作品，吸引了十多位书画爱好者一起学习。目前该铅笔画社团已经拥有 20 余名固定学员，他们每周一上午都会定期到社区二楼参加社团学习，并在微信群里进行学习交流，上传展示自己的作品。

（2）老有所为，打造品质健康社区

随着人口老龄化进程的加速，我国提出了健康老龄化战略，其内涵是"老有所养、老有所医、老有所学、老有所教、老有所乐、老有所为"。在现实生活中，老有所养、老有所医等方面受到了重视，而老有所为却有所忽视。因此，社区每年都提出一个金点子，以老年人增能为目标，进一步发挥老年人的作用，打造品质健康的社区。

发挥余热，服务社区。社区结合自身志愿者服务的特色，积极发动老年人的余热，参与社区志愿者服务，服务社区其他居民。结合社区五水共治、禁烟、安全生产等常规工作，组织社区老年人加入志愿队伍，为社区工作出一份力。特别是在五水共治等工作中，通过老年团队的力量，进行河道边的垂钓、洗拖把等不文明行为的劝导，以老年人劝导老年人的形式，极大地提升了劝导率。同时，发扬老年人节约的好习惯，倡导子女参与五水共治，一同节约水资源。社区的文明劝导队伍、安全巡防队伍、食品安全检查队伍，在小区里都深受居民的尊重。这样，不仅发挥了老有所为的作用，让老年人有事情可干，更让老年人在活动中得到了尊重，得到了关注，有利于重树老年人的信心。

发挥特长，服务大众。社区老年人中有许多是有特长的能人，为了把这些能人都挖掘出来，社区开办了老年大学，并且老年大学里的老师，都由社区的居民担任，以居民教居民的形式，开展兴趣特长课。如：社区少数民族服务中心有爱好葫芦丝的居民，他们就自发成立葫芦丝老年课堂，教有兴趣的老年人吹葫芦丝，丰富他们的业余生活。该葫芦丝队伍还代表社区七彩美政民族园去吴山广场、富阳参加演出；社区护绿爱好队，由社区资深园林爱好者贺老师组织。贺老师在园林绿化上造诣颇深，特别是他做的藤艺墙，不仅美化了小区环境，还运用了黄独、何首乌等中药来驱蚊灭虫，具有一定的药用价值。每年《杭州日报》、杭州电视台等主流媒体都会对其进行采访。该墙还在小区内得到推广，一群园林爱好者们积极参与，都在自家种上了垂直绿化。

发挥作用，调解矛盾。电视上有钱塘老娘舅，美政桥社区有社区老娘舅，社区里一群热心爱管事的老年人自发组成了 3F 家事会，为居民解决矛盾，为社区出谋划策。其中的矛盾调解工作，他们做得很出色。小区里哪里有问题，哪里就有这些老娘舅的身影，因为是邻居老朋友来调解，当事人和事主都发不起火来，能够坐下来心平气和地讲道理。看到老人们爬着楼梯，一趟趟地来做工作，更是佩服得不行。老娘舅利用自己的经验，解决了小区里各种各样的矛盾，为和谐社区做出了自己的贡献。随着城市老龄化进程的不断推进，如何发挥老年人的作用，如何助老，如何提升老年人的健康生活品质至关重要。今后，社区将摸索更多的为老助老服务，为老年人搭建展示的平台，重树他们的信心，打造健康品质生活社区。

案例四：让青春健康飞扬——紫阳街道春江社区青少年健康教育活动

2016 年浙江省杭州市春江社区荣获国家级青春健康教育基地称号，春江社区临江而建，内有生态型中心花园、大型景观绿化，环境优美，辖区内有娃哈哈双语学校、杨绫子两所学校，居民 2192 户，常住人口 4882 人。在上城区区政府、紫阳街道计生协传授重视和指导下，以互联网＋为载体，以青春健康教育基地为抓手，坚持"管理三位一体、服务四方位"的工作方式，努力开拓网格＋互联网＋大服务的青春健康教育的新局面。

（1）打造服务环境，健康教育全覆盖

紫阳街道、春江社区投资 70 余万元，率先在全区建成 300m² 的幸福·家健康生活体验馆，着力打造青春健康教育基地，基地设置接待导览、心理咨询——花语工作室、团体培训（配有可容纳 200 人的生命影院）、幸福书屋、亲子吧、阅览室、心灵密室（有倾诉秘密释放压力）、成长测评和沙盘治疗、人口文化中外青年陶艺创作坊等 9 大功能区的青少年健康教育中心。基地集青少年生殖健康、生活技能、性教育、心理咨询、文化交流、法律援助、情绪调试等青春期服务功能为一体的教育示范基地。 构筑了以青春健康教育中心为龙头,以学校教育为重点,以社会教育为辅助,以家庭教育为基础的无缝隙健康教育服务平台网。

(2)多方参与,探索青春健康教育新模式

青春健康教育不仅仅是针对正常的青少年需求,春江社区结合辖区单位特点,与杨绫子学校、社会组织等联手为特殊的青少年提供青春健康教育服务,探索一条青春健康教育新模式。

一是联手社会组织,搭建沟通桥梁。 社区引入社会组织"无障碍艺途WABC"(无障碍艺途是一个针对脑部残疾人群绘画潜能开发课程和艺术展览项目的民非组织),对智障孩子进行艺术潜能开发培训课程,给喜爱绘画的青少年一个展示自己、培养兴趣的机会;成立"俞林亚能人工作室",开展"点亮星光 与爱童行""传递蓝丝带能量 关爱自闭症儿童"等系列活动,用真挚的爱与无私的关怀来帮助这些自闭症学生走出阴影,从而让他们告别自卑,树立自信,同时也为孩子们搭建一个与社会和外界沟通的桥梁,让残障孩子在阳光下健康成长。

二是注重服务实效,培育师资队伍。 社区组建 3 支队伍,构筑服务网络。 首先,组建青春健康讲师团。 聘请省级青春健康教育师资 1 名,市级青春健康师资 2 名,医学、教育、心理等相关专家 5 名组成"青春健康讲师团",开展具体的专业指导和现场授课。 其次,成立青春健康专业团。 以社区便民服务中心为依托,配备持有社会工作师证的社区工作人员组成管理服务队伍,为青少年健康成长提供科学专业心理辅导、成长测评、健康咨询、宣传入户等日常业务指导。 再次,构筑青春健康智囊团。 发挥邻里互助和志愿服务力量,由热心青春健康教育工作的退休教师、医生、律师等 30 余名富有专长的居民组成志愿者队伍,为青少年健康成长助力。 另外,在春江社区专门开通 86583004 热线咨询电话和亲青吧 QQ 群、微信群,由社区计划生育和妇女文教工作人员负责日常管理和联络,开展一对一指导和面对面服务。

三是找准服务定位,打造"立体空间"。 社区把服务对象定位于"青少年、家庭和社会"三个维度,实现点线面相结合的三维服务空间。 在推进青春健康项目活动中,注重将青春健康教育延伸到智障学生、流动人员、社会闲散青年等特殊群体，实现青春健康教育全员化、特色化、个性化。

实施"启智计划"，青春健康教育向特殊人群延伸。以学生为"点"，注重特殊群体的青春健康教育。智障青少年与正常的青少年一样会经历青春萌动的时期，由于身心发展的特殊性，智障青少年的生理、心理健康更应该受到关注。社区结合辖区实际，在杨绫子学校开展"启智计划"，一是在校内专门开辟健康服务功能区，开设青春健康教育课程，将性健康教育纳入特殊教育体系。二是针对智障孩子的年龄特点和认知水平，开展自我保护，人际交往和理性决策3大课程，用通俗生动的表述和浅显易懂的语言教会孩子们如何应对青春期，如何与异性交往，帮助他们更好地融入社会。以杨绫子学校智障学生为"点"，以家庭成员为"线"，以社会青年及流动人员为"面"的"点线面"相结合的三维服务空间。根据青少年的特点和需求出发，以解决青少年青春期生理心理、性知识和生殖健康为核心内容的全员化、特色化、个性化教育和培训。如学校开辟"沙盘治疗和健康书吧"。邀请相关心理专家进行个别咨询和团体辅导，帮助他们更好地融入社会。通过宣传、培训、交流、座谈等形式，家长更能了解青少年身心发展特点，树立正确的教育理念和沟通技巧。

（3）未来畅想，青春飞扬

一是注重阵地建设，强化活动体验。注重教育阵地建设，充分利用春江社区青春健康教育基地花语工作室、生命影院等设施设备，在全街道范围内开展青少年活动体验。青少年有组织地轮流到青春健康教育基地参加活动，接受专业的青春健康教育。二是推进网格＋互联网＋大服务的青春健康教育的新格局。社区通过网格化的划分、专业服务队伍的建立等方式，形成大事不出社区、小事不出网格的自治局面。利用新媒体、微信咨询通等互联网＋的方式，开设面向学生和家长的青春健康心理辅导专栏，推进青春健康教育的新格局。三是引进更多社会组织，深化青春健康品质。青春健康教育基地目前已经引进了"无障碍艺途WABC""俞林亚能人工作室"，社区希望在今后引进更多的专业社会组织，开展更为丰富、更受青少年欢迎的活动，形成青春健康教育全覆盖，深化社区青春健康品质，为全辖区的青少年健康成长保驾护航。

案例五：生命色彩——小营街道茅廊巷社区癌症病友互助小组

癌症已经成为威胁人们健康的第一杀手，在茅廊巷社区当中登记在册的癌症病人有 60 余人，他们涵盖了癌症的初发病者和接受治疗后的各个阶段的病友。癌症初发患者面对突然病情，心里承受能力弱，对自己的现状与未来感到迷茫，对治疗也无法积极配合；处于治疗和康复期患者在接受治疗的漫长过程中，承受了巨大压力，常常因无法排解而出现心理应激反应或者心理障碍，同时对癌症的康复患者也需要进行不断巩固。小营街道茅廊巷社区癌症病友互助小组的服务对象，都是身患癌症的患者，普遍年龄较大，大部分都在50 岁以上，他们有的身患一种癌症，有的是多种癌症叠加。由于患病和长期接受治疗，他们承受着巨大的生理痛苦，在忍受病痛折磨的同时因为对自己的现状与未来感到迷茫，出现了不同程度的心理应激反应或者心理障碍，但是当前社会对于癌症病友的关注程度，尤其是对他们的心理状况关注较少。这是一个灰色地带，存在癌症病患的需求不断上升和社会关注度低下之间的矛盾。另外，由于此项目的服务对象是特殊群体，身患各类癌症的病友，他们的各类问题很多情况下往往被忽视。由于得不到关注和重视，癌症病人在病情被确诊后，往往无法正确面对自己的病情，而是通过消极、不作为等方式来处理。怎样让这部分病友能够用正确的、积极的态度面对病情，是本案例中所要面临的问题。而怎样合理利用社区资源，增加病友积极生活和实现其人生最后阶段的价值，通过自身的调整而获得健康愉快的生活也是本案例想要解决的问题。

在这个健康小组工作实施之初，社区工作者曾经与服务对象进行过详细的交谈，建立了服务对象的档案。在建立档案的过程中，工作人员详细又全面地了解了病友的具体信息，还了解到他们以前的生活环境和经历，同时还包括病友的亲属以及朋友的一些信息。工作人员试图找出服务对象能够拥有的全部的社会支持网络，为今后的工作打好基础。本案例服务对象共癌症病友13 名，其中患单一癌症 11 人，两种或以上癌症叠加的 2 人。社工试图通过小组工作的形式，调适服务对象的心理状态，帮助服务对象减轻心理负担，了解癌症相关知识，增强抗癌自信，让他们摆脱情绪困扰，延长其生存时间，提高生活质量。

健康互助模式就是通过个人、小组和社会系统之间开放和互助影响，以达到增强个人和社会的功能。 案例中的病友处在小组和社会系统中，他们心理环境的失衡和不适造成他们消极生活，因此就需要在互助模式下的小组环境中，解决心理上的不适应，增强个人功能。 互动中的人群才是最优秀的人群，人在互动中积极塑造着自己的行为，充分发挥其社会性和创造性。 一个孤独的癌症患者在只有个体的环境中，必然走向更深的阴霾，所以互惠模式下的小组工作正是癌症患者走向光明，实现自我认知的最佳方式。 本案例通过支持型小组开展对癌症病人及家庭的支持，具体设计如下。

小组性质：开放式互助小组

小组成员：招募癌症病友 13 人

活动日期：2018 年 4 月 12 日—5 月 31 日

每周五下午 2：30—3：20

活动地点：社区活动室

活动内容如表 3-3 所示：

表 3-3　小组活动安排

第一次　活动内容

个别活动 时间	目　标	内　容	备　注
15 分钟	深化组员及社工之间的互相了解	社工和组员进行自我介绍	
15 分钟	深化组员间的认识，了解和掌握此小组活动的目的和意义	1. 游戏："名字串烧"——将组员的名字一个叠加一个，依次排开。一方面锻炼病友的记忆力，另一方面增强病友互相之间的了解。 2. 社工介绍小组的目的	

续　表

个别活动时间	目　标	内　容	备　注
15 分钟	使病友对小组活动产生兴趣	游戏:"趣味表演"——每位病友抽取一张小卡片,然后将卡片上的词语运用肢体语言表演出来,由其他病友来猜出表演的事物	卡片 13 张
5 分钟	强调小组内部秩序和规则	组员一起讨论并订立小组规范,同时制定小组应有的秩序	白板 1 块油性笔 1 支

第二次　活动内容

个别活动时间	目　标	内　容	备　注
10 分钟	让病友明白小组目的,重温小组内容	由社工指出上次活动中出现的优点和不足	
30 分钟	使病友相互合作,增强默契	游戏:"心声话你来说"——每人获得心声卡一张,填上愿望后交给社工,社工记下号码后将心声卡分派给其他组员,由他们朗诵出来,最后将卡还给原主,并分享感受	心声卡 13 份笔 13 支
10 分钟	表演节目,活跃气氛	社工和病友联合表演节目,活跃小组气氛	

第三次　活动内容

个别活动时间	目　标	内　容	备　注
10 分钟	通过社工介绍各类癌症康复的成功事例,让病友了解到癌症并不是不治之症	由社工寻找各大媒体、网络及身边发生的各类癌症康复事件及案例,告诉病友,让病友讨论,引起共鸣	案例若干
15 分钟	锻炼病友的身体活动能力,提高身体素质	由社工引导并教给病友简单的五行健康操,加强锻炼,提高身体素质	
10 分钟	传授科学抗癌小知识	请肿瘤方面的专家为病友传授抗癌小知识	肿瘤医院专家
15 分钟	总结小组活动内容	社工总结小组活动内容,强调小组活动理念以及注意事项,推出癌症可康复理论	

第四次 活动内容

个别活动时间	目 标	内 容	备 注
15 分钟	由社工带领病友复习上次活动的内容	复习五行健康操,巩固癌症可康复理论	
20 分钟	让病友学会情绪分享	游戏:"有口难言"——社工先准备 10 张情绪卡,然后将病友分成两组,每组每次派一位病友抽一张卡,然后扮演该情绪让邻组的组员猜,猜错的需要表演小节目	情绪卡 10 张
15 分钟	病友表达对这次活动的感受,通过奖励,鼓励组员遵守组内秩序	评选出此次游戏中表现最好的病友,颁发小礼品 1 份	礼品 1 份

第五次 活动内容

个别活动时间	目 标	内 容	备 注
15 分钟	锻炼身体,提高身体素质	复习五行健康操	
25 分钟	抗癌明星分享抗癌心得	请抗癌明星袁敏老人与大家分享其 20 年的抗癌历程和心得	抗癌明星
10 分钟	分享健康小常识	由社工分享健康小常识,注意日常生活中的养生细节,丰富健康知识	

第六次 活动内容

个别活动时间	目 标	内 容	备 注
5 分钟	通过社工介绍各类癌症康复的成功事例,让病友了解到癌症并不是不治之症	由社工寻找各大媒体、网络及身边发生的各类癌症康复事件及案例,告诉病友,让病友讨论,引起共鸣	案例若干
15 分钟	丰富病友的文化娱乐生活,提高他们的生活积极性	游戏:"谜语大比拼"——搜集病友感兴趣的谜语,所有组员积极参与抢答,形成良好的竞争环境。答对的人获得小礼品 1 份	谜语 100 条 小礼品 10 份
10 分钟	调整心态,积极面对病情和治疗	由抗癌人士带领病友,分享如何面对病情,如何积极接受治疗	抗癌人士
20 分钟	让病友尝试通过合作,能够自我调整心态	情景模拟——社工通过抽签的方式,将病友配对,然后让他们抽取一张情景卡,要求他们表演出来。(限时 5 分钟)	情景卡 4 张

第七次　活动内容

个别活动 时间	目　标	内　容	备　注
5分钟	通知病友小组活动即 将结束	社工疏导病友离别情绪	
10分钟	让病友重温小组内容	社工引导病友总结分享历次小组 活动的内容	卡纸13张 颜色笔13支
10分钟	让社工了解病友对小 组的感受	请组员分享参与小组的感受	
10分钟	评估小组成效	做组后问卷	问卷13份 笔13支
15分钟	社工与病友告别联欢	社工与病友一起搞一个小型联欢 会,并向病友分发纪念品	水果若干 纪念品13份

小组活动实施过程

（1）前期准备

在小组筹建之初,社工就敏锐地抓住了小组发展的一个先天优势,充分利用社区原有的社会组织即科学抗癌协会已经存在的、与服务对象建立有长期的工作关系,有利于社工进行两个方面的前期准备工作:一是了解服务对象,招募小组成员,对服务对象进行需求评估;二是制定符合小组成员实际情况的小组计划书。这些有利因素大大缩短前期准备的时间和招募人员的难度,决定了本次小组是一个具有较强针对性和组织性的小组,可以预见小组活动的开展将会较为顺利。

（2）小组初期活动

小组初期主要目标是要建立社工与服务对象、服务对象之间的良好印象和积极互动,并共同探寻小组的目标和意义。在组员相互熟悉方面,因为组员同属一个社会组织（科学抗癌协会）,因此相互之间能够基于共同的病痛和经历自发的形成同感,但也加重了整个小组较为低落的情绪氛围,导致小组目标和意义很难突破情感上的阻碍获得较为明晰的确认。

社工在处理这一问题时,充分利用了社区工作者的特殊身份,用之前在工作中积累起来的熟悉感建立组员对社工及小组的信任,推进小组的前进,努力消除小组成员之间情绪上的负面连锁影响,通过组员的重新介绍和认识,逐渐减少组员的情绪起伏,消除在探寻小组目标和意义过程中出现的焦虑、恐惧、封闭甚至不友好的态度。

最终，小组在社工和组员的共同努力下，较快打开了局面，顺利过渡到成熟阶段，组员顺利在小组中找到了自己的位置，社工也注重发现和培养小组长，但是小组长的地位尚未巩固。

（3）小组中期活动

小组发展到中期，部分组员的自我意识不断表露出来，他们一方面更加积极地表达自己，希望获得他人的关注与接纳，从而确立自己在小组中的地位；另一方面，组员的"本我"暴露与对权利的热衷，一定程度上导致小组的意见出现分歧、团结出现分裂，各种不利于小组前进的负面情绪随之而来，小组面临停滞不前甚至倒退的困境。社工针对这种困境，不断重申小组的目标与意义，正面回应小组面临的问题，平衡小组组员之间的关系。经过社工在旁边的提醒，组员选择再度投入小组，承诺回到小组的目标上来，出现短暂分化的小组重新整合出发现象，拥有更加坚固的内在动力。在不断加强的小组动力的作用下，组员在小组中后期表现出足够的相互信任和强烈的归属感，他们能够坦诚交谈自己的病痛，互相分享对抗癌症的经验，提供精神上的相互支持，感情上的互相依靠。此阶段，小组内小组长的地位得到确定，小组规范被大家接受并遵守，小组成员已经能够通过有效的沟通和互动来处理各种突发事件，解决矛盾和冲突，小组进入凝聚与和谐阶段。

（4）小组后期活动

在小组后期，社工工作的重点放在怎样更好地处理组员的离别情绪以及巩固小组的成效。在最后的几次活动中，社工逐渐带领组员回顾小组历程，引导组员反思自己的收获和变化。大部分组员表达了自己参与小组活动之后的收获，彼此交流心得和感受，还互相提出了许多建议和今后的打算，对社工给予他们的帮助表示了由衷的感谢。与此相应，个别组员表示不希望离开，他们表现出对小组的过度依赖，一旦环境改变，在小组中获得的自我认同不足以支持他们回归到日常的生活环境。这部分组员需要进行适当的后续跟踪，帮助他们将在小组中习得的经验运用到日常生活中，强化他们对生活的自信与乐观。总的来说，小组最后的气氛是融洽向上的，大部分组员达到了小组初期确定的目标，通过分享和成长，他们变得更加自信和乐观，积极面对自己的病情、面对自己的生活，开始规划自己的癌症康复之路。 组员之间的联系不因小组结束而结束，他们自发地组成相互间的支持网络，通过定期聚会、彼此保持联系等方式，共同开始全新的多彩生活。

评估过程中，通过小组开始前的需求评估以及小组结束时，安排完成同一份问卷，以比较病友在参加小组前后对身患疾病的心理状态和生活态度是否有改变。 还进行了小组活动开展中的出席率、参与投入程度的评估。 根据社工的调查和统计，癌症病友经过小组活动，面对病情时的心理状态和抗癌理念有了很大的改善。 小组活动之前与小组活动之后，服务对象的健康行为活动能力有了明显提升。

由于癌症病友生理、心理状态明显不同于其他人群，癌症病友互助小组活动的设计及技巧运用必须注意：①小组活动正式开始之前，社工应该充分了解参加小组的癌症病友的需要、期望，在充分沟通的前提下事先与组员建立初步的良好关系；②每次小组活动前，社工都要预先准备好活动内容和所需物品，并用示范的方式具体、简单地教组员如何参与；③社工对癌症病友要多用称赞的技巧，以鼓励他们的自信心和参与小组的积极性。 社工要妥善处理好小组结束时组员的离别情绪，否则病友们会产生一种被遗弃的感觉。

4 普及健康生活方式

4.1 健康教育的源起与发展

　　浙江的健康教育源于 1934 年陈志潜起草的"定县乡村教育实验",文章中提及社区服务。 1936 年,由胡安定、邵象伊成立的中国卫生教育社,以及中华健康教育研究会,为当时国内的健康教育事业带来了极大的推动和促进作用,可以说健康教育的思想开始逐步成型。 随后,在 20 世纪 50 年代晚期,国家开展了家庭病床类型的社区健康教育活动;20 世纪 90 年代初期,大多数城市的社区健康教育工作逐渐起步和成型;20 世纪 90 年代末,国家农村三级预防保健网络的成型将社区健康教育的方向逐步发展成为保健、预防、计划生育、健康教育、医疗以及康复等六位一体的社区健康教育服务体系,其社区健康教育的构建在很大程度上提高了全国范围内社区健康教育服务的发展和前进的水平。 根据不完全数据统计,国内 31 个省区市均开展了社区健康教育服务的试点工作,大概有 178 个试点城市,占全国总面积的 75％以上,并在北京、上海等一线城市成立了重点社区健康教育服务中心等。 21 世纪初期,国家卫生部根据社区健康教育的现状,又颁布了《城市社区健康教育基本工作内容》,其要求地区社区健康教育中心的重要任务是保证社区群众的健康教育和疾病预防工作。 同年,魏荃教授根据自己的实践和工作经验,分析了国内的社区健康教育试点城市，提出健康教育初步进入社区卫生的六位一体服务体系，但是地域不同导致社区教育服务的难易程度比较大；章莉莎教授等也认为，社区教育服务虽然形成了，但是国内各省市社区服务的规模、形式还存在很大差异，政府投入的力度不同，导致其产生的效果也是截然不同的。北京、上海这种大城市因为政府部门的大幅度支持和投入，起步比较早，较快地形成了社区护理站，初步形成了以社区人群为中心，以家庭为单位的社区健康教育服务模式，但是对于国内比较偏远的山区和郊区而言，社区健康教育的认可程度和思想理念的转换就极度受到质疑，国内各地的社区健康教育工作良莠不齐。

目前，城镇社区开展健康教育的形式和内容比较多样，涉及的生活范围较广，比如人们的饮食、生活习惯及活动方式等。社区的卫生服务教育工作主要包括以下几个方面：日常生活中容易发生的意外事故健康教育；保证社区群众的营养卫生，自我保健，以及孕妇的生殖卫生保健等；环境与健康，职业病及慢性病的防治等；对于年老体弱人群而言，提高健康教育工作的重点就是让其保护好自我的健康检查和体检工作，根据社区卫生服务人员提供的方法进行合理的调节等。现代城市中的社区健康教育方式比较多样化，从传统的在社区服务中心张贴教育橱窗展板，进行社区民众科普宣传，普及基本卫生常识，到通过社会组织，利用社会工作方法在社区中组织群众进行社区卫生健康教育活动，还有利用信息化手段、多媒体技术，通过网络媒体、微信平台等方式开展健康教育。总体上就我国健康教育发展水平来看，根据当地具体的社区健康教育条件和生活质量，将社区的教育工作分成群体教育，小组教育，根据社区教育发展水平开展主题化、常态化的教育日益受到社区居民欢迎。也有将健康教育与社会化的健康用品、健康服务产品进行整合，通过电话随访、家庭拜访等方式展开健康咨询，组织病人进行健康教育技术交流推进健康研究，逐渐形成了市场化的健康产业。同时，非营利社会组织通过专业社会工作者和社区工作人员，在社区范围内进行以社区群众健康教育普查、健康宣传为主的个案服务、团体服务、社区服务，为居民的普惠化、多样化、个性化、便利化的健康服务提供支持。

我国的健康教育开始于 2005 年卫生部印发的《全国健康教育与健康促进

工作规划纲要（2005—2010 年）》，纲要中指出"健康教育是公民素质教育的重要内容"。 为了适应全面建设小康社会，促进经济社会的全面进步和人的全面发展，提高人口健康素质的客观要求，应大力推进我国健康教育与健康促进工作科学和规范地开展。 当前，我国居民亚健康状态还有待改正，其保健意识和保健行为有待加强。 这是我国政府立足于我国国情，积极促进全民健康的重大决策。 2017 年 10 月 18 日，党的"十九大"报告中，习近平总书记指出，人民健康是民族昌盛和国家富强的重要标志。 要完善国民健康政策，为人民群众提供全方位全周期健康服务。 加强基层医疗卫生服务体系和全科医生队伍建设。 坚持预防为主，深入开展爱国卫生运动，倡导健康文明生活方式，预防控制重大疾病。 实施食品安全战略，让人民吃得放心。 促进生育政策和相关经济社会政策配套衔接，加强人口发展战略研究。 积极应对人口老龄化，构建养老、孝老、敬老政策体系和社会环境，推进医养结合，加快老龄事业和产业发展的战略目标。 特别是当前，各国老龄化发展迅猛。 我国老年人口数量居世界首位，约占世界老龄人口的五分之一。 由于我国的特殊国情，我国出现城乡老龄化倒置的特点，同时老龄人口抚养比例上升，空巢老人增多，老龄人口健康问题显著，这就给卫生系统带来了较大的压力，也给我国的健康服务提出了新的要求。 WHO 把健康教育定义为"一种有组织、有计划的主动学习活动，包括改善健康素养和健康知识的传播活动，以及有益于个体和社区健康的生命技能的开发"。 大量实证研究表明，健康教育在提升人们健康素养和健康技能方面，促进人们养成健康行为和生活习惯方面，以及预防疾病、促进卫生服务利用方面发挥着重要作用，对提高整个社会的生存质量，提高人民的幸福感，创建有利于人类生存发展的社会环境方面具有不可忽视的功能。 在我国健康战略的指引下，健康教育是我国公共卫生的基础和核心，是一种有计划、有组织、有系统和有评价的教育和社会活动，其目的是为人们提供改变行为所需的知识、技能和服务，使人们减轻或消除影响健康的危险因素，逐渐养成健康的生活习惯，预防疾病，提高生活质量。 其形式包含环境健康教育、社会健康教育、心理健康教育、智力健康教育和精神健康教育。 中国是发展中国家，虽然健康教育事业近几年得到了发展，但也面临着新的挑战，如何在这样一个人口众多、情况复杂的环境里，既要解决边远地区缺医少药、卫生知识缺乏和防治生物因素导致的疾病等问题，又要在城市地区防治逐渐突出的生活方式疾病，这就需要健康教育者在吸取外国先进的技术和方法的基础上，探索适合我国的健康教育模式。

浙江省卫生防疫站在 1953 年成立，1954 年开始设置卫生宣教科，主要承担全省卫生宣传教育工作的业务技术指导。20 世纪 50 年代中期深入基层创作《土埋钉螺》《粪便管理好处多》《南瓜子治疗血吸虫病》等宣传画，对指导和推动当时的卫生工作起到了积极作用。1979 年 11 月创办《卫生宣传》小报，后改为《浙江卫生报》。1988 年，组织编写小学《卫生》教材 10 册，卫生课列入中小学校课程表。1989 年浙江省健康教育所成立，积极开展诸如医院健康教育、学校健康教育、社区健康教育、企业健康教育等特定场所、重点人群的健康教育工作。1989 年实施世界银行卫生 III 项目，建立了金华、余杭农村健康教育监测试点和鄞县农民反吸烟行为干预小区，取得较好成绩。20 世纪 80 年代末至 90 年代初，引进国际健康教育与健康促进理论，并与世界卫生组织（WHO）健康促进部门合作，开展健康促进学校建设工作，之后相继编写出版《健康》系列读本（小学三册、初中与高中共 5 册），其中小学三册和初中被纳入浙江省中小学地方性教材。截至 2017 年底，全省共创建健康促进学校 1977 所。20 世纪 90 年代初，浙江省爱卫办、省卫生厅下发了《浙江省医院健康教育规范》，推动全省医院健康教育计划、设计与评价工作的规范化实施。2013 年，省爱卫办组织下发《浙江省健康促进医院管理办法（试行）》及《浙江省健康促进医院考核标准（试行）》，规范全省的健康促进医院工作，并组织对申报的健康促进医院进行考核。截至 2017 年底，全省共创建健康促进医院 175 家。1994 年开始，浙江省根据全国爱卫会、卫生部、广电部、农业部要求开展浙江省"全国九亿农民健康教育行动"（后改称"全国亿万农民健康促进行动"）。1998 年，镇海炼化公司作为全国第一个《中国工矿企业健康促进工程》试点单位，率先实施该工程，创造了"多级纵向领导体系与多元横向管理体系"的整体运行模式。2000 年 6 月，浙江省卫生防疫体制改革后，健康教育所随浙江省疾病预防控制中心搬迁至杭州滨江区新址办公，积极开展健康素养促进行动。2008 年，卫生部（现为国家卫生和计划生育委员会）以公告形式发布了《中国公民健康素养——基本知识与技能（试行）》，从 2008 年开始，浙江省开展居民健康素养监测，2016 年在全省 30 个县（市、区）设立省级健康素养监测点，建立完善全省健康素养监测系统，开展稳定的、持续的居民健康素养监测。 2009 年 12 月，《浙江省健康教育与健康促进工作规范（试行）》出台，进一步加强全省健康教育与健康促进工作规范化建设。 2009 年 4 月，在省人民大会堂启动浙江省公民健康素养促进行动，并印发《浙江省公民健康素养促进行动实施方案（2009－2010 年）》，组建省级健康教育讲师团，当年开展了 12 次省级巡讲。 2010 年 12 月 14 日，省爱卫会下发《浙江省全民健康促进行动工作方案（2011－2015 年）》，实施以“健康传播、健康生活、健康管理、健康建设”为主要内容的全民健康促进行动。 2011 年 11 月 1 日，由省卫生厅、省爱卫办主办，省疾控中心承办的“浙江健康教育馆”网站正式开通。 2012 年，开设“浙江健康教育”“浙江控烟健康教育”“健康博览”“浙江健康传播专委会”等 4 个新浪微博。 2014 年 3 月，开通浙江健康教育微信公众号。 2017 年省公卫办出台《关于印发浙江省健康促进与教育工作“十三五”规划的通知》。 2017 年，省卫生计生委、省委宣传部等 9 部门出台了《关于加强健康促进与教育工作的实施意见》。 60 多年来，浙江省健康教育经历了从新中国成立初期的卫生宣传教育，到现在的健康教育和健康促进，从简单的标语、传单、黑板报，到广播、电视、报刊等传统媒体，到手机短信、互联网、微博和微信等新媒体传播，从除“四害”、讲卫生宣传到居民健康素养教育，卓有成效的健康教育工作，普及了健康知识、改善了健康观念、促进了良好的卫生行为与健康的生活方式的形成。

4.2　生活方式与健康教育

　　生活方式一词取自牛津 Oxford 英语词典，是 Life 和 Style 两种意思结合而成被定义的词语。 Random House 英和大辞典解释为“个人集团的生活方法、生活方式、生活样式”，1929 年 Adler 用“幼儿时期形成的个人基本习惯”对生活方式进行了陈述。 健康教育的方式由专项教育逐步聚焦于日常生活习惯行为的培养与教育。 利用健康检查显示出的异常数值，尤其是高血压、高血糖、糖尿病这几个不同的异常项目进行分类指导。 美国医生 Kaplan 把肥胖症、高血压、高血脂、糖尿病这 4 个风险叫作"死亡四重奏"，并指出心肌梗死和脑梗塞等一系列由于动脉硬化引起的疾病也会出现明显的增长趋势。 死亡四重奏的讲法虽然可怕，但是如果肥胖症和糖尿病、高血压、高血脂中的任意两个风险并存的状态下，内脏脂肪综合症朝着动脉硬化方向发展的危险性会增高，并形成心疾病和脑血管疾病的状态，这一直是关注的焦点。日本厚生劳动省从 2008 年开始，建造了以尽早发现生活习惯病和预防为目的的特别健康诊所，根据检查结果进行保健指导，医疗保险者必须遵照医嘱来履行。 日本社会公共卫生研究专家星旦二教授提出，健康治理的"零预防"概念，强调通过居住环境的综合治理，通过自助、互助、公助等方法改善居民健康状况。 随着现代社会的发展，完全解决保健医疗问题变得愈加困难，健康概念的范畴发生了变化，健康和疾病呈现出非对立的关系。 促进第一次预防的意识中，产生了没有生病但也不能说是完全健康的"亚健康状态"。Antnovsky 的"健康创造论"指出，社会中高龄者急剧增加、心理压力大、生活习惯病频发等一系列流行病成为健康过程中的主要障碍。 在健康创造的过程中，居民的健康行动随社会经济意识形态的变化是大势所趋，促进人类行动的改变，需要不断提升自我调节的能力，保持自我健康。

生活方式由于研究对象生活时代、环境、社会阶层的不同，健康的测量指标也不相同。 Breslow 在 1973 年以 7000 人左右为调查对象，对各种生活习惯和身体的健康有关方面进行了一系列调查。 Breslow 在 7 个习惯中发现了被广为人知的健康习惯，发现遵守这 7 大健康习惯的人中患病的几率很小，寿命也明显延长。 生活方式就是和人们生活息息相关，由多次元的复杂关系组合的，不能从单方面进行片面捕捉。 而且，什么样的状态属于健康，什么样的情况属于不健康，定义也非常困难。 改善生活习惯的人在逐渐增加，会带动不健康的人群。 此外，运用个人的力量消除了风险原因，发病的危险也许会随之减小，即便不能保证完全不发病。 生活习惯中的危险因素，表现为偏倚于某一方面的不均衡性，例如不规律的饮食，运动量少，不能良好地调解压力，肥胖、睡眠不足和吸烟，等等。 现在，对于健康诊断，即使没有异常和任何征兆，如果长时间继续非健康的生活行为，将来很有可能给健康带来不利的影响，这些人比没坏习惯的人发病率要高。 虽然吸烟的人不一定生病，长寿的人也很多。 反过来，特别注重健康的人，在健康方面有过多压力，导致生病的情况也时有发生。 总之，不能只针对举出的某个生活习惯的好坏，而要保持生活方式的全面平衡才是重点。 给生活习惯带来影响的要素，不是某一个方面决定的，而是这些不健康的生活方式长年重复累积的结果，这也是健康教育的重点。 对健康状况的评价，除根据客观的指标对检查结果进行评价外，还有检测健康度的"主观的健康感尺度"和"促进健康行动的尺度HPLPII"。 这些尺度虽然能够测量团体中的相对健康度，但每个人追求的健康度是不同的。 法国生物学家 Rene Dubos 讲，"人们最希望的健康不一定是身体有活力和充满健康感的状态，也不是给予很长的寿命，而是为了完成自己设定目标的最适合的状态"。 健康的人追求高质量的健康会选择提高生活质量的生活方式，而健康方面有问题的人，例如残疾者或是患有疾病的人，通过适合自己的良好生活方式，适应环境，并达到某种程度的健康水平，同样是健康的表现。

健康概念的形成与自己效能感存在一定的关联关系。 在社会的学习论中，对决定人类行动要因的先行要因、结果要因、认知要因这 3 个方面进行了分析。 Bandura 提倡，"自己效能感"中行动的先行要因为主要因素，可作为行动变化的评价指标。 人准备做出某种行动的时候，用"自己能顺利进行到什么程度"来对行动进行预测，之后在这个预测中行动的发生会受到影响。"以我的力量可以完成"这个信念引起行动的发生，这就是自己效能感。 被放在某个课题的时候，自己效能感高的人会有"试着做一下"的想法，这种想法和之后的行动紧密相连，而自己效能感低的人会有"这个东西自己有可能做不到"这种犹豫的想法，不会付诸行动。 作为测定自己效能感的一般认知倾向有"一般的自己效能感尺度"（GSES）。 GSES 是针对一般个人的自己效能感的高低进行测定的工具，是丈量行动预期的一般倾向的工具。

例如，人在一生中如果不能很好地处理压力，一定会对身体造成损坏。Antnovsky 指出，人生的过程中不仅要理解压力，还要善于处理压力，为压力找到有意义的可信任的感觉，这就是 SOC（Sense of Coherences）。 拥有

SOC，可以让个人为了健康而产生改变生活方式的行动，以及进行个别差异化的支援。 在日本，"健康日本 21"计划为实现全国人民健康，减少青年的死亡，提高和延长寿命，以每个人的自我管理为基础增进健康为目的，给个人的行动和健康支援的行动建立了 9 个领域的指标：营养、生活饮食，身体活动和运动，休养和心灵的健康保障，吸烟，饮酒，牙齿健康，糖尿病，循环系统病，癌症。 从支援国民健康生活的立场来看，人的健康问题给国家政治、经济等方面都带来了很大的影响。 在美国"Healthy people 2000"和"Healthy people 2010"计划制定时，对计划实施的意图和组合的意义进行了讲解说明。生活方式阻碍了健康，而这些不健康的生活方式都是在儿童时期和青年时期养成的。 因此，提高对自身健康生活的认识，控制并减少不良的生活习惯，对于儿童和青少年尤其重要。 人在成长发育阶段，早日树立健康的意识和行为习惯，对居民拥有健康生活、健康的生活方式具有决定性作用。

4.3 浙江健康教育与健康素养

健康治理是卫生与健康事业的重要组成部分，是提高全民健康水平最根本、最经济、最有效的措施之一。 浙江省以新时代卫生与健康工作方针为指导，按照"五位一体"总体布局、"四个全面"战略布局和"八八战略"要求，提倡大健康理念、把健康融入所有政策，以健康素养提升行动为抓手，着力创造健康支持性环境，普及健康生活方式，努力实现以治病为中心向以健康为中心的转变，打造高水平的"健康浙江"的体系。 目前实施全民健康素养促进行动的具体做法有：组建各级健康教育讲师团，开展健康中国行和万场健康讲座进基层活动；充分运用新媒体手段开展健康教育，开发了浙江健康教育馆和浙江健康教育微信公众号（APP），打造线上线下互动的健康科普传播平台，形成了一批依托医院、学校、社区的健康科普场馆；加强技术指导与培训，举办全省健康素养知识大奖赛、健康教育讲师演讲比赛，提升健康教育服务能力。 开展健康单位创建，全省共创建健康促进学校 1578 所、健康促进医院 154 家，开展健康促进县区、健康促进企业、社区、健康家庭试点建设。

积极推进控烟履约，倡导无烟环境，推进无烟医疗卫生计生系统建设。积极开展应急健康教育与风险沟通，在应对自然灾害、人感染 H7N9 流感等突发公共卫生事件中发挥了显著作用。加强健康教育技术研究，建立全省健康素养监测系统和烟草使用流行监测系统，开展慢性病、重点传染病健康素养干预。监测表明，我省居民健康素养水平从 2008 年的 8.45% 提高到 2015 年的 12.25%，高于全国同期 10.25% 的平均水平。

目前，健康促进与健康教育工作仍面临诸多挑战：对健康促进与教育是一项长远策略的认识不足，工作的长效机制建立还有欠缺。居民健康素养整体上仍处于较低水平，多部门协作合力应对健康危险因素的局面尚未完全形成，动员全社会参与的深度和广度不够，全省健康促进与教育体系服务能力与群众的健康需求相比仍有差距。

例如，大关小学推行"bye-bye 眼镜！"工程，大关小学在预防近视方面，很有一些"巧思"，学校通过"bye-bye 眼镜！"工程，在每班都设立了一名防近委员负责落实防近措施。学校以"保护视力"为切入点，做了一系列防近措施，呵护孩子们心灵的窗口，并成功创建了浙江省健康促进金牌学校。学校每年安排一次体检，为学生逐人立档，对各班情况进行综合分析，约谈帮助近视率控制不力的班级，严控近视患病率。自开展"呵护心灵之窗，着眼一生幸福"活动以来，学生防近知识知晓率由 67.7% 上升到 95.4%，防近相关行为形成率由 60.4% 上升到 90.8%；家庭学习使用护眼灯的比例由 48.3% 上升到 81.8%；学生在家使用电子产品时间平均减少 60.3%；全年平均新发病率只上升了 0.2%。

2017 年 12 月，浙江公卫办发布《浙江省健康促进与教育工作"十三五"规划》，以促进居民健康素养水平的全面提升。规划的主要目标是到 2020 年，公众具备基本的健康知识，建立起健康的生活方式和行为，人民群众维护和促进自身健康的意识和能力有较大提升。"把健康融入所有政策"的理念得以落实，健康促进县（区）、乡镇、街道，健康促进学校、医院、社区、机关、企事业单位和健康家庭建设取得明显成效，健康促进与教育工作体系建设得到加强；居民健康素养水平稳步增加，健康水平与生活质量不断提高，如表 3-4 所示。

表 3-4　主要发展指标一览表

领域	主要指标	单　位	2020 年目标	2016 年水平	指标性质
健康生活	居民健康素养水平	％	24	20.69	预期性
	15 岁及以上人群烟草使用流行率	％	＜22	22.92	预期性
	中医药健康文化素养	％	提高 10％	—	预期性
健康文化	建立健康科普传播平台	—	以县为单位全覆盖	—	预期性
	微健康传播平台	—	以市为单位全覆盖	—	预期性
	100 人以上的大型宣讲活动	场	以县为单位 10 场	—	预期性
健康环境	健康促进县区比例	％	20	6	预期性
	健康促进学校比例	％	50	28.6	预期性
	每县(区)健康促进医院比例	％	60	40.57	预期性
	每县(区)健康社区比例	％	20	—	预期性
	开展健康家庭建设的县区比例	％	90	—	预期性
组织保障	区域健康教育专业机构人员配置率	人/10 万人口	1.75	0.67	预期性

我们可以看出,《浙江省"十三五"健康促进与教育工作规划》的主要任务呈现出几个特色:一是推动落实"把健康融入所有政策",开展健康影响评价评估专项行动;二是大力建设健康支持性环境,推出健康细胞建设行动;三是不断提高居民健康素养水平,推广健康素养促进行动;四是深入推进健康文化建设,做好健康科普行动;五是全面加强无烟环境建设,履行烟草流行遏制行动;六是继续加强健康促进与教育服务体系建设,推动健康促进与教育工作能力提升行动。 2017 年 12 月,浙江省卫计委、宣传部、教育厅等 9 部门联合发布了《关于加强健康促进与教育工作的实施意见》,通过动员全社会参与和多部门健康促进与教育工作者协作,实施健康影响评价制度,制定有利于健康的公共政策。 力争到 2020 年,全省健康知识和技能水平得到有效提高,维护

和促进自身健康的意识和能力有较大提升，健康的生活方式和行为基本建立，居民健康素养水平达到 24％以上，人群主要健康指标达到或接近高收入国家水平。

近年来，我国政府高度重视居民健康素养问题，将提高居民健康素养作为深化医药卫生体制改革的重要内容。当前，居民健康素养水平已经纳入《健康中国 2030 规划纲要》《健康浙江 2030 行动纲要》、"十三五"规划和本地区卫生计生工作绩效考核。浙江省从 2008 年起持续开展居民健康素养监测工作。2016 年起，在全省 30 个县（市、区）设立省级健康素养监测点，建立完善全省健康素养监测系统，开展稳定、持续的居民健康素养监测，以观察其变化趋势。2016 年，浙江省具备健康素养的居民比例为 20.69％，与 2015 年（18.25％）相比增长 2.44％；浙江省居民具备三方面健康素养的比例从高到低依次为健康生活方式与行为（27.63％）、健康基本技能（26.96％）、基本健康知识和理念素养（25.30％）；浙江省居民具备六类健康问题素养的比例由高到低依次为：安全与急救素养（62.34％）、科学健康观素养（41.45％）、传染病防治素养（34.95％）、健康信息素养（31.04％）、基本医疗素养（15.72％）、慢性病防治素养（10.53％）。

4.4 健康教育科普的地方经验

浙江各地（市）根据地方特点和实际需求，以社会健康治理为抓手，积极开展健康教育科普。浙江舟山市普陀区打造"海岛城市健康促进特色品牌"。普陀区位于浙江省东北部，因境内佛教胜地普陀山而得名。全区共有大小岛屿 455 个，总面积 6728km²，陆域面积 458.6km²。户籍总人口 321922 人，其中 60 岁以上老年人 72196 人。全区辖 4 镇 4 街道，城乡社区 71 个，总家庭户数为 111263 户。机关事业单位 166 家，大中型企业 124 家，学校 25 所。全区现有各类医疗卫生机构 245 家，其中区属医院 2 家，民营医院 5 家，社区卫生服务中心（镇卫生院）11 家，区属公共卫生单位 5 家，包括独立设置的区健康教育所 1 家。卫生技术人员 2403 人，医疗床位数 1623 张。老人养老床位 2681 张。

根据全国健康促进县（区）创建的工作要求，区委区政府结合普陀区海岛城市实际，提出了以下工作目标：（一）实施"将健康融入所有政策"策略，在创建期间相关部门梳理并制定出台有利于居民健康的公共政策；（二）普及全民健康生活方式，全区居民健康素养水平在原基础上提高 20％；经常参加体育锻炼人数比例达到 35％以上；95％以上的学生达到《国家学生体质健康标准》合格以上等级；（三）健康环境得到优化，空气质量、水源保护、生活垃圾无害化处理等指标达到或优于国家标准；（四）依托"渔、港、景"以及佛教资源优势，构建海岛特色的健康文化，与健康产业融合发展，创建一批健康促进与健康产业特色品牌、实用基地。

普陀区的健康教育特色工作模式有政府主导，在工作模式创新上求突破。一是建立公共政策健康审查制度。普陀区制订印发了《普陀区公共政策健康审查制度》，建立了由 15 名专家组成的健康专家委员会。各镇街道、政府有关部门开展了与健康相关政策的梳理、修订工作，共梳理涉及健康的相关政策 385 项。二是培育大健康服务体系。拟定普陀区健康产业发展规划，完成大健康产业园建设规划，与健康领域新兴项目签订战略意向协议。加紧建设普陀社会福利院，加快形成素斋馆、医学美容、育儿咨询、产后护养、休闲旅游、体检中心等新兴健康产业。三是推广海岛特色健康宣传。连续 10 年面向基层开展"菜单式"健康讲座，讲师团根据居民"点单"，定期开展培训讲座。同时，充分考虑海岛出行特色，在 12 条客运航线船载视频中滚动播放健康知识。针对外地游客吃海鲜易发胃肠道症状情况，制作发放科学吃海鲜海报、桌牌、卡片等系列资料。四是创新远洋渔民健康干预。率先在全省开展远洋渔民心理健康干预，每条远洋渔船配备 1－2 名人员负责心理疏导和干预，进行出海前集中心理辅导和健康教育，建立心理援助热线咨询平台，开展全天候规范服务。

社会联动，在拓展促进渠道上辟新径。一是强化健康促进场所建设。创新开展健康小岛、健康小区和健康促进幼儿园创建，引领和扩大健康家庭、健康社区、健康乡镇创建。在旅游胜地白沙岛实施"健康小岛"建设，以常住人口和游客为主体，大力推广健康生活方式，提升居民健康水平。将健康小区建设纳入物业公司与业委会工作范围,并列入爱国卫生长效管理重要组成部分。 二是鼓励非政府组织广泛参与。 鼓励非政府组织广泛参与,全力促活基层健康细胞。 建立"阳光普陀"艾滋病病友关怀组织和"南海工作站"男同同伴教育组织,充分发挥成员在性病艾滋病自助教育、同伴健康教育的作用,进一步增强干预效果。 引导社区组建广场舞、太极拳、羽毛球等各类体育健身团队 367 个,每月开展活动超 150 个。 组建一支由 47 名热心市民参与的控烟志愿者小组,开展常规控烟督查和公共场所劝阻。 三是将健康与"禅""佛"文化兼容并济。 围绕"禅""佛"理念,将禅修与心理健康相结合,如将禅修融入远洋渔民心理健康干预项目,增强渔民的心理自我调节能力。 通过举办禅修与心理健康为主题的报告会,推广素斋素食,倡导心理平衡,提升群众的心理健康水平。 根据海岛特色,在白沙岛实施"健康小岛"建设,以居民家庭和游客为主体,推广健康生活方式。 四是营造浓厚社会舆论环境。 广泛开展健康生活方式以及慢性疾病防治公众宣传,利用广播电视、网络、室外大型电子屏等媒体,以及电话短信平台向公众提供核心健康知识。 在《今日普陀》上开设"健康小筑"专栏,改造"健康普陀"健康教育公众微信平台,扩大健康知识惠众面。 积极结合高血压日、糖尿病日、无烟日等各类纪念日,举办多种形式的宣传咨询活动,营造浓厚社会氛围。

全民动员,在激发参与者热情上下功夫。 一是注重将健康文化引入社区和家庭。 充分利用"文化礼堂＋"模式,探索将健康促进和健康教育纳入文化礼堂建设和活动内容,目前已在省级健康促进示范社区南岙社区展开试点工作,建成"一个健康之家＋一条健身路径＋一台以健康为主题的文艺节目"模式,并在各个农村社区推广。 培育一批庭院环境整洁、健康意识良好、生活方式科学的示范家庭。 二是开展"三减一控"创新活动。 针对成人高血压和糖尿病发病率较高现状,在居民中广泛开展减盐、减油、减肥、控烟等"三减一控"健康干预。 通过为居民提供控油壶等适宜工具,为健康家庭示范户提供智能血压仪等设备,大力推广健康生活新方式。 开展食堂餐厅厨师健康膳食知识培训,定期邀请专家对全区广场舞骨干开展"科学运动、科学减肥"为主题的培训,积极关注大众心理健康教育,大力推行健康生活方式,有效遏制慢性病发病率上升势头。 三是完善全民健身设施。 积极建设城乡健身设施,2016 年投资 3.2 亿元的全民健身中心正式投入使用。 按照"一步一景、景景相连"设想,在城区山峦建设登山健身步道,规划里程 103.8km。 在海滨公园和东港体育健身公园实施标准化主题公园、健身步道建设,为市民提供全方位、多场景的健身休闲场所。

通过两年多的全国健康促进县(区)创建,普陀区基本建立了"健康普陀"建设的组织架构和工作机制,形成了"政府主导、部门协作、社会参与"的建设格局,进一步明确了"健康普陀"建设的目标和路径,将健康融入所有政策的执政施政理念和策略得到进一步落实和体现,建立起跨部门健康评估机制,城乡居民健康素养水平有了明显提高,健康环境得到进一步优化,形成了一批海岛健康促进、健康产业特色品牌。

义乌市依托网格化管理,防控输入性传染病,促进流动人口健康。 义乌是一座以市场为城市经济主业的国际性商贸城市,对外交流、贸易频繁,人员流动性大,截至 2016 年底,义乌总人口已突破 200 万,其中本市人口 76 万,外来人口达到 133 万,常驻外商 1.3 万人。 义乌中国小商品城(以下简称义乌市场)是全球最大的小商品批发市场,是我国最大的小商品出口基地之一,目前拥有各类专业市场 7 个,营业面积超过 5500000m²,商位 7.5 万个,经商人员 21 万,日客流量 21 万余人次,约占义乌常住人口的 17.01%,其中流动人口比例达 46.75%。 大量外来人口的涌入,给义乌公共卫生带来了新的问题与挑战;国际输入性传染病如埃博拉、中东呼吸综合症、登革热等传染病防控任务非常繁重,人员的流动加大了防控的工作难度。 开展有针对性地输入性传染病防控,是做好流动人口健康促进工作的重要内容。 根据问题分析和需求评估,确定了防控输入性传染病的健康促进目标和策略。 主要以预防输入性传染病为重点,开展重点传染病、重点人群的健康教育与健康促进,严防输入性传染病二代病例的发生。 通过多形式的健康教育,提高流动人口与经商人员的基本与重点卫生防病知识水平,知晓率达到 85% 以上。 重点提高登革热、疟疾、寨卡等蚊媒为主的输入性传染病知晓率,达到 80% 以上。

义乌健康教育的主要做法:一是将健康教育工作融入联防联控机制。 义乌市委市政府高度重视重大和输入性传染病防控工作,成立了由分管副市长担任组长、40 多个部门和镇街领导为成员的公共卫生委员会,切实加强对重大和输入性传染病防控工作的统筹和领导，并将健康促进与健康教育活动列为防控工作重点。 二是利用"网格化管理，组团式服务"落实健康教育活动。 义乌作为一个市场型城市，整个城市的发展依靠市场，同样，全市公共卫生工作也借助市场为平台开展。 义乌市商城集团作为义乌市中国小商品城的经营管理者，长期以来承担了市场经营户的健康教育和健康促进责任。 市场建有中国小商品城社会服务管理中心，将健康教育工作纳入服务管理中心日常工作内容，通过建立三级网格点健康宣传服务体系，实现了市场管理和服务的全覆盖、全方位、全过程。 三是针对不同目标人群开展输入性传染病宣传：（1）针对流动人口：每年利用春季劳务推介会，在新年上班第一月，在全市各大劳务市场开展为期1个月的健康宣传义诊咨询活动。 （2）针对穆斯林人群：利用冬春季节穆斯林礼拜活动，在义乌清真寺发放阿拉伯文、英文的中东呼吸综合症宣传单，并对"阿訇"进行相关知识培训，再由"阿訇"对穆斯林群众开展讲座培训工作。 （3）针对外籍人员：通过与公安局、出入境管理局、机场等部门合作，在涉外宾馆、外贸公司发放多语种的相关输入性传染病宣传资料。 针对出入境人员：与出入境管理局、出入境检验检疫局、旅游局等合作，组织开展出境游预防输入性传染病的防控知识培训。 （4）以市场为中心，全方位开展健康教育活动。 如利用流动人口卫生计生服务中心开展健康教育，设立中国小商品城商学院"商城健康素养课堂"，利用新媒体矩阵，建立市场健康信息平台。

通过积极的健康教育工作，居民对相关输入性传染病知识水平和流动人口健康知识的认知水平得到提升，也为流动人口提供了更加便捷的健康服务，使流动人口就诊与咨询的主动性提高。 义乌市卫生和计划生育委员会积极依托公共卫生网格化管理，开展输入性传染病防控的健康促进工作，将健康促进活动与输入性传染病防控机制相结合，开展针对不同目标人群、不同场所的健康教育活动。 活动内容针对性强，效果较好，值得外来人口较多的商贸活动开展健康教育时借鉴，特别是开展针对不同国籍、不同信仰、不同民俗风俗的外籍人员的健康教育工作活动时。

医院在健康促进工作中不仅是医疗服务的提供者，也是健康知识的宣传者、预防者。 丽水市中心医院是一所三级甲等综合性医院，在职职工3000余人，开放床位 1654 张，获得"全国五一劳动奖状""全国文明单位""全国平安医院"等荣誉。 医院高度重视健康促进医院建设，积极倡导 WHO 健康促进医院的理念，于 2011 年率先开展健康促进医院试点工作。 同时，按照浙江省爱卫办、省卫生计生委《浙江省健康促进医院考核标准》和《浙江省健康促进医院管理办法》，于 2014 年通过首批浙江省健康促进医院考核。

健康促进医院不仅要提供高质量的综合性医疗服务，更应"以人为本、以健康为中心"，不仅要做健康的维护者，更要致力于做群众健康的管理者，在健康引领中提升医院品质，树立以健康为中心的理念，改善医疗服务模式。为此，丽水市中心医院提出打造"美丽丽水，幸福医疗"的目标，积极倡导与树立健康促进医院的理念，在持续提高医疗服务质量的同时，以健康促进手段，努力传播健康理念，提升群众防病知识与技能，使广大群众在医疗服务中具有更多的体验感和获得感。 医院在健康促进医院建设中，加强健康促进的长效管理，不断完善健康促进工作制度和组织体系，采用 MDT 模式建立健康促进工作团队，设置独立的健康教育科为责任部门，下设随访中心，成立健康教育资料制作工作小组等组织，建立起医院健康教育三级网络，具体落实健康促进各项工作。 签订院科健康促进目标责任书，纳入行政职能科、医技及临床科主任、护士长年终目标责任管理体系，与年度考核、年终绩效挂钩。 积极改善患者就医环境，在医院精细化管理模式下，将无烟医院管理和无臭厕所的创建纳入 5S 管理，共同营造健康环境。 营造健康促进氛围，打造建设健康传播平台，医院建有健康教育微信和网站，整合院内广播、楼道视频、门诊大厅电子彩屏等设施开发健康教育播放系统和"317 护"宣教模式等视听平台，病区设立健康教育活动室、开设健康教育学校，通过发布健康知识、医疗信息和医疗技术新进展等信息，向群众普及医疗健康知识。

开展健康教育需求评估，纳入医院电子病历系统，门诊电子病历设有健康教育处方专栏，有利于对门诊患者开展个体化的宣教与连续性的医疗服务，在遵循健康促进基本策略的基础上，将健康教育融入医疗服务的全程。 对每位住院患者进行全程评估、教育干预、效果评价，实现动态化、个体化健康教育服务。 通过对心脑血管病患者开展减盐、控油、减重的指导方案的实施，健康教育后患者对心脑血管病相关知识内容知晓情况明显改善，冠心病知识知晓率干预后达到 69.38％，心力衰竭知识知晓率干预后达到 61.35％，脑卒中知识知晓率干预后达到 81.93％。 在门诊开设心理咨询、糖尿病、营养咨询及评估门诊，为来院就医者提供个体化的健康指导工作。 门诊电子病历设有健康教育处方专栏，有利于对门诊患者开展个体化的宣教与连续性的医疗服务。 制订健康教育处方并纳入医院的临床路径，实现全院共享，各取所需，方便了医护人员随时查询、打印，发放给患者，满足患者多样化需求；利用病区移动护理车，率先开展有声媒体视频健教，由医务人员自编自导、配音剪辑的宣教视频 181 个，在门诊、病区滚动播放。 编印专科健康教育处方 658 种以及举办各类健康专题讲座。 各专科推出科室特色的健康教育微信公众号，向百姓普及医疗知识和健康知识，提高了他们的自我保健意识。 将健康教育和健康指导纳入出院患者随访，并纳入医院 HIS 系统，确保患者基本信息资料统一、齐全，使出院患者随访流程更规范、更合理，临床医护人员操作方便可行，有效提高出院患者的随访效率。

从广泛的健康影响因素入手，多种形式、多渠道开展普及健康生活、优化健康服务，全面提高群众健康理念和基本知识知晓率、健康生活方式与行为形成率和基本技能掌握率，不断满足群众健康需求，健康促进向社区延伸。 组建一支理论水平高、经验丰富、业务技能娴熟的健康教育队伍，制订社区居民大讲堂年度工作计划，每周五上午面向全市社区居民开展健康大讲堂活动。同时，结合科研项目工作，为 3 个项目示范点开展全人群健康干预与心脑血管病高危人群的筛查与随访干预工作，投入 30 万元用于制作带健康教育知识的环保袋、盐勺、控油壶、计步器等用具，免费发放给市民。 全年深入社区、农村、学校、机关企事业单位开展健康讲座 256 场，义诊咨询活动 115 次，为 20 个社区（村）提供黑报板资料 240 期，投入印制带有健康教育知识的宣教用品 30 余万元，受益患者 8.63 万人次，参与医务人员 3287 人次。

5

优化健康服务质量

5.1 健康治理的社会需求

健康是生存的基础，是人的基本权利，是国家文明的标志，是社会和谐的象征。 近年来，居民对健康管理和健康投资的理念不断提升，拥有健康成为享受生活美好的前提，追求健康成为实现人生幸福的根本。 人们对自身健康越来越关注，由被动发现疾病、治疗疾病向主动保健、预防疾病逐渐转变，并产生对健康管理、干预生活方式的需求，由此产生了健康服务的载体，以期早日实现人民的健康需求。 文献研究表明，健康是指不仅没有身体的疾病和缺陷，还要有完整的生理、心理状态和社会适应能力。 服务是指为他人做事，并使他人从中受益的一种有偿或无偿的活动。

健康服务是以健康至上的理念为指导，以生命技术和生物技术为先导，以信息技术为支撑，涵盖健康检查、疾病预防、营养健身、康复治疗、身心与精神治疗等多个领域，围绕人的生理和心理健康提供的有偿或无偿活动的总称。健康服务与传统的医疗不同，医疗着眼于发病后的治疗，而健康服务注重疾病预防、健康管理，防患于未然，强身健体，并帮助人们达到更好的健康状态，提高生活质量。 一般居民的健康服务重点，是通过健康管理对健康风险因素的控制和干预来预防疾病的发生。

健康服务可从不同的维度进行不同的分类。 从服务性质上分，可分为：公共卫生服务，主要是指医疗卫生机构向全体居民和重点人群提供的公益性公共卫生干预措施；医疗护理服务，是指医疗卫生机构为居民看病就医提供的医疗卫生服务；健康保障服务，是为促进人的健康、化解疾病经济风险而建立的独特资金运作系统，包括社会医疗保险、商业健康保险、医疗救助等；健康教育服务，是指通过有计划、有组织、有系统的社会教育活动，使人们自觉采纳有益于健康的行为和生活方式，消除或减轻影响健康的危险因素，预防疾病，促进健康，提高生活质量，并对教育效果做出评价；优生优育服务，是指整合医疗卫生、人口计生、妇幼保健和社会早教等部门资源，向社会提供"孕、生、养、育、教"系列服务；康复训练服务，指使病、伤、残者在体格上、精神上、社会上、职业上得到康复，消除或减轻功能障碍，帮助他们发挥残留功能，恢复生活能力、工作能力，以重新回归社会的一种服务；体育健身服务，包括学校体育、大众体育、娱乐体育和医疗体育等方面；养生保健服务，包括饮食养生、运动养生、医药养生、环境养生、文化养生、美容养生、旅游养生等服务。 从服务人群上分，可以分为：健康人群的健康服务，主要体现在各种为维持健康而进行的服务上，如预防保健、体育健身、优生优育、健康教育等；亚健康人群的健康服务，是对精神活力和适应能力下降的一种纠正，主要方法有生活方式干预、健康宣教等；患者的健康服务，是躯体健康受到损害后医疗卫生服务为修复健康而进行的各种诊断、治疗、护理和康复服务；重点人群的健康服务，重点关注残疾人健康服务、老年人健康服务、妇女儿童健康服务、流动人口健康服务和贫困人群的健康服务，主要从疾病预防，医疗保健和社会保障等方面入手。

1972 年，Grossman 提出了健康需求的人力资本模型，将个人健康视为随着年龄增长而折旧的资本存量。 这种资本存量在个人生命开始时存在一个由先天与后天因素共同决定的初始存量。 最具开创性的是，Grossman 将健康当作一种既能带来效用的消费品、又能带来收入的投资品，从而合理地将其引入到效用函数当中，并通过最大化个体一生效用得到了经典的健康生产函数。该函数表明，个人生活方式、遗传、卫生保健、年龄等都是影响健康形成的重要因素。 所以健康是由众多因素共同作用的产物。 概括起来，健康需求理论主要包括以下观点：首先，消费者需要的是健康的本身，而非医疗卫生，医疗卫生只是消费者投资健康过程中的一种派生需求。其次，健康具有双重属性。一方面，健康作为消费品直接进入了个人的效用函数，良好的健康状况提高了个人的效用水平，而生病则会产生负效用；另一方面，作为投资品，对健康的投资使得个人能保持良好的状况，延缓了由于年龄等因素引起的健康折旧，在整体上增加人们的工作时间，并使其他形式的人力资本得以正常发挥作用，从而获得更多收入。再次，虽然消费者的健康资本存量受到遗传、年龄等因素的影响（如年龄与健康资本存量之间呈倒 U 型的影响关系），但消费者为了获取更多的收入，从而提高个人的总效用，会主动增加健康资本投资来生产健康，如购买医疗卫生服务或产品、进行身体锻炼或选择良好的饮食习惯等。最后，消费者的收入越高，保持健康的回报率也越高，最终的最优健康存量也将增加；受教育程度更高的消费者能够以更低的成本获得健康，相对而言，没接受过教育或受教育水平较低的消费者，不能获得更高的最优健康存量。

居民健康需求的转变随着经济发展和社会进步发生变化，促使卫生服务也发生转变。其服务重点从集中在环境条件和公共卫生设施的改善转入生物医学模式的医学时代，由于抗生素和特效药物的问世、外科手术的发展等，医学领域开始采用生物学方法控制疾病。20 世纪 70 年代后，经济发展改变了人们的生活和工作方式，进入现代化社会，单纯地扩大医疗服务（看病）难以提高人群健康的整体水平。居民对健康的需求发生了质的转变：从以疾病为主导向以健康为主导转移，从以医疗为重点向以行为干预为重点转移，从以药物、手术和治疗为重点向以健康管理和健康促进为重点转移，从以医生为主体向医患互动转移，从以 10％ 的病人为服务对象向 90％ 以上人群（包括健康人）转移，从以医院为基础向以社会、社区、家庭和个人为基础转移，从以疾病防治、身体健康为目标向以身心健康及其与环境和谐一致为目标转移，从主要依靠医学和卫生部门向依靠多学科、全社会、企业、家庭和个人参与转移，从健康消费观向健康投资观、优化健康资本转变。

居民对健康服务的需求主要表现在：

一是对优质医疗服务的需求。改善区域医疗规划，健全各类医疗保健机构，保证居民无论贫富、年龄，无论居住在城市或乡村，都能在需要时得到优质、公平、可及、成本低廉的医疗服务，并随着经济社会的发展，不断优化资源和要素配置，促进各级各类医疗机构有序竞争，拓展健康服务的内涵，满足居民不断增长的多层次健康需求。

二是对公共卫生服务的需求。 稳步提高基本公共卫生服务项目经费标准，扩大基本公共卫生服务内容和范围，推进基本公共卫生服务均等化；完善公共卫生服务网络建设，强化基本公共卫生服务绩效考核和行政问责，提高服务水平和服务绩效；建立和完善重大公共卫生服务项目调整机制，将食品安全、职业卫生、饮用水卫生和卫生应急等任务纳入重大公共卫生服务项目；加大对重点人群的健康管理和公共卫生安全保障力度，提升城乡居民公共卫生服务共享水平。

三是对健康教育服务的需求。 以社区卫生服务机构为骨干，以专业公共卫生机构和医疗机构为依托，动员社会各方面力量，建立一支专业化、社会化、社区化的健康教育队伍；推广开设健康教育广播电视频道、网站，开展健康巡讲、卫生宣传日、防病知识普及等活动；对不良健康行为进行干预，开展合理膳食、适量运动、控烟限酒、心理平衡的全民健康生活方式；做好社区健康管理、家庭健康管理和个人健康管理。

四是对体育健身服务的需求。 以政府主导、社会兴办相结合，抓住"场地、组织、活动"3 个环节，完善体育健身服务体系，健全群众体育组织网络，加快城乡健身设施建设，打造群众体育特色活动和品牌项目，积极开展群众体育活动，突出发展农村体育、职工体育和老年人体育，实现体育生活化，使群众体育普及度明显提高；切实加强学校体育工作，保证学生的活动场所、活动时间，以及活动的项目及强度，注重幼儿体育普及，丰富青少年学生的课外体育活动。

五是对康复训练服务的需求。 建立政府主导和社会参与相结合，机构、社会、家庭相协调的分层级的康复训练服务组织网络，重点建设以老年人、残疾人、孤残儿童为主要对象的老年康复治疗、肢体康复、残疾儿童康复特教等服务项目，培养一支专业化的康复训练专业人员队伍，提升康复训练服务功能和服务水平，逐步实现按需分类提供服务，有效满足城乡居民对康复训练服务的需求。

六是对养生保健服务的需求。 指导居民科学养生；加强中医药服务能力
建设，充分发挥中医药在"治未病"领域中的作用，大力发展并规范中医养生
保健产业；建立健全保健品、营养品、保健器械等生产、销售行为和养生保健
场所服务行为的行业标准和执业规范，规范市场行为。

七是对健康保障服务的需求。 缩小现有城镇职工基本医疗保险和城乡居
民基本医疗保险的医疗保险制度差别，扩大它们的覆盖面，逐步实现两项医疗
保险制度融合，实现统一医疗保险制度下的不同保险形式，以菜单式供全体公
民选择。 合理界定商业医疗保险和社会医疗保险功能边界，完善商业医疗保
险产业政策，大力发展商业医疗保险事业，鼓励商业保险机构开发长期护理、
特殊大病医疗保险等健康保险产品，丰富可选择的健康保险产品种类，发挥商
业医疗保险的补充作用。 鼓励工会等社会团体开展多种形式的医疗互助活
动，实现多层次保障。

5.2 健康服务的体系构建

社会的健康治理，实际上是一种公共事务。 公共事务的管理需要公共伦
理精神的支撑。 居民面对疾病的威胁，对于疾病本身的研究是预防疾病的主
要途径，而对于疾病的伦理文化研究也是预防疾病不可或缺的重要维度。 无
论是在国外还是在国内，公共健康伦理都是社会健康治理的核心理论。 公共
健康伦理的研究范围包括健康促进与疾病预防、减少风险、流行病、社会经济
的不平等等问题，其功能在于为公共健康研究和实践提供价值规范和伦理辩
护。 权利与责任是研究公共健康伦理的两个不同视角。 从国内外学者对公共
健康伦理的研究现状来看，大多数研究者依然运用生命伦理学的权利话语来
分析公共健康伦理问题，而责任原则很大程度上被许多研究者忽略了。 如
今，我们国家经济发展迅速，文明程度提高，居民对于有质量的健康生活提出
了更高要求，健康治理的范畴也从原先单一的传染病控制、疾病预防、环境清
洁治理等方面不断延伸拓展，健康治理贯穿居民成长周期和各个生活领域。

在此背景下，健康治理的职能部门从原先卫生管理部门、医院，也逐渐延伸到乡镇的行政相关部门，后发展到中小学、高中和大学等教育机关以及企业、医疗机关、市民活动中心等多种场所，成为在健康教育负责人和教育对象对活动的效果、预算、人力资源、季节、交通手段等各方面的综合考虑下决定的一系列健康干预过程。

健康治理离不开健康环境的营造，"区域活力"是健康治理中非常重要的指标。"区域活力"是指在有活力、健康的、有共同想法的基础上合作关系网络，是集个人、组织、地域等团队共同的能力与优势一起运作，以健康教育参与者自身为主体，收集知识，实现态度和行动为目的的活动。健康教育不仅仅是知识的传授，还强调发挥、挖掘潜力并付诸行动，用自己的力量支援他人的角色，对个人和家庭、个人和团体实施地区福祉政策有重要意义。保健计划的健康教育支援开展各种活动，推动福祉政策的研究。

地方团体的健康教育活动大致从如下3点开展。首先，把握成员必要的活动信息。成员之间相互尊重，主动积极参加活动，放心地"自我反省回顾，提高知识和意识"，相互之间拥有包容、理解提高的意识。其次，通过成员之间的民主协商，谋求"协调商讨"，激发成功的期待感和达成感的真实体验，提高福祉意识。再次，与健康教育有关的专业社会工作人员，和居民一起讨论，联动、持续地推进教育活动。总体来看，营造区域的健康教育环境就是激发、调动、构建全体居民积极参与健康学习，促进健康行为的过程。

在地区保健和健康教育方面，居民的参加形式可以是参与地区（社区）组织活动的形式，也可以是参与保健计划项目和健康教育课堂的形式。根据公开招募和个别推荐，从居民群体中招募居民参与组织，或推选居民代表形成"改善健康水平"居民自治组织，从地域保健机构中选出团体的代表来推荐居民参加。从地区组织活动和健康教育的关系来看有两种情况：其一，以培育地区组织活动为目的的健康教育；其二，为了更加有效地开展健康教育，灵活运用地区组织活动的成员的健康教育。健康教育工作者有如下几种角色。

（1）健康教育的主导者

基层区域健康教育支援人员有街道卫生服务中心、社区卫生站、卫生保健所、市乡镇的医生、营养师、护士、齿科医护人员、药剂师、物理治疗师、兽医和办公室职员等等。 机关部门的专门人员、相关教育机关的医务人员、企业的医务人员等看护行业的医疗机关职员，担当入宅看护和福祉工作的专业职位。 志愿者活动和地区组织活动是覆盖多个行业的，由各类团体的成员和一般居民等多数人一起合作互助进行的一项活动。

（2）志愿者的协调者

根据健康教育的目的和对象，虽然合作互助的范围有点不同，但是为了让健康教育内容更加充实，自从健康教育工作开始发展，结合自治团体和地区的社会组织活动，教育工作者存在多种角色，他们既是活动的倡导者，也是资源的整合者，按照共同的理念和形成的契约共同开展健康教育项目。 街道社区的健康项目负责人带动居民参与活动，同时培育健康教育的居民领袖和志愿者。 另外，工作人员和与活动相关的工作人员进行协调，力争把所属地区的居民都拉入活动范围，这也是地域健康教育的一个特点。

（3）健康教育的系统网络构建者

在区域的保健计划中，街道保健负责人由持证的保健师为主导，各专业人员分别担当调整居民健康活动中不同的角色。 个人、家庭成员、协助健康工作人员以及政府机关的工作者，共同制定课题的解决方案。 解决难题的过程中，又加入社会化的商业（企业）和个别民间团体，强化并扩大合作的团队，构建支援工作小组。 主要功能在于：①在对个人和家族的健康教育支援活动方面，制定出地区健康的水准框架和体制（开发资源）；②落实支援系统和灵活运用网络媒介（资源活用），在出现新的复杂的健康问题的时候，对个人和家庭进行支持，配合这些手段积极开展活动是地区健康教育活动的一个典型特点。

在某个区域开展"对健康问题的解决"或者"更加积极的健康支持"等主题性的健康教育活动是有效的教育实践，需要在现有的社会体系网络中寻找到可支持的方法，以及有网络化的网状机构予以支撑。 健康教育支持体系的构造是在根据健康问题对策等进行有组织关系的基础上，培育地区保健计划和健康教育的其他成分，并根据当地特征与资源，自下而上地开展健康教育。以地区为对象的健康教育就是把握个人、家庭、团体、社区、地区的健康需求，从对象的健康状态、家庭背景、生活、经济状况、居住环境、职场环境、地域特点等多方面进行整理和评估。 这些信息可以从每个人、团体的日常健康教育活动中获得，有时需要为获得新信息实施社会调查，为了把握某条街居民的健康教育需求，利用调查活动和学习会把握最新情况。 信息首先是个人、家族、集团、地区和地域等各方面关注的问题。 其次，从健康、疾病的预防、疾病的及时发现、及时治疗、预防病情恶化和康复等各方面对正负影响进行探讨。 对信息进行综合评估后，提出健康教育的课题，再对课题的先后顺序和重要性进行探讨，进而实施行动计划，这是健康教育的具体战略，其中包括健康教育的目的、目标、探讨内容和实施方法。 选定健康教育的目的和目标，一般是由多个机关部门的专门职业人员一起根据优先原则讨论决定的。根据标题和目的，居民也会参与到保健教育的过程之中。 取得健康教育的对象对于计划的协助参与，是更好地制定符合对象需求的活动必不可少的。 和地区健康有关的人是多种多样的，尽可能地让目的、目标、内容和方法的具体化、语言化成为相关人员之间的共识，是健康教育重要的环节。 对是否达成目的可以进行探讨，一般从 6 个方面进行评估：①给对象提供什么样的知识和信息；②用什么方法提供信息；③期待出现什么样的意识和态度，以及行动的改变；④为达成目的设定什么样的团队工作和全体讨论的场景；⑤设想得到当地居民和当事者什么程度的参与度才能达到预期想要的结果；⑥怎么样促使大部分人坚持参加这个计划，跟随项目负责人把一系列的问题具体化。

相对健康计划的目的和目标而言，健康治理的评估过程更具价值。 一方面，对于现场的参与者和研究者来说，由于第三方研究机构具有健康教育学、预防医学、数量统计等客观的科学评估方法，因此大多数健康治理评价都选用第三方机构进行。 另一方面，活动主体的自我评估过程本身具有积极的作用，具体表现在：①确认评价的目的和目标；②确认对象（参加者和支援者两个）；③确认内容和方法；④明确评价者；⑤明确可以实施的方法；⑥对得到的评价结果怎样进行利用。 健康评价的过程包括团队的相关人员相互合作制订评价计划，对其内容进行商讨，从而反映出这个计划是否会有利于提高实践的质量，以及影响的结果，参与的居民是否可以用自己的方式理解健康教育的目的和意义，这也是评估的一部分。 健康教育活动的评价可以与现场评价相结合，可以发现活动的偏差。 对支援者和研究人员来说，评价是希望第三方的研究人员能用客观的、科学的方法进行评价。 但这些专业评价遇到劳动力、费用、时间、实际的突发情况等问题时往往还是不够的。 关于评价，如果从改善计划和活动的性质或者解决课题对象等方面入手，从积极的方面体会活动的效果，那么没有经验的支援者和当事人在评价方面容易出现消极表现。 健康教育评价是健康治理过程的关键部分，评价证实健康教育的成效关系到下一个健康活动的有效开展，在所有的评价方面，支持者和当事人的参与非常重要。 所以，健康教育的评价并不必须要托付给外部研究人员，研究者和居民以及相关人员一起做出的评价最为便捷有效。 居民和健康专业工作人员等支援者和研究者们一起策划健康教育的评价计划，在评价活动方面介绍保健计划和健康教育的评价模型。 因此，居民和支援者等相关人员以"健康教育的评价活动"为出发点，多元主体的共同努力也是重要的评价方法之一。根据第三者的想法，从评价方式和居民参加这两个观点上入手完成评价实践。把"评价活动"放在身体保健宣传的过程中，把健康教育活动的位置贯彻到底，同心协力进行实践。 如下面的评价活动"直接效果"和"间接效果"。

【直接效果】

①介入效果的确认，感受。

②在明确了根据的基础上，明白解决课题的意义和重要性。

③促进活动的协议商讨化形成。 （确认评价信息，谋求公有化，相关人员之间相互商讨形成，更好地促进活动的开展。）

【间接效果】

①让策划在精益求精中反复实施。 （对评价目的和评价指标进行多次探讨，使计划过程与目标更加接近。）

②提高评价的技巧。 （探讨选定的评价指标是否妥当，选出适当的评价指标和提高方法的措施。）

③自己回顾历程。 （利用和评价过程相关联的"回首""确认自己的想法""倾听他人的意见""确认把握结果和自身的想法，认识意义和重要性"。）

④结合相关人员的意识变化和强化。 （活动的达成感、价值感、满足感）

⑤有效地筹备活动的基础。（强化共同评价，顺利地推动自己的活动。）

⑥能够评价活动的持续化。（累积的评价信息对职员在调动过程中成员的更新、传达交接工作，对和新队员一起合作的团队结构有很大帮助。）

Donabedian A. 参考了医疗服务质量的评价，为地区的保健计划、健康教育的评价介绍了试行方案的观点。 在"构造、过程、结果"3个框架上增添了"支援者方"和"当事者方"两个观点，形成了区域保健计划和健康教育评价的视点框架。 这个框架被灵活用于城市的保健计划和健康教育评价的实践。评价不仅仅从一个视点，还从各个观点去理解，力争将健康教育的相关人员之间达成的共识，将结果的提示信息放入这个框架进行调整探讨，明确今后的课题方向。 活用这个框架模型，从支援者和当事者两方的视角，明确评价信息。 评价信息的存活率、患病率等数量化结果是重要的评价指标。 但这些信息在实施健康教育后不能马上获取，取得后却可以反映在下次的健康教育计划中。 其次，在体制、组织和过程、实施先后上得到的成果和输出数据，如参加人数、学历、意识态度的变化等角度，对改善计划是很重要的。

在地区健康教育的实践中，"妈妈亲子教室"这类主题的健康教育，把相关标题的健康教育设计成一个系列活动。 因此健康教育很多情况下带有持续性和连续性的特点。 "评价"是以测定工作的效果，改善今后的健康教育为目的，从各工作的评价视点和地区保健计划的全体评价视角，分析在什么时候、用什么方法活动是最为有效的。 提高地区健康教育的本质是使健康教育达到最大效果和提高医疗质量同样重要，通过健康教育评价持续作用于改善健康教育的效果上。 在日本，健康教育的实施是由市乡镇的保健中心、市乡镇的政府部门工作人员，以及学校的医务室和医疗部门的医生护士等医疗职务人员、志愿者和 NPO 的成员等大部分人一起协助完成健康促进计划。 各种职业和相关人员协助进行，让健康教育的支援内容更为充实，参加者得到了相关的健康教育的支援，提高了自身的健康水平，了解了相关方面的人力资源和服务机会，结交了类似人群的朋友圈，加强了相互之间的信息交流，期待更多更好的效果出现。 健康教育的媒体与技术是在有效展开健康教育的基础上，支援者有效利用已有的教育手段进行有效活用，同时开发新的健康教育手段。 保健师、营养师、齿科医生、学校的医务人员和企业的保健师在各自的机关层面开展相关主题的健康教育计划。 此外，也有单独开发教育项目，如在某个城市的地域保健计划的策划过程中，相关人员在提高健康教育质量和效果方面做了研究探讨。 通过利用内部各个机关部门、学校的教育手段和成果、情报，城市的健康福祉部门成立了相关部门，来活用这些信息系统，以此在提高健康教育手段的技术含量，提高教育内容的质量，缩短教育准备时间，在经费的合理运作方面发挥作用。

5.3 浙江健康服务典型案例

从 1979 年我国实施计划生育政策，到 2014 年放开"二孩"政策，独生子女的教育教养问题成为社会问题。 家长过分溺爱子女，对孩子的成才成人提出很高期望，导致家庭学校都以"高分"为衡量标尺，对青少年发展阶段的心智健康存在不同程度的忽视。 目前，我国青年的健康教育体系并不完善，主要表现在缺少科学的健康课程体系、课程教材、师资配备。 青少年的健康教育主要来自家庭、学校和社会，这三者虽然关注点都在教育，但基本都关注在知识教育，相互之间没有形成有机活力。 孩子的健康教育需要多方的共同努力，需要家长的陪伴，需要学校加以重视，需要社会给青少年的成长提供良好的社会环境，特别是针对青少年生理和心理成长过程中的健康教育，严重缺乏健康教育的基本环境和基本方法，对青少年的成长产生不利的影响。

浙江作为东南沿海经济较发达省份，青少年健康教育起步较早。 钟志农曾从本土化及区域推进角度，总结过浙江省富阳市心理健康教育的若干经验。[①] 心理健康教育在推动素质教育、建设和谐校园中具有重要功能。[②] 由于多数抽样学校的领导成员认识到心理健康教育的现实意义，积极把心理健

[①] 钟志农:《探索本土化特色的学校心理健康教育之路》,《中小学心理健康教育》2002年第 9 期,第 14—16,20 页。

[②] 孟万金:《论积极心理健康教育》,《教育研究》2008 年第 5 期,第 41—45 页。

康教育纳入素质教育的轨道，并且紧密结合本校实际，因而使抽样学校的心理健康教育沿着正确的方向发展，涌现出一些办学理念先进、教育成效显著的实例。

如杭州市建德寿昌中学把心理健康教育融入学校"和美教育"的办学理念之中，提出"勤勤恳恳做事，和和美美做人"的校训，践行"三和四美"（即和平竞争的意识、和谐协作的精神、和乐善良的品格，环境美、言行美、仪表美、心灵美）的教育模式，这些措施不仅有效维系了这所位于偏僻小镇的农村中学的蓬勃进取精神，而且还在校园里形成了人文关爱的良好校风。 温州市乐清国际外国语学校将心理健康教育与中国传统文化熏陶有机结合，率先在初中部开展"孝""悌""谨""信"等按月度推行的综合性教育活动，增强了学生的民族意识、诚信美德和人际交往、自主管理的能力，受到家长和社会的好评。 从小接受系统的健康教育，提高学生知识水平，形成良好的生活习惯，建立健康的生活方式，可以为他们一生的健康打下良好的基础。

在城市，70后80后的家长们因为生活和工作的双重压力，即使每天有固定的时间陪在孩子身边，也只是关注孩子作业的正确率，忽视了孩子的心情，忽视了小孩的身体健康；也有的家长过分溺爱，对小孩百依百顺，导致孩子抗压能力不强；农村的青少年有的因为父母出去打工，成为留守儿童，有的和爷爷奶奶或者外公外婆住在一起，有的直接住在寄宿学校，在长辈身边长大的小孩有的自私、任性、孤独、自信心缺失，而在寄宿学校的孩子在青春期极易出现逆反心理。 青少年的心理健康问题不容忽视，学校对学生的健康教育仅限于上级的任务和学业课程的安排，不重视青少年的德育、体育、美育是不合理的。 在青少年身体发育的关键期，学校的健康引导很关键，比如养成良好的用眼护眼习惯，不要长时间看电子读物和长时间看纸质课本。 与此同时，社会环境不容乐观，网瘾少年屡见不鲜，手游的出现、不良网站的发酵对青少年的成长有百害而无一利。

健康教育是推动个人和团体建立与健康相关的知识、意识、行动，并帮助个人和团体变得更加健康的活动，青少年可以通过专家教学、讨论分享、实践等来学习。 传统的教育是在学校中学习技能和书本知识，这是健康教育的机械单一传统的形式，健康教育的方法不应局限于此，应该涵盖社会大范围的教育活动，可以是学校、医院、社区等公共场所进行身体保健宣传，这个活动是以人作为传播媒介，并不局限于一个区域，而是继续扩散向其他的区域、城市，甚至世界。 家长可以通过购买书籍、影像资料，或利用网络等手段学习心理健康教育知识，也可以参加相关的家庭健康教育培训班，有的家长也会主动与学校联系，以便更好地了解青少年的健康教育需求。 也有的家长相互学习，相互探讨。 在这个过程中，家长也提高了自身的心理健康水平，学会了如何构建和谐的家庭关系和家庭气氛，帮助青少年健康成长，从而达到科学有效地对青少年进行心理健康教育的目的。

学校通常的实施途径及保障机制是通过学科教学和班会、团会、校会、升旗仪式、专题讲座、墙报、板报等多种宣传教育形式开展健康教育。 其中有：①教育行政部门和学校要重视健康教育师资建设，把健康教育师资培训列入在职教师继续教育的培训计划；②不断提高教师开展健康教育的水平；③加强教学资源建设，积极开发健康教育的教学课件、教学图文资料、音像制品等教学资源，增强健康教育实施效果。 要重视对健康教育的评价和督导，要充分利用现有资源；④学校健康教育是学校教育的一部分，学校管理者应以大健康观为指导，全面、统筹思考学校的健康教育工作。 社会的健康教育对家庭和学校的教育起到了巩固作用，通过专家为家庭和学校以及青少年提供专业的健康教育指导，同时国家加强对市场的管理，强制关闭不良网吧和网站，强令停业整顿，对青少年上网的时间也进行了严格的限制。 伴随着基础设施服务的完善，社区的健康教育服务水平也在提高，通过活动的形式，让青少年接收到了良好的健康知识。 在青少年健康教育过程中，也是较有借鉴意义的典型案例。

案例 1：青少年的健康教育

胡小琴，女，10 岁，三年级学生，父母亲均为农民，母亲是江西人。 由于家庭经济较贫困且父母受教育程度均较低，家又住在彭溪较为偏远的山村，父母在家仅通过务农无法养活全家老少，故小琴父母只能去温州打工以贴补家用，小琴由爷爷奶奶进行抚养。 原本小琴跟着爷爷奶奶生活也较开心，但是由于农村思想观念落后，重男轻女的现象十分严重，小琴的父母在 2009 年和 2015 年又为小琴添了一妹一弟。 同样弟弟妹妹也是由爷爷奶奶抚养，两个 60 多岁老人照顾 3 个孩子，老人家常常感到力不从心。 由于小琴是家中的大孩，所以老人家对小琴的重视程度难免会低于弟弟妹妹。 长期的积压使小琴出现了如下心理问题：（1）思维极端反常，自卑而又自尊，心理负担重，导致行为扭曲，有自暴自弃的念头，遇到不如意事情就要闹，让爷爷奶奶感到力不从心；（2）性格孤僻，很少和同龄人交往，没有一个可以谈心的朋友，甚至与自己的同学发生打架冲突而引起班里其他同学的不满，卫生状况极差；（3）自由散漫，经常迟到、早退、有旷课现象，不积极参加学校和班级的集体活动，遇到事情不与班主任联系。 学习态度极不端正，作业基本上不按老师的要求去做，甚至不交作业。 根据上述信息，社会工作者对小琴的情况做了分析，认为小琴出现上述问题，主要的原因是：（1）家庭因素：由于父母在外打工没有时间陪在孩子的身边，小琴的日常生活由爷爷奶奶照顾，爷爷奶奶从一开始对小琴的溺爱，要什么买什么，到后面对她有所忽视，让她的心理产生极大的落差，导致她自暴自弃，想重新引起爷爷奶奶的关注。 同时长期得不到父母的关怀，而爷爷奶奶对她的心理需求关注很少，不能及时把握孩子的内心想法，导致孩子出现心理偏差；（2）环境因素：由于父母外出务工，孩子得不到父母的关怀，而爷爷奶奶的关爱无法取代父母的关爱，即使偶尔在寒暑假相聚，也和父母关系生疏，渐渐地变得冷漠孤僻，和常年得到父母关爱的儿童在一起时，就会表现出自卑，觉得自己差人一等；时间长了，就出现了不愿意和他人交流的情况，沟通能力也会变弱；（3）自身因素：在家里是个大孩，天性内向的她不善与同伴交流，不愿与同龄人交往，和同龄的孩子接触少，性格也变得比较孤僻。

针对小琴的情况，社区利用社会工作方法对小琴开展服务：（1）使服务对象恢复自信，能正常和同龄人交往，乐观地看待生活中及身边的事物，理解爷爷奶奶及父母的辛苦，重新建立起对学习的兴趣；（2）引导服务对象的爷爷奶奶对她调整照顾方式，同时劝导小琴父母要更加关心孩子；（3）增加服务对象和同龄人接触的频率，让服务对象能正常和同龄人交往。 在实施过程中，运用了如下方法：①通过支持性技巧的运用，说明知识对个人修养、个人前途的重要性，并帮助其克服自卑、焦躁的心理，不断给予鼓励，不断提醒服务对象其爷爷奶奶还需要照顾弟弟妹妹，并不是故意忽视，同时父母外出务工也是为了创造更好的生活条件，并不是故意忽视。 目的是让服务对象对自己的家庭情况有一个更好的理解，同时能理解父母的辛苦，爷爷奶奶的不容易。 ②本案主要采用结构家庭治疗模式，服务对象的问题之所以出现，是因为家庭结构异常造成的。因此，社会工作者要通过与全部或部分家庭成员治疗性会谈，以及其他专业技术来协助家庭成员改善家庭关系，建立良好的家庭互动模式，促进家庭的良性运转和家庭成员身心健康。 建立正常的家庭沟通模式，让服务对象在"爱"中成长。 ③心理社会治疗模式："心理社会"是指由生理、心理及社会各部分组成的，人的心理发展受到社会环境和生理状态的影响。 社会工作者通过与服务对象的班主任经常沟通，从客观方面提高服务对象对学习的兴趣。 同时与服务对象的同学进行交流，促进服务对象与同龄人交往。

服务计划实施过程如下：第一步，社会工作者在年轻村干部的陪同下开始与服务对象接触，并进行初次会谈。 初次会谈时，要全方位地了解服务对象的家庭情况及社会服务对象的心理情况。 初次会谈时，社会工作者通过与服务对象玩一些游戏，以增强其对社会工作者的信任。 在第一次走访时，也对服务对象家庭经济和周边情况做了具体了解，在之后的服务中做到力所能及的帮助。 第二步，考虑到服务对象的父母外出务工的情况，社会工作者和服务对象的父母进行联系沟通。 由于服务对象的父母在温州工作，离家里并不是特别远，所以社会工作者对他们做了思想工作，让他们在条件允许的情况下，多回家与子女相聚，给予服务对象更多的爱和支持，尤其是服务对象的母亲，让服务对象充分感受到母亲的关怀，以增加服务对象的安全感。 第三步，社会工作者与服务对象的爷爷奶奶进行交流，充分了解服务对象在生活中的表现，同时向爷爷奶奶分析服务对象之所以产生这些问题的原因，让爷爷奶奶意识到他们的关注对于服务对象的重要性。 社会工作者对爷爷奶奶的教育方式进行指导,让爷爷奶奶明白并不是一味地溺爱就是对孩子好,要在平时生活中,潜移默化地改变服务对象的心态。 第四步,社会工作者也与服务对象的班主任取得联系并进行会谈,了解服务对象的学习情况和在学校的表现情况,向老师分析服务对象家庭情况,让老师在校期间更多地关注服务对象的心理健康问题。 同时劝导服务对象的老师在课上给服务对象更多发言的机会,在学习上多加鼓励,增加服务对象对学习的兴趣。 第五步,社会工作者组织爬山、烧烤等活动,增加服务对象与同龄人交往的机会,让服务对象充分体会到拥有朋友的乐趣,使得服务对象更愿意和同龄人交往。 同时与服务对象的同龄人进行交流,引导同学与服务对象交朋友,包容服务对象的缺点。 另外,定期对服务对象进行心理辅导,使其更加自信,更加乐观地面对生活。 考虑到服务对象由爷爷奶奶抚养,爷爷奶奶年事较高,且文化水平低,社会工作者会定期对服务对象的学习进行监督辅导,以提高其学习积极性。

案例 2:妇女的健康教育

女性是社区健康教育的主要对象,青春期、孕育期的女性更面临种种健康问题。 2017 年,中国已婚育龄妇女人数为 2.68 亿,[1]这是一个非常庞大的数字,对妇女进行健康教育是不可或缺的。

妇女阶段有 3 个,就是性成熟期、围绝经期和老年期,在性成熟期主要的需求是孕产妇的知识普及,育龄妇女在了解和掌握分娩、产褥期保健知识的基础上,对新生儿护理知识的需求也很大。 其中渴望与医务人员交谈者占88%,希望得到指导资料者占 55%。 正确的健康教育和指导有利于分娩期间产妇的身心健康。[2] 育龄期妇女对如子宫卵巢等的健康知识掌握得比较少,对妊娠合并感染性疾病的了解不全面,特别是对产后心理疏导和婴幼儿护理知识的掌握程度不高;围绝经期的育龄妇女,就是通俗意义上的更年期妇女,这一阶段卵巢功能从旺盛状态逐渐衰退,直到完全消失各种激素的紊乱,引起

---

① 吕诺、吴锺昊:《中国流动已婚育龄妇女占已婚育龄妇女总数四分之一》,新华网,2012 年 4 月 13 日。

② 李凤芹:《围生期妇女对健康教育需求调整》,《中国实用医药》2011 年第 6 期,第275—276 页。

更年期的各种变化，表现为潮热、心悸、神经症状表现异常和腰酸背痛，但是这一阶段极容易被忽视，而且对更年期的身体调养没有科学的指导，也没有心理疏导；在老年期，妇女的医疗和照料资源不足，健康状况有待改善，而且社会对老年妇女的参与和贡献认可程度低，老年期的心理需求和生活质量需求难以得到满足。 目前国家实施孕前优生免费健康检查、宫颈癌和乳腺癌免费筛查、慢性病建卡管理，根据人口的多少配备适量的村医，尽可能地保证一村一医生，从而确保妇女健康教育的需求得到基本的满足。 在性成熟期间，国家免费提供避孕药具，从而更好地呵护两性健康；优生检查提供了优生优育的有效途径，专业性强的妇科医院也逐渐发展起来了；互联网和手机的普及，使妇女们获取健康教育知识更加快捷方便，而且可以有效地和医生进行专业的咨询，医生也可以给予专业的指导。 妇女获得生殖健康防治知识途径主要来自电视广告的宣传、少数医疗机构散发的医疗广告、女性相互之间口口相传、社区或相关医疗机构组织的医务人员不定期的宣传和指导、医生接诊时一对一健康教育、专家咨询讲座、网络广告等等，其中电视广告和妇科专家的咨询讲座是广大妇女最常见、最喜欢和最信任的途径。 关于妇科病，性成熟期的妇女在做免费婚前、孕前优生检查时可以及时发现健康隐患，以及一些不宜结婚和妊娠的疾病，为幸福的婚姻生活和孕育健康的宝宝做铺垫。 准备怀孕的育龄妇女在孕前 3 个月开始服用叶酸直到怀孕后 3 个月，可以用来预防胎儿神经管畸形；在怀孕 13 周前到医院的妇幼保健科建立围产保健册；建立后，要每 4 周产前检查 1 次，28 周后每 2 周 1 次，36 周后每 1 周 1 次，40 周后每 3 天 1 次，一直到分娩。 早孕期是致畸的敏感期，为了减少胎儿畸形的发生，继续服用叶酸类制剂至 3 个月满，及时治疗各种严重的妊娠反应、发热及各种感染性疾病，禁烟酒，饮食清淡易消化，不偏食，保持生活规律，心情舒畅，预防疾病。[①] 避免两个误区：一是坚持什么药也不用；二是随便乱用药。 如果生病了及时就诊，不能怕药物影响胎儿，即使病情很严重，也坚持不用药，这样反而对胎儿影响更大；也不可以自己随意乱吃药，须在妇保医生的指导

---

① 徐志华：《产后哺乳妇女首次排卵与婴儿喂养时间的研究》，《中华现代妇产科学杂志》1999 年第 12 期。

下，使用对胎儿无害的药物。 孕中晚期是胎儿的快速发育期，在孕 4 个月时做产前筛查、产前诊断，筛查唐氏儿及神经管畸形，孕 5－6 个月可以做三维 B 超检查，增加胎儿畸形的检出率。 孕妇加强营养更为重要，但强调的是均衡饮食而不是营养的堆砌，计算每天的营养供给，合理搭配，告知孕妇均衡饮食的重要性及补充的方法，避免孕妇体重增加过快，增加糖尿病及巨大儿的发生率，增加剖宫产率。 定期产检，积极治疗局部生殖道感染及其他感染性疾病，减少母婴感染机会。 晚孕期告知孕妇做好自我监护，防止妊娠并发症，发现异常及时就诊，左侧卧位，做好分娩前准备（分娩知识、心理准备、对自然分娩和剖宫产的认识、住院用品、无痛分娩、陪伴分娩等），指导孕妇做好哺乳准备，有利于产后哺乳。[①] 围绝经期的妇女可能会有妇科炎症，伴随而来的就是肿瘤，特别是35 周岁以后更是高危人群，需每年定期进行妇科检查。 检查的内容包括妇科检查、阴道分泌物、宫颈刮片、B 超等。 当检查发现异常就会进一步进行具体、有针对性的检查。 特别是对于恶性肿瘤要早发现、早诊断、早治疗，从而降低发病率，提高治愈的可能。

女性更年期是指从生育年龄过渡到老年阶段的时期。 此时妇女的卵巢功能逐渐衰退，内分泌发生暂时性紊乱，并引起月经紊乱、心悸、耳鸣、头晕、血压波动、失眠等生理症状，同时也会出现记忆力衰退、烦躁不安、抑郁、挫败、孤僻等心理症状，这被称为绝经期综合症，又称更年期综合症（menopausal syndrome，MPS），多发生于 45－55 岁之间。 加上此阶段的女性可能经历家庭、工作等方面的重要变化，结束了生育任务，家庭和社会角色逐渐减退，生活重心发生改变，在心理上极有可能难以适应巨大的变化，萌生孤独无助、焦虑不安、抑郁消极等情绪。 正是在这种背景下，社区专业社工决定采用小组工作的方式在社区更年期妇女中开展社工服务项目。 通过前期的调查走访，社工发现社区更年期妇女存在以下需求：①如何正确看待更年期，有效缓解更年期症状。 更年期妇女希望通过参加此次活动，得以用平和的、健康积极的心态去面对和接受更年期，努力学习一些有关妇女更年期保健

---

① 徐志华:《产后哺乳妇女首次排卵与婴儿喂养时间的研究》,《中华现代妇产科学杂志》1999 年第 12 期。

的生理卫生知识，树立克服生理变化带来不适的信心，最终达到提高生活质量，缓解更年期症状的目的。 ②如何适应更年期女性角色转换，调整理想与现实之间的差异。 更年期妇女希望通过反观自身的行为，重新建立家庭和社会的角色，使自己摆脱被"病态化"的孤立和被抛弃的恐惧，重新获得社会支持，实现理想中的自己。 ③得到爱和归宿的渴望，以及自我实现的需求。 更年期妇女对爱的需求是非常强烈的。 她们希望通过专业的小组活动获得"权力"，通过与同类伙伴之间的交流得到感情上的宣泄。 她们希望在小组中得到互相的支持，组员的关爱，从而满足归宿与爱的渴望。

服务计划如下，如表5-1所示：

小组基本情况

小组名称：花香依旧

小组性质：支持型小组

小组对象：社区中更年期妇女

小组课数：6 节

参与人数：10 人

活动日期：2014 年 4 月 24 日至 2014 年 10 月 9 日

活动时间：根据实际情况，由社工按计划召集

活动地点：社区活动室

服务目标方面，小组初步建立以社区为依托，以社工和志愿者等为载体的更年期妇女服务队，满足社区内更年期妇女的实际需求，帮助提升心理素质，改善其与家人、社会的关系，提高生活质量，通过"赋义"（认知）、"赋权"（环境），最终达到"赋能"（内在）的目标。 具体目标为：①通过为更年期妇女提供健康指导、健康讲座等服务，让她们正确认识更年期生理上的变化，减轻这些变化带来的痛苦，此谓"赋义"；②社区利用小组活动的影响，使更多的人去关心、理解更年期妇女的生活，为女性顺利度过更年期提供良好的家庭和社会环境，此谓"赋权"；③通过专业人员的心理辅导，让更年期妇女学会冷静思考，学会忍让，学会一些积极的心理疏导方式，通过开展适合更年期妇女参加的活动，施展她们的才华，丰富她们的生活，让她们重新找到生活的乐趣，此谓"赋能"。

表 5-1   可能存在的问题和应变策略

可能存在的问题	应变策略
1.组员答应参加小组,但活动时间没有来参加,或不能持之以恒	1.招募组员时澄清活动的时间安排及纪律。每次活动前一天电话通知并确认组员是否能够参加。将组内认识的组员结队,督促参加
2.组员受更年期影响,对小组活动比较排斥,小组认同度低,相互关系建立困难	2.通过小组活动,营造相互信任的小组氛围
3.受更年期情绪影响,产生小组冲突	3.理解接纳成员负面情绪的同时,鼓励成员认识自己的焦虑、矛盾,并协助其表达出来。帮助组员把自己的防卫性行为转化为建设性行为
4.组员挑战领导者	4.坦诚地面对并处理成员的挑战

小组每节活动计划

第一节

目的:明确小组活动的意义,彼此熟悉、建立信任。

地点:社区活动室。

时间长度	活动目标	活动进程	活动道具
5分钟	创造安全舒适的活动环境	摆座椅、选桌位、与组员简单认识,工作人员与组员共同布置活动场地,打破生疏感,初步观察组员的特点	播放轻松的音乐
5分钟	组员与工作人员初步认识	工作人员做自我介绍(包括姓名及在小组中角色等),使组员对工作人员产生信任感	
10分钟	建立专业关系,订立小组契约,拟定小组的目标和期望	向组员讲授本小组的性质、目标、活动时间、规模及对组员的要求,使组员明确小组的基本情况	纸、笔
20分钟	使组员相互认识,目标为使他人记住自己	每位组员做自我介绍,可以任意发挥,这是组员在小组里的第一次个人展示,能力、个人特性都有展现	
10分钟	检验组员间的熟悉度	组员再次做简单自我介绍(包括姓名、爱好),做完自我介绍后,让组员说出各自身边几个组员的姓名、爱好。检验上面各个小组成员自我介绍的效果,让组员相互之间尽量记住名字和特点	
20分钟	强化上一步的内容,使组员间的关系更加融洽	破冰小游戏:击鼓传花,检验刚才组员间的互动效果。将枯燥的名字记忆于游戏之中,活跃气氛,突出小组"轻松"的特点	玩偶一个

时间长度	活动目标	活动进程	活动道具
10分钟	调查组员对小组安排和工作人员的满意度	询问组员意见。根据需求及时调整改进活动的安排及内容的设置	
10分钟	小节、致谢,重申小组纪律,布置作业,为下节活动做准备	使小组活动完整、有始有终;留时间给组员提问和发表意见	

第二节

目的:鹃湖之行,在鹃湖湖畔为组员创造一个平台,在小组中能够得到大家的认可并且自我实现。

地点:鹃湖湖畔。

活动时间	目标	内容	备注
20分钟	小组人员社区集合,由社工带领一起前往鹃湖,在鹃湖畔,找到一处适合小组工作的地点	创造一个平台,为小组工作中组员能够得到大家的认可,并且为自我实现提供活动场地	
5分钟	明确本节内容的计划,确保小组工作计划正常进行	有工作人员向小组成员回忆上节活动计划的内容,并说明此次活动计划的内容和目的。共同回忆上节活动内容,加深对上节活动内容的记忆,便于开展本节活动	
5分钟	鼓舞士气、拉近距离、增加趣味性	唱组歌,穿插简单的动作。组员有共同的熟悉并喜爱的歌,增进归属感	背景音乐
50分钟	展现组员的各个方面	请组员表演已准备好的个人表演,其他组员记录感受。人的多面性往往使我们对他人的了解过于片面和肤浅,这给组员展示的平台或帮助组员开发自己的潜能,这也是小组的一个重要任务	组员根据需要自己准备
20分钟	增进了解、加深组员间的感情。建立平等开发的沟通模式	将所有的文字感受收集起来逐条读出,组员可相应地做出反馈。同一个人在不同的情况下会给别人留下不同的感受,多侧面地展示。面对面的沟通,有利于消除误解、增进了解	背景音乐

活动时间	目标	内容	备注
5分钟	小节,致谢、如果有组员缺席,商定惩罚办法	使小组活动完整、有始有终;留时间给组员提问和发表意见	
5分钟	调查组员对小组安排和工作人员的满意度	询问组员意见并填写小组组员反馈意见,使小组活动完整、有始有终;留时间给组员提问和发表意见	小组组员反馈意见表见附录一

第三节

目的:通过手工制作活动,强调与环境和组员之间的互动,力争在社会归属和互相依存中得到满足,在同类中达到开放,从而提高人际交往能力,对更年期妇女减压具有现实而重要的意义。

地点:社区活动室

活动时间	目标	内容	备注
5分钟	提醒组员小组的规则	工作人员重新提醒组员小组的协议,并表扬组员在过去几节中的表现,希望能够继续坚持,形成良好的氛围。鼓舞士气、拉近距离,便于开展本节活动	
5分钟	让组员认识本次活动的目的	由工作人员介绍本节内容	
20分钟	加深组员对前两节活动的印象	工作人员邀请组员上台对前两节活动的内容谈自己的感悟,可以说一些其他组员做得好的方面或需要改进的地方,也可以说对于活动内容的一些见解,使组员们愿意表达内心的感受,敢于表达自身的想法	
40分钟	通过组员与小朋友一起参与手工制作的活动,缓解更年期妇女现实压力,舒缓情绪	组织组员与小朋友一起参与"万名学生下社区"手工制作活动,强调与组员之间的互动,力争在社会归属和互相依存中得到满足,在同类中达到开放,从而提高人际交往能力,对更年期妇女减压具有现实而重要的意义	背景音乐、手工制作材料
30分钟	再次深入主题,使组员间彼此欣赏、互相肯定	通过游戏"摩登洗车房",营造轻松愉快的氛围,使平时觉得"肉麻"而难于启齿的赞扬变得自然真诚,使组员在更年期内的负面情绪得到缓解	
10分钟	小结、致谢、调查组员对小组安排和工作人员的满意度	使小组活动完整、有始有终;留时间给组员提问和发表意见	

135

第四节

目的:心理辅导,通过更年期健康讲座——女性更年期保健,为组员能够顺利度过更年期,重新焕发青春,再创生命的辉煌,提供理论知识。

地点:社区活动室

活动时间	目标	内容	备注
5分钟	鼓舞士气、拉近距离	表扬组员在过去几节中的表现,希望能够继续坚持。保持良好的氛围。小组工作者要善于表扬小组成员的优点,善于利用社工的优势视角	
5分钟	明确本节内容的计划,确保小组工作计划正常进行	工作人员介绍本节内容,共同回忆上节活动内容,加深对上节活动内容的记忆,便于开展本节活动	
60分钟	了解更年期身心健康知识	邀请科协巍国华老师开展"更年期健康——女性更年期保健"讲座	电脑、投影设备
30分钟	更年期健康知识比赛	考查小组成员在上节讲座中关于更年期的一些重要知识点,开展知识比赛,奖励比赛优胜者	小奖品若干
15分钟	了解各个组员的进度	组员写下自己在小组中的心理变化。小组进行到后半阶段,需要及时了解各个组员的进度,以便进行更深入的小组工作	纸笔
5分钟	小节、致谢、调查组员对小组安排和工作人员的满意度	使小组活动完整、有始有终;留时间给组员提问和发表意见	

第五节

目的:参与排舞,从每一个组员的社会性别角色入手,深入解析更年期妇女现实与理想交织的自我,以对十年后的畅想为基点,明确未来的方向。

地点:社区活动室

活动时间	目标	内容	备注
30分钟	鼓舞士气、拉近距离、开始思考，使组员看到自己处在更年期中不同社会角色的理想与现实的状态	理想与现实之间 1.每位组员在白纸左侧写下更年期中自己扮演的人生角色，右侧写下与之对应的角色的现实状态和理想状态。 2.选出自己认为最重要的角色 3.思考并分享这一最重要角色如何由现实向理想转变 从每一个组员的社会性别角色入手，深入解析更年期妇女在现实与理想交织中的自我，缓解更年期带来的压力及不良情绪，最终实现理想中的自我	纸、笔
10分钟	引出畅想10年的活动	击鼓传花：组员进行击鼓传花，"花"在手中的组员，要根据抽签决定分享自己之后的理想状态的一个方面。如10年后自己的理想生活状态等	道具
30分钟	畅想自己和其他组员在读过更年期后的状态	我的未来你的梦：每位组员轮流被其他组员想象更年期后的状态，然后分享自己的畅想。引出"期待效应"，对未来的美好憧憬会指引我们现在的行动，更好地应对更年期的各种不良状态	
60分钟	参与简单的排舞学习	邀请社区舞蹈队的芳芳阿姨一起参与简单排舞的表演	背景音乐
10分钟	分享感受	组员和工作者轮流分享对本次小组的感受。总结本次小组活动，找到今后改进的方向	

第六节

目的：通过作品展示，组员在大家的肯定和爱的鼓励中提升信心；处理离别情绪，帮助组员建立持久支持网络。

地点：社区活动室。

活动时间	目标	内容	备注
10分钟	鼓舞士气、拉近距离、增加趣味性	表演上节排练的简单排舞，组员有共同熟悉并喜爱的舞蹈，增进归属感，依依不舍，共同回忆	音乐伴奏
20分钟	参与动手、强调参与的小组方法和理念贯穿始终	每个人选取喜爱的彩纸，剪裁卡片，写上祝福的话，送给其他组员和自己。组员带着希望来，又带着祝福离开，学会感谢，学会分享，学会"享受"更年期这段特殊的人生经历	彩纸、彩笔、剪刀

续　表

活动时间	目标	内容	备注
30分钟	使组员明白小组的结束是未来人生的新起点,是一个连续的过程	组员收集送给自己的卡片;说出自己送卡和收卡片的不同心情;选出自己最喜欢的一张,讲一讲喜欢的原因;说说离开小组后自己的打算。茫茫人生路,也许我们只有一段路同行,但愿我的祝福永远伴随你左右	卡片若干
20分钟	调查组员对小组安排和工作人员及辅导员的满意度	跟踪测评,填写小组辅导后期评估表,与之前的所有测评一起成为宝贵的参考资料	小组辅导后期评估表见附表二

计划实施过程如下:充足的准备对于小组工作的顺利开展非常必要,就如俗语所说,"有备无患"。 在开展小组工作前,我们从以下几个方面做好准备。

(1)组前的需求评估及目标确定

在开设小组前,前期的需求评估非常重要,因为每个小组的组员所面临的具体问题及他们的具体需求都可能不同。 因此社工对小组成员进行了组前访谈或问卷调查,确定和诊断小组成员的问题,从而确定小组目标,并有针对性地设计小组活动。

(2)制定小组计划书

一份好的小组计划书将会指导小组朝着顺利的方向开展。 所以社工认识到计划书的制定非常重要,确保每个环节都考虑清楚,越具体越好。 当然,设计书制定以后并不是一成不变的,在小组工作开展以后,社工会根据情况的不同随时进行调整,从而更加符合现实情况的需要。

(3)招募组员

社工主要通过以下几种方式:①直接接触;②张贴海报或放到宣传栏;③通过居民推荐合适人选;④通知居民鼓励其报名参加;⑤与居民小组长、社区团体组织等负责人接触,请他们协助宣传、推荐。 当然,以上几种方式并非穷尽。 社工在实际操作过程中,可以结合社区实际,用微信平台及QQ群宣传的方式进行招募,以帮助社工招募到合适的小组组员。

甄选组员是小组工作开展过程中非常重要的一个环节。 虽然小组工作是助人，但并不代表小组就应该无条件地接受有需要的人进入小组。 因为小组是由组员组成的，组员的人格特质及行为模式会直接影响小组的过程和效果。社工通过专业技能对小组成员进行慎重甄选，主要参照：①同质或异质性。由于小组性质决定了小组都是女性成员的"同质性"，确保了小组具有较高的凝聚力和较愉悦的气氛。 同时社工又安排了具有不同教育程度、社会经济地位、成长背景等方面的小组成员形成相对的"异质性"，希望为小组带来多样性，并使小组更加充满活力。 ②小组规模。 更年期妇女小组由多少人组成也是社工在甄选小组成员时考虑的一个重要因素。 考虑到小组的类型，小组成员年龄，小组目的及性质，结合社区居民实际情况决定小组成员10人。

小组发展过程中的开展情况如下：

（1）小组初期

当小组成员刚开始进入小组时，社工发现由于成员间彼此不熟悉，给成员带来了不适和紧张的感觉，在开场的自我介绍时有些勉强。 因此社工首先协助组员互相熟悉，建立小组规范。 澄清小组目标，创造安全、信任的小组关系。 展现社工的同理心、真诚地让每一位成员感受到温暖和被尊重。 接着社工通过击鼓传花这个破冰游戏活跃小组气氛，增强组内成员之间的凝聚力，让组员更快地融入小组之中。

（2）小组中期

小组进入这一阶段以后，组员之间已经相互熟悉，并且建立了共同的小组规范，组员也达成了一定的共识，所以社工认为这一阶段是开展工作的最佳时间，社工围绕小组目标开展各种活动，协助组员解决问题，鼓励组员参与互动以及组员之间的相互支持和帮助，发挥小组功能，并最终达成小组所制定的总目标。 这一阶段中，小组工作者首先尝试处理小组冲突，通过带领组员前往美景初成鹃湖湖畔感受美景，培养小组成员良好的心态，为可能产生的冲突做好准备。 另一方面，社工对小组过程中产生的次小组问题，积极应对，正确引导和控制，通过安排不同的组员合作参与手工活动及排舞练习等方式，使其朝着有利于实现小组目标的方向发展。

（3）小组结束期

每个小组都有它的生命周期，有始必有终。 在小组活动结束阶段社工提醒组员小组活动即将结束，并告知小组结束的日期，使组员在小组结束前有所准备，从而平静地对待别离的事实。 在结束时，组员都会有不舍的情绪，社工在最后一次小组活动中一方面安排互相送祝福、许愿并畅想未来的活动，使小组圆满结束；另一方面，工作者积极帮助组员维护他们的成长和改变，告知小组成员，小组活动并不代表小组工作者与小组成员之间完全彻底地脱离关系，小组成员在小组结束以后如遇到一些困难和问题仍然可以向小组工作者求助。

其中，组员对本次活动的评估：

第二次活动结束后，工作人员请组员们填写了《小组组员反馈意见表》，其中1—9题是量化评分题（评分标准是"非常符合"打5分，"比较符合"打4分，"一般"打3分，"不太符合"打2分，"极不符合"打1分）；而10—12题是开放性问题。 结果如下：

A. 量化评分题统计（平均得分）

1—9题分别为4.27；4.27；4.64；4.09；3.82；4.36；4.36；4.27；4.45分。

上述统计结果显示：本次活动中，小组对个人的吸引程度比较低，由于本次活动参加的组员有10个，且全部为新组员，所以大家对小组的认识还不是很全面，这也是小组领导人需要改进的方面。 但是，组员之间已经达成了一定的共识，他们普遍能够感受到相互之间的尊重。 这一点应该在此后的活动中加以肯定和延续。

B. 开放式问题

第10题 在本次小组中你最喜欢的部分是什么？ 为什么？

※击鼓传花（2）：气氛热烈，能够了解别人，认识别人，比较搞笑，有吸引力。

※鹃湖湖畔（8）：环境优美；心情舒畅；恰逢母亲节，加深组员之间的互动。

第11题 在本次小组中你认为需要改进的部分是什么？ 为什么？

※击鼓传花（1）：趣味性不够。

※提高大家的积极性（2）：气氛还不够活跃，让组员自己来，可能会更生动。

※小组目标制定（1）：还不够活跃。

※游戏多一点（1）：可以提高大家的积极性。

第12题 你对下次小组活动有何期望和建议？

※一次比一次好。

※增加趣味性。

※多一点奖品。

※让我们多一点自由发挥。

※希望人多一点。

※组织上更有条理。

工作人员领导技巧评估详见"小组观察记录"附表三和"小组工作人员自我评估"附表四。 以下是对本次活动的安排和场面控制的分析。

A. 技巧运用或成功之处

※场地布置得当。

活动主要是希望组员在一个舒适的环境中没有压力地得到大家的认可。所以工作人员将社区的活动室布置得比较温馨，让组员感受到了一种温暖。

※采用多种手段丰富活动内容。

活动中，工作人员通过制定小组契约，与组员达成共识，希望他们能够通过这些环节的运作，形成集体荣誉感和小组凝聚力。 虽然有的组员在活动中并不能及时体会小组领导者的意图，他们是否能够遵守活动的规定还是未知数，但是这样的活动环节还是能够在一定程度上调动他们的积极性，鹃湖之行的满意程度是本期活动中最高的，虽然在可借鉴性上并不高，但正值母亲节所以使组员的心态得到更好的提升，效果明显。

B. 需要改进之处

※组员表现的机会不够。

有些组员认为自己的能力未能体现出来，小组领导者压抑了他们的表现能力。 虽然领导者给每个人一定的发言机会，但是难免有的人说得多，有的人说得少。 所以这是领导者做得不够的地方。

※未能激发组员参与讨论的主动性。

在各节活动最后，领导者都安排讨论和分享，但个别成员不能很好地参与活动的讨论，领导者和其他组员发表意见，这使得小组规范面临挑战。 相似的问题在很多小的环节上也有出现，值得探讨。

小组困难、反思及建议：关于小组的困难。 社区面积虽然并不算很大，但人口稠密，加上时间紧迫，工作人员利用很短的时间快速地对社区可能处在更年期的妇女进行一次逐一排摸。 虽然运用了电话、宣传栏、入户访谈等形式，但与对象之间的交流只是流于形式，无法真正静下心来倾听他们对于小组的需求和期望，以致在正式活动开始时，我们对组员的资料还不是非常了解，不能肯定他们需要什么，也不知道我们能否提供他们想要的东西。 可以说，小组的招募过程比较仓促。

在小组活动的后期评估中，工作人员发现这个小组成功经验之一是没有给组员贴标签。 工作人员在小组中并没有聚焦更年期的问题行为及其原因，而是强调正向"赋权"的功能，并关注他们利用资源和潜力采取行动，激发了社区妇女的潜力。 更年期妇女大多是企业退休职工，她们都有自己的闪光点，她们也渴望自我实现，只是通常情况下缺少了展现自我的舞台和鼓励他们的观众。 阿姨们在舞蹈方面很有天赋，在第五节小组活动中，她们短暂学习了排舞舞蹈，就能在第六节的活动中进行简单表演。 与之相同的很多事例都证明了社区妇女的可爱之处——她们懂得很多有效的偏方来应对更年期的症状，她们会用感恩的心去回报社工的帮助。 虽然更年期给她们带来了一些问题，还需要社工和社会的协助，但有很多地方需要我们给予肯定。

小组活动使得健康资源得到发掘与共享。 社工工作的宗旨是"助人自助"，同样，小组社会工作的目的是在组员内部建立起自身的互助网络，达到资源共享和助人自助。 此次更年期妇女小组邀请了专业老师为组员进行相关知识的讲座，同时领导者在组内不断地示范包容和接纳，提供一个宽容舒适的小组环境，让组员分享彼此的经验。 本次小组活动的实践使小组工作者积累了很多的相关经验。 第二次鹃湖之行安排在母亲节这天，正是因为小组成员都是母亲，使得小组成员在第一时间相互熟悉，产生共性。 在第三次活动中安排小组成员参与"万名学生下社区"活动，与小朋友们共同完成手工活动，不但节约了小组活动成本，更通过与小朋友一起活动减少更年期妇女的平日压力。 在第四节活动中，利用一些新奇的小礼物有效地增加了知识竞赛的乐趣性。 同样，工作人员使用气球、彩带精心地布置场地，摆放了可口的小点心，利用形形色色的小道具装点小组的各个环节，让组员自始至终置身于"游戏"中，提高他们的参与积极性。

今后的活动中，健康小组活动还可以有如下改进：①小组目标的选择既要集体化，也要个人化。 如果在活动开始前与各位组员进行一次深入的访谈，并制定更为详细的个人化目标，能使小组更切实际地解决组员面临的自身问题。 ②小组动力的发展宜均衡。 小组动力的产生和发展对小组的进程都起到了很关键的作用。 在今后的小组活动中，领导者应该采用设限、忽略等领导技巧，适当削弱一些过于强势的次小组在小组中的地位，给予每位组员平等的关注和话语权。

附表一：

小组组员反馈意见表

亲爱的阿姨：

感谢您前来参加本次小组活动。下面是关于本次小组情况的描述，请根据你的实际感受，在合适的分数下打"√"。谢谢！

序号	情况描述	极不符合	不太符合	一般	比较符合	非常符合
1	我能在这次小组中向别人表达我的看法	1	2	3	4	5
2	我喜欢这次小组活动	1	2	3	4	5
3	我觉得在这次小组中大家能够彼此尊重	1	2	3	4	5
4	小组安排的场地让我感到舒适	1	2	3	4	5
5	参加这次小组使我对自己越来越有信心	1	2	3	4	5
6	参加这次小组经验很有意义	1	2	3	4	5
7	在这次小组中我乐意与他人分享我的经验	1	2	3	4	5
8	我觉得这次聚会中大家互相信任和坦诚	1	2	3	4	5

续　表

序号	情况描述	极不符合	不太符合	一般	比较符合	非常符合
9	我喜欢小组领导的带领方式	1	2	3	4	5
10	在本次小组中我最喜欢的部分是：　　　　　　　　　　因为：					
11	在本次小组中我认为需要改进的部分是：　　　　　　　因为：					
12	我对下次小组有以下期望和建议：					

姓名：
日期：

附表二：

小组辅导后期评估表

亲爱的阿姨：

　　非常感谢您完成了小组基本活动,在正式结束前,请再回答以下问题,使我们了解您在小组中是否有收获,这也有益于我们今后活动的开展。谢谢!

序号	情况描述	极不满意	不太满意	一般	比较满意	非常满意
1	你对整个小组的印象	1	2	3	4	5
2	你对小组工作者的印象	1	2	3	4	5
3	对于在小组中的信任度	1	2	3	4	5
4	对于其他组员彼此间的尊重程度	1	2	3	4	5
5	对于在这个小组进行分享的程度	1	2	3	4	5
7	能够进一步了解更年期	1	2	3	4	5
8	能够将新学到的技能运用到今后的生活中	1	2	3	4	5
9	能够从容面对更年期	1	2	3	4	5
10	对我们小组,你喜欢的是什么：					
11	你觉得我们小组还有什么地方需要改善：					
12	我还想对小组组织者说：					

姓名：
日期：

附表三：

第（　　）期　活动小组观察记录

小组名称		日期	
小组工作人员		缺席组员	
出席组员			
小组目标			
本节目标			

关键事件分析
1.简述关键事件：
2.哪位组员最受影响、有何影响？
3.工作人员的介入目标和技巧
4.评价介入成效
5.工作人员感谢及回应

附表四：

第（　　）期　小组工作人员自我评估表

小组名称　　　　　　　　　　　　　　　　　　　　日期

这个评估表评估你在小组的领导技巧,请在最符合你在本次小组的技巧运用项目栏内画"√"。

项目	分项	需要做更多	现在做得很好	需要少做一点
观察	确认紧张			
	注意和谁说话			
	注意谁被遗漏			
	了解对我的意见的反应			
	发现何时小组逃避一个话题			
	确认角色			
	注意非语言行为			

项目	分项	需要做更多	现在做得很好	需要少做一点
沟通	主动参与(数量)			
	简短、简要地说话			
	肯定的行为			
	主动地倾听			
	拘泥于某个主题			
	中断讨论			
	从聚会到聚会的桥梁			
	说话前先思考			
	对组员有组织的架构			
	鼓励用"我的信息"			
自我表达	以言语表达生气			
	表现幽默			
	说感谢的话			
	隐藏感情			
	分享个人的经验			
忍受情绪的情境	面对冲突或生气			
	允许沉默			
	忍受紧张			
	接受亲密或情感			
	接受负面情绪			
	对挑战做出反应			
	接受预期的冒险			
	表现出没有防卫性			
与组员的关系	挑战或面质个人			
	离开对自己的注意力			
	使用隐喻			
	自发性的反应			
	自嘲			
	创造一个安全的气氛			
	有控制地分享			
	以"此时此地"进行反应			

续 表

项目	分项	需要做更多	现在做得很好	需要少做一点
一般技巧	耐心地等待			
	邀请回馈			
	示范接纳			
	对过程的评价			
	鼓励组员采取行动			

小组工作人员：

案例3：老年人的健康教育

现今，世界各国的人口都呈现出老龄化的态势。中国作为一个人口大国，老龄化问题也是我国社会发展的一项重要课题。2011年第六次全国人口普查数据显示，65岁及以上人口占8.87％。同样，浙江省的老龄化趋势也十分严峻。老年人的养老医疗等面临严峻挑战。为应对该挑战，老年人健康教育起着十分重要的作用。健康教育起源于生活方式造成的疾病种类增加以及死亡率的上升，逐渐发展出针对不同群体的针对性健康教育。老年人健康教育在各国的发展均有不同的特点，存在着地区不平衡的状态。现今老年人健康教育主要集中于社区老年人，我国社区老年人健康教育所包含的内容与国外大致相同，但相较于发展较好的国家和地区，我国社区老年人健康教育主要缺陷在生理健康方面的急救知识普及与心理健康两方面。关于急救知识方面的培训体系、内容、方法均有进步空间。而心理健康方面与其他国家地区相比存在着较大的差异，首先，缺少心理咨询服务、心理干预的相关专业人员和支持机构；其次，由于传统观念的影响，死亡教育方面的服务极度缺乏。死亡作为人生重要话题，如何正确对待死亡是非常值得关注的。另外，在老年人教育产业方面，全世界第一所老年大学于20世纪70年代在法国创立[1]。健康教育作为老年人教育产业的一项重要内容，在我国老年人健康教育中发挥着重要的作用。但与国外老年人教育产业相比，我国对于老年教育产业的研究相对薄弱，所投入的人力、物力、财力也是非常有限的。[2]

近年来，浙江省在老年人健康教育方面取得了一定的成果。在2010年的

---

[1][2]　兰敏：《山东省老年教育产业分析及发展对策》，山东师范大学硕士论文，2014年。

一项调查中，选取了浙江省 11 个地级市和义乌市，每个地级市随机选择 30％ 的县（市、区）做调查对象，共计 41 个单位，在这项调查中发现 95.12％的地区已经开展老年人群的健康教育与健康促进工作。 2013 年以来，在国家发展改革委等部门的关心和指导下，浙江省坚持政府引导、市场驱动，改革引领、创新发展，不断满足人民群众多层次、多样化的健康养老服务需求，努力推动浙江健康养老服务业走在全国前列。 2015 年 3 月 1 日《浙江省社会养老服务促进条例》正式实施，同年浙江省政府工作报告将健康产业列为支撑浙江未来发展的 7 大产业之一。 另外，近年来还通过不断投入资金来促进养老服务产业的发展。 浙江省全面推行养老机构"公建民营"模式，允许民办医疗养老机构利用有偿取得的土地使用权、产权明晰的房产等固定资产办理抵押贷款。除此之外，政府致力于服务项目建设，鼓励先行先试，发挥示范引领作用。更重要的是，强调人才队伍建设，提供人力资源保障。

为促进老年人健康教育的逐步发展，采取多方面、多渠道的方法已经成为大势所趋。 本节选取了其中几种社区中的老年人健康教育的主要方式。 社区老年人健康教育，是进行老年人健康教育的重要途径和方法，是指以社区为单位，以社区老年人群为教育对象，以促进社区老年人健康为目标，有计划、有组织、有评价的卫生服务过程（马骁，2012）。 相对于其他方式，社区老年人健康教育在内容、方式上对社区老年群体更具针对性，强调根据老年人的特点进行生理、心理健康教育，丰富其娱乐、社交活动，以此促进老年人的生理、心理健康，从而良好地适应社会（赵淑英，2011）。 社区老年人健康教育内容主要由健康观念教育、生理健康教育、心理健康教育 3 大部分组成。健康观念教育主要是指个人及群体对健康的态度和价值观的认同，形成正确的健康观念是建立健康教育知——信——行模式中"信"的重要一环。 其主要内容包含健康的重要性、相关法律法规，提倡个人的重要作用等。 生理健康教育包含的内容多样，主要包括疾病健康教育（一般疾病、慢性病、生殖疾病等）和知识教育（健康生活方式知识、保健知识、药物健康知识、急救知识等）两大部分。 在心理健康方面国内重视度远远低于国外，国外发展较好的国家对于此方面的内容非常多样。 老年健康教育的方式主要有：健康教育的方法有教学、培训和行为干预及老年人之间或其与医务人员之间的交流、探讨等；健康教育途径主要包括，随诊教育，入户随访教育，专家义诊个别指导，健康教育讲座，健康教育展板（栏、黑板），健康教育书籍、手册或宣传单，电视、广播、互联网的健康教育节目，社区内举办的丰富多彩的文化、体育活动等（唐国英，2013；陆霞，2011；陈琦蓉，刘丹，唐四元，2017）。目前在老年健康教育有以下几种路径。

（1）老年大学中的老年人健康教育

健康教育是老年大学教育内容中的一项重要内容，主要有老年学校教育、老年社会教育、老年自主教育和老年远程教育 4 种方式。老年学校教育是指参加老年大学学校提供的正规课程；老年社会教育是指参加老干部活动中心的学习讲座，参加社区、居委会老年社团或企业、商家组织的培训讲座，参加社会上各类协会组织的免费讲座，外出参观学习、旅游学习，以及其他专门邀请老年人参加的活动；老年自主教育是指老年人自发的学习；老年远程教育是指随着现代信息技术的迅速发展，利用卫星、电视和互联网作为公共教育的平台和载体进行学习（兰敏，2014）。通过这些方式，为老年人提供丰富的健康知识来源，促进老年人健康教育的发展。尤其是老年远程教育，这是现代科技发展带来的重要改变，极大地缓解了资源无法满足需求的状态，但同时也存在一些阻碍，如老年人使用手机等电子设备还不够熟练。

（2）养老机构中的老年人健康教育

在我国医养结合的理想倡导下，养老机构健康教育方面也在逐步发展。养老机构中患慢性疾病的老年人占比较重，这一特征决定了养老机构需要承担老年人健康教育的重要责任。但是相较于学习预防和普及保健的健康知识，养老机构主要是以护理方面的健康知识为主，即如何帮助患病老年人自理，其方式主要是以讲座、健康干预等手段进行的。

（3）社区中的老年人健康教育

我国主要的健康教育是以社区健康教育为主，此处选择了余杭区南苑街道文仪社区的老年人睡眠管理小组工作作为案例。本案例主要关注的是社区老年人中因为生理因素、心理社会因素、环境因素等引起的睡眠不足、睡眠质量差的人群。社会工作者采用团体辅导方式，利用社区老年心理健康加油站和世纪嘉园聊疗吧的设施、技术力量，帮助服务对象加深对睡眠的认知和理解，懂得睡眠对健康的重要性，通过提高服务对象对情绪的控制力，提高夜间睡眠质量，享受更好的晚年生活。 首先，2014 年 5—6 月，对社区范围内 60 岁以上的服务对象进行了老年人晚年生活质量问卷调查，以此作为活动前期的需求评估。 通过调查发现，在服务对象自己最关心的问题中，有许多人提到了睡眠质量差的问题，希望能够获得更多的知识以及社会力量的支持，改善自己睡眠情况的愿望比较迫切。 发现有明确的需求后，社会工作者针对需求设计了服务计划，使用社会工作中的专业方法——小组工作来满足老年人这一需求。

互动模式下的小组工作，其理论基础主要源于发展心理学、社会关系和社会机构理论、小组动力学理论。 在小组实施过程中，坚持开放性互动、平等性互动、面对面互动的原则，促进组员之间、组员与小组和社会系统之间达到开放，实现良性互动，寻找小组共同成长的目标。 老年睡眠小组的目的就是利用专业咨询师的力量，通过互动，帮助组员加深对睡眠的认知和理解，用积极的态度去调整不良的心态，提高精神境界，养成良好的生活习惯，享受更美满更幸福的晚年生活。

认知行为理论认为，人的大多数行为都是通过学习获得的，因此人类可以学习新的行为，改变旧的行为，而认知扮演着中介和协调的作用。 在社会工作实践中，不仅要通过行为训练修正行为，而且还要通过调整个人的认知来促进行为的改变。 组建老年睡眠管理小组，通过小组的活动，帮助服务对象建立对睡眠的正确认知，协助他们自助、自立，使其能够在正确认知的基础上成为自己的咨询者和帮助者，以达到调节和控制自己情绪的目的，从而改善睡眠质量。

小组情况

对象：社区范围内的老年人（自愿参加）

人数：12 人（60—70 岁老人）

小组性质：支持性小组

日期：7 月 2 日—8 月 6 日

地点：文仪社区老年人身心健康加油站

活动计划：一次活动参加的人数在 12 人次。 整个团体辅导活动安排 6

次,结束后经过知情选择,对 30%—50% 服务对象进行面对面的交谈和深入了解,帮助睡眠质量不高者提升睡眠质量。 如表 5-2 所示:

表 5－2 活动记录表

小组活动之一

(1)活动时间:7 月。

(2)活动目标:了解组员的需求,也初步确立小组活动的目标、规范和契约。

(3)活动过程及内容:

个别活动时间	目标	内容	所需物资	备注
10 分钟	清楚地表达目的和目标	社会工作者开门见山,介绍本次活动的意义,目的及小组活动对睡眠管理起到的作用		
15 分钟	前测评估	为评估小组辅导的效果,在正式辅导开始前,设计相关问卷,并告诉服务对象,这一调查问卷是为了更好观察本次活动的功效	调查问卷	
10 分钟	促进成员间相互认识,增加他们的熟悉度	通过"五毛和一块"的游戏及互相介绍、互相握手的方式进行相互熟悉	纸、笔、秒表	
10 分钟	与服务对象一起订立小组协议	社会工作者介绍小组契约,澄清组员问题。大家一起在认同的小组契约上签字	笔 12 支,小组契约书 12 份	
15 分钟	手操练习(心—肺)	根据服务对象对中医的认可,运用中医经脉理论与手指操相结合	老年人身心健康加油站设施	
30 分钟	谈体会感受及活动点评	针对专家辅导,开展讨论,每人 2 分钟,谈谈自己在睡眠中遇到的困惑;然后请社会工作者对本次活动做一简要点评		

小组活动之二

(1)活动时间:7 月。

(2)活动目标:促进服务对象间熟悉,增加对睡眠的认识,学习放松自己、控制情绪的方法。

(3)活动过程及内容:

续　表

个别活动时间	目标	内容	所需物资	备注
15分钟	热身活动	手操练习(心肺)	老年人身心健康加油站设施	
25分钟	了解自己	传授脑生理知识	老年人身心健康加油站实施	
20分钟	介绍项目活动方法	介绍辅导计划及觉知训练方法		
30分钟	专家辅导与互动	请一名专家做10分钟夏季睡眠保健的主旨发言,然后开展互动活动,重点是在专家指导下服务对象提出相关问题,并共同讨论解决		

团体辅导活动之三

(1)活动时间:7月。
(2)活动目标:提高团队意识,促进组员间信任和接纳,掌握觉知5分钟控制能力。
(3)活动过程及内容:

个别活动时间	目标	内容	所需物资	备注
15分钟	培养服务对象的团队合作精神	"官兵捉贼"游戏	笔、纸、音响设备	
15分钟	睡眠与健康的介绍	介绍睡眠的作用、影响因数、睡眠不足的危害,以及日常生活中提高睡眠质量的方法、食物	PPT、电脑、投影	详见睡眠与健康的课件
10分钟	热身活动	手操练习	老年人身心健康加油站设施	
25分钟	体验觉知训练5×5	开展5分钟的觉知训练,共开展5次。要求组员能熟练掌握		
15分钟	放松练习	开展深呼吸等放松训练,进一步让自己安静下来,提升情绪的控制力		
20分钟	互动交流	请3名服务对象谈谈对睡眠现象的认识、以及对上述训练后的感受。社会工作者进行小结点评		
	回家作业	开展觉知训练和放松练习,体验对放松情绪、改善睡眠的促进作用		

团体辅导活动之四

(1)活动时间:7月。
(2)活动目标:促进服务对象的自我了解、自我控制,掌握觉知控制8分钟能力。

（3）活动过程及内容：

时间	目标	内容	所需物资	备注
10分钟	自我控制能力训练	"放硬币"游戏	硬币若干、水杯一个	
15分钟	手操练习	运用中医经脉理论与手指操相结合	身心健康加油站	
30分钟	体验持器具觉知训练10×3	开展每次10分钟的持器具觉知训练，共开展3次		
15分钟	放松练习	开展肌体放松练习，进一步实现自我情绪的控制		
20分钟	回访与个别谈心	与3—5位服务对象谈话交流，进一步了解服务对象对睡眠问题的认知及活动后睡眠状况有否改善		
	回家作业	掌握觉知训练10×3		

团体辅导活动之五

（1）活动时间：7月。

（2）活动目标：促进服务对象对睡眠认知、情绪控制能力的改变，掌握觉知控制15分钟能力，不断提升睡眠质量。

（3）活动过程及内容：

时间	目标	内容	所需物资	备注
10分钟	练习情绪的掌控与反应能力	"左右交叉"游戏		
10分钟	手操练习	根据服务对象对中医的认可，运用中医经脉理论与手指操相结合	老年人身心健康加油站设施	
30分钟	持器具觉知训练15×2	开展15分钟的持器具觉知训练，连续做2次		
15分钟	放松练习	开展肌体放松练习，进一步增强情绪控制能力		
20分钟	自由发言，分享活动感受	大家谈谈自己的体会，社会工作者做总结，约定下次活动时间		

团体辅导活动之六

（1）活动时间：8月。

（2）活动目标：巩固服务对象对睡眠的自我控制和自我管理能力，处理组员的离别情绪。

（3）活动过程及内容：

续　表

时　间	目　标	内　容	所需物资	备注
30 分钟	帮助服务对象认识到自己的变化	回顾整个活动,分享自己的改变	整个活动的影像资料	
20 分钟	约定睡眠质量的改善目标	社会工作者在卡片上留下祝福的语言,然后让每位服务对象在自己的卡片上写下自己期望达到的目标,一方面作为服务对象自我监督和努力的方向,另一方面也可以作为跟踪访问的依据	卡片 12 张、笔 12 支	
15 分钟	评估小组成效	填写《小组成效评估表》	评估表 12 份	
20 钟	开展告别活动,处理离别情绪	1.组员间相互道别,为服务对象分发纪念品 2.全家福:合影留念 3.宣告小组结束	纪念品 12 份	

　　本次服务中,社会工作者认为整个小组活动围绕服务对象的需求,基本实现了小组的目标。 小组活动的过程设计采用循序渐进的方式,较为合理。 实施过程中运用了沟通与互动、小组讨论以及小组工作的治疗等技巧,小组活动开展的效果较好。 服务对象能较好地完成每次小组活动,小组气氛融洽。 通过小组成效评估表及个别访谈,服务对象对小组活动的认可度较高,通过活动,服务对象加深了对睡眠的认识,学习了调节和控制自己情绪的方法,提升了对睡眠进行自我管理的能力。 组员对小组的活动形式和社会工作者的领导方式、心理专家的专业辅导都比较满意。

　　从社会工作者专业服务的角度看,工作人员也做了如下反思:①基于老年人的生理、心理特点不同于其他人群,对于服务对象在小组中取得的改变和成绩,要多用称赞技巧,以鼓励他们的自信心和参与小组的积极性;②由于睡眠管理小组是一个相对比较专业的小组活动,要充分发挥好社区内心理咨询师及老年心理健康加油站和世纪嘉园聊疗吧的设施、技术力量;③由于参加活动的是老年人,学习能力及开展游戏的行动能力比年轻人要弱,在开展小组活动中时间比较难以控制,这是将来的活动设计中要注意的。

　　与案例相关的材料准备:

①"五毛和一块"规则：一个男生代表一块，一个女生代表五毛！裁判说几块几，组员就应该迅速找人来组成这个数字……剩下的没能组成这个数字的人就输了，就要按要求表演节目！

②"官兵捉贼"游戏规则：准备"官，兵，捉，贼"字样的4张小纸，参加游戏的4个人分别抽取纸条，抽到"捉"字的人要根据其他3人的表情和细节猜出谁拿的"贼"，猜错的要表演一个节目，有抽到"官"的人决定如何惩罚，由抽到"兵"的人执行。

③"放硬币"游戏规则：准备一个直径大约15cm的玻璃杯，装水到离杯口差2mm，然后玩游戏的人轮流放一个硬币，看谁放进去的时候水溢出就输了。

④"左右交叉"规则：由工作人员先做示范，工作人员喊出"左眼"，玩游戏的人要指"右眼"，工作员喊出"右手"，玩游戏的人要举"左手"。 工作人员可依次说出命令：左手、右眉、左眼、右胳膊、左鼻孔、右耳等。

小组活动契约：

（1）我自愿加入小组；

（2）要准时参加每次小组活动，若因故不能参加，要事先请假；

（3）我将保守小组的秘密，不在小组之外提及涉及个人隐私的内容；

（4）服务对象要相互尊重、坦诚相待；

（5）活动结束后，将好的经验传递给有需求的其他同龄人；

（6）我愿意认真倾听其他成员的观点和感受，不评判别人的观点；

（7）我愿意遵守以上约定，并签名为证。

立约人：

年　　月

6

提升健康保障制度

2015 年 10 月 10 日，习近平总书记在中央财政领导小组会议上首次提出"在适度扩大总需求的同时，着力加强供给侧的结构性改革，着力提高供给体系的质量和效率"。供给侧结构性改革，是从提高供给质量出发，以改革的全新视角看待，通过推动结构性调整来扩大有效供给，从而提高供给结构的灵活性和适应性以应对需求的变化。习总书记的供给侧改革思路，为医药卫生的制度改革提供了一条有效的路径，从医疗卫生的供给质量和供给结构两方面进行深度改革。因此，医疗卫生领域供给侧可以界定为：医疗服务市场中的医院和医生，医疗保险市场中的医保机构和医生，医药买卖市场中的药商（既有药品生产商、也有药品经营商）和医生等供给主体，为满足患者看病需求，所提供的供给与结果的总称。而医疗卫生领域的供给侧结构性改革是要求对以上医疗服务供给机构进行优化，供给质量进行提升，使得医疗卫生领域供给更加精准有效。

6.1 浙江省医药卫生体制的供给侧改革

从目前浙江医疗服务市场的现状来看，医疗改革实施以来，浙江省政府秉承公益性原则，建立起以政府为主导的基本医疗卫生制度，摒弃市场化路线，回归公益性，把基本医疗卫生制度作为公共产品向全民提供。浙江省突出"三医"联动改革的系统性、整体性、协同性，加快探索构建具有浙江特色的基本医疗卫生制度。特别是以实施"双下沉、两提升"（城市医院下沉、医学人才下沉、提升县域服务医疗服务能力、提升群众满意度）和分级诊疗等改革为主线，率先实现了城市优质医疗资源下沉县（市、区）全覆盖，率先全面启动公立医院综合改革，全面提升基本公共卫生服务均等化水平，加快发展社会办医和"智慧医疗"服务体系建设等，浙江医改始终走在全国前列，也给百姓看病就医带来诸多实惠。

6.1.1　浙江医疗服务改革的举措与经验

（1）公立医院综合改革

公立医院综合改革是新医改工作的重点和难点。为了破除"以药补医"政策，在以取消药品加成为切入点的公立医院综合改革中，首先必须有效解决公立医院补偿机制问题。浙江于 2011 年下半年首批试点 6 个县（市）的县级公立医院综合改革，至 2012 年底，县级层面改革全面启动；2013 年底，除杭州市外的 10 个地级市启动市级公立医院综合改革；2014 年 4 月，启动了省级公立医院和杭州市市级公立医院综合改革。至此，浙江所有公立医院率先于全国实行了药品零差率销售，全面启动综合改革。2016 年，全省所有地级市全部纳入国家城市公立医院综合改革试点市。

浙江公立医院综合改革的顶层政策设计为"五环联动"：①合理上调诊查费、护理费、治疗费、手术费等医疗服务收费标准，药品加成取消后收入减少的部分，90％通过调整医疗服务收费补偿；②调整医疗服务项目医保支付标准，确保不增加患者负担，并在实行总额预付制的基础上，探索开展按病种、按人头、按服务单元、按床日付费等支付方式改革试点；③完善财政投入政策，在财政保证对医保基金兜底的同时，加大对公立医院"六项补助"的投入力度，并安排了政策性亏损的专项资金；④加强对医疗服务的监管，建立"阳光用药"等系列监管公示制度，严格控制不合理的医药费用增长；⑤强化医院内部精细管理，对于取消药品加成后的部分实际收入差额，由医院通过精细化管理、降低成本、提高效益等方式加以弥补。综合改革以来，全省公立医院已彻底告别"以药补医"

的补偿方式，新的补偿机制正在进一步完善。 据统计，全省药占比下降 8.7％；
门诊和住院均次费用的年均增长率控制在 4.5％左右，处在全国较低水平；医疗
费用个人自付比例连续多年实现零增长。

（2）优质医疗资源"双下沉、两提升"

2013 年，省级医院率先启动"双下沉、两提升"工作，2014 年向市三级
甲等医院稳步推进，要求省市三级甲等综合医院、中医院和部分专科医院，至
少与 1 家县级医院建立全面托管式合作办医关系。 到 2015 年，省级医院实现
对 26 个加快发展县的全覆盖；15 家省级医院和 39 家市级医院与 122 家县级
医院合作办医，实现 90 个县（市、区）全覆盖。 县级医院通过建立县域医学
影像、临床检验、心电检验、慢病管理等区域共享中心，县乡村卫生一体化等
多种形式，加快推进县级医疗资源下沉乡镇全覆盖。 省政府先后出台了《关
于推进城市优质医疗资源下沉的实施意见》《关于推进"双下沉、两提升"长
效机制建设的实施意见》，就开展合作办医、加强人才下沉、建立长效机制等
做了制度性设计和安排。 省级相关部门密切协作，完善相关配套政策。 省财
政每年新增安排专项资金 2 亿元，2016 年增加到 3 亿元，并建立了专项资金
分配与资源下沉绩效挂钩机制。 人力社保部门通过完善医保报销政策和建立
人事激励政策，推进区域专病中心建设和鼓励优秀医学人才下沉。 卫生计生
部门成立专项工作督导组，建立了第三方考核机制，强化督导推进，完善政策
措施。 目前，全省每年有省市级医院高资历医生 1200 多名和 2000 多名经住
院医师规范化培训的年轻医生进驻县、乡医疗机构，4000 余名医师在晋升中
高级职称前到基层服务。

在"双下沉"推进过程中，必须把基层医院与城市医院的发展、利益和责
任紧密结合起来，才能有长远的积极性。 因此，逐渐把"双下沉"的重心放
在构建发展共同体、利益共同体和责任共同体上，以业务、技术、管理、资产
等为纽带，探索出 5 种不同类型的合作办医模式。 第一种是全面托管，也是
最主要的一种合作模式。 由城市三级甲等医院全面负责托管医院的运行和发
展，下派人员担任托管医院的院长或常务副院长，实行理事会领导下的院长负
责制。 托管医院产权归属、职工身份及行政隶属关系不变；经济纽带主要靠
城市医院按照不低于托管医院业务总收入 3％的比例收取托管费。 第二种是

重点托管或部分专科托管。　就是由合作双方根据区域就医需求和医疗资源分布情况，城市三级甲等医院对合作医院若干个学科进行重点帮扶。　这在最初被广泛采用。　第三种是有资产纽带关系的省三级甲等医院分院建设，这是前两种模式的升级版。　全省现有 7 家省级三级甲等医院下沉资金 3 亿元，与 8 个县（市）政府共建 11 个专科（专病）中心。　目前，11 个专病中心中有 9 个中心基础设施建设工程已经完成，5 个中心已投入运营。　第四种是城市公立医院到基层举办专科医院。　由城市三级甲等医院在条件适合的县（市、区）直接或与县（市、区）政府合作投资举办新的非营利性专科医院。　第五种是纵向到底的医疗集团或医联体。　实现多层次医疗机构的纵向整合，架构集团化管理，形成省县乡或市县乡一体化的纵向联合体。

　　（3）助推"智慧医疗"

　　2016 年，浙江省在改善医疗服务方面，力推"智慧医疗"模式，充分利用大数据、移动互联网、云计算等多种信息技术，夯实基础设施建设，促进医疗资源信息互联互通，通过线上支付、诊间结算、一站式结算的便民惠民等措施，全方位帮助百姓轻松看病，积极探索"互联网＋医疗健康"，努力改善群众看病就医感受，走在了全国前列。

　　浙江省、市、县三级人口健康信息平台的架构已初步建成。　全员人口、电子健康档案和电子病历 3 大数据库建设正在有序推进。　基于三级平台等各类业务应用加快融合、互联互通，居民电子健康档案系统与区域 HIS、妇幼保健、全科医生签约、慢病管理等业务信息系统的互联互通使原本碎片化的个人医疗、健康信息得以整合共享；区域影像、区域临床检验、区域心电等协作医疗系统等应用，让原本分散在不同地域等医疗资源得以优化配置。

　　2009 年，浙江省建立了全省统一的预约诊疗服务平台，这个以政府名义建立的平台为患者打通了一条预约就医的"主干道"。　除了预约挂号外，该平台提供的候诊排队叫号、检验检查报告查询、手机客户端等多项服务为百姓提供了更全面、更贴心的就医服务。　2016 年，为推进分级诊疗，浙江省卫生计生委将此平台升级为具有转诊功能的预约服务平台，在号源池的基础上增加床位池、检查池和日间手术池，提供预约转诊服务，实现上下级医院间以文本、影像、视频等为载体等诊疗信息交换功能。　目前该平台已正式发布并上线运行。

　　浙江省各地区也秉承开放态度，激活社会各界和市场主体等能动性，加快互联网与医疗健康的深度融合，涌现出一批"智慧医疗"实践案例。①温州医科大学附属第一医院智能化就医流程改造，颠覆了传统诊疗流程，实现了挂号、就诊、缴费"零排队"。该院利用电话预约、现场预约、网络预约、手机APP预约、支付宝预约、微信预约等方式，预约就医率达到84.14％，居全国首位。在该院就医还可以采用微信钱包和支付宝缴费结算，护士站刷卡办理进出院手续结算等方式，大大方便了患者。②杭州市开展区域整体就医流程再造，相继推出市民卡诊间结算、出院病人病区结算、分时段预约诊疗、24小时自助挂号、医生诊间预约检查、网上查询检验检查报告、远程会诊系统等一系列"智慧医疗"应用，优化服务流程改善就医体验。③2015年年初，浙江省首家网络医院宁波"云医院"正式上线，这是一家具有线下实体的混合所有制网络医院，以建设互联网的医联体为目标，通过在互联网上打造无边界、无围墙的医院，为百姓提供无处不在、触手可及的个性化健康服务，为医生提供线上线下多点执业的平台。④在舟山这个岛屿分散的群岛型城市，建起了舟山群岛网络医院，由政府办的线下实体医疗机构通过互联网技术组成的线上虚拟"医联体"，通过线下实体提供B2B（机构对机构）的远程诊疗服务，这意味着在基层医生的陪同下，岛上居民只需通过视频就能获得三甲医院专家的诊疗。

6.1.2　医疗保险市场的现状

　　浙江省医疗保险制度改革肇始于2000年，经过18年的努力探索和发展完善，目前已经形成了以职工基本医疗保险制度和城乡居民基本医疗保险制度为主体，大病保险为辅助延伸，医疗救助制度兜底，社会（医疗）慈善和商业医疗保险为补充的多层次医疗保障体系。截至2017年，浙江城镇职工基本医疗保险参保人数2117.44万，城乡居民医疗基本医疗保险参保人数3134.20万，两项基本医疗保障覆盖全省城乡人口的98.96％（按全省户籍人口5307万计算）。在医保覆盖面扩大的同时，医保待遇也在不断提高：截至2017年底，浙江省城镇职工医保政策范围内住院报销比例达84％，城乡居民医保政策范围内住院报销比例超过70％。按照世界卫生组织（WHO）的数据显示，参保者自负比例为 30％左右，报销补偿是处于合理区间的。 浙江医保的历次改革已经取得了初步成效，制度设计更加公平合理，基金抗风险能力进一步提升，促进了全民医疗保障体系持续健康的发展。

（1）"七统一"整合城乡居民医保

2016 年年初国务院发布了《关于整合城乡居民基本医疗保险制度的意见》，就整合城镇居民基本医疗保险和新型农村合作医疗两项制度，建立统一的城乡居民基本居民医疗保险制度提出明确要求。 但早在 2014 年底，我省 11 个设区市都已制定出台全市统一的城乡居民基本医疗保险制度，率先在全国完成城乡居民医保职能、制度、经办并轨。 浙江省政府根据国务院意见在 2016 年 10 月进一步出台了《关于深入推进城乡居民基本医疗保险制度建设的若干意见》，提出明确目标，统一参保范围、资金筹集、保障待遇、经办服务、基金管理和医保监管，推动保障更加公平、管理服务更加规范、医疗资源利用更加有效。

（2）大病保险改革

浙江是最早启动大病保险的省份之一，在 2012 年底就出台了《浙江省人民政府办公厅关于开展城乡居民大病医保工作的实施意见》（浙政办发〔2012〕150 号），并确定绍兴和湖州为先行试点地区，得到国务院医改办的肯定。 2014 年 10 月针对大病保险试点中亟须明确和完善的政策，省政府办公厅在各部门相关调研论证的基础上，颁发了《关于加快建立和完善大病保险制度有关问题的通知》（浙政办发〔2014〕122 号），作为全省深入推进大病保险工作的纲领文件。 同时也明确了我省大病保险制度有 4 个特点：一是覆盖全体人群，我省率先将职工、城乡居民统一纳入大病保障范围，建立全省统一的大病保险制度，体现大病保障人人享有的理念；二是涵盖各类疾病，我省大病保险以家庭灾难性医疗费用支出来界定（医疗费用占家庭可支配收入 40％以上），不区分具体病种；三是科学设定待遇，根据我省经济承受能力，省政府确定我省大病保险起付标准按各统筹区上一年度城乡居民人均收入设定（大致在 2 万－3 万元）；最高支付限额为起付标准的 10－15 倍，约 30 万－45 万元（相应总医疗费用为 100 万元左右）；各统筹区大病保险报销比例不低于 50％；四是拓展大病用药，2015 年通过公开谈判，将格列卫、赫赛汀等 15 种大病治疗必需、疗效明确的特殊药品纳入大病保险支付范围，让许多原先没钱而放弃治疗的癌症患者重新得到治疗，提高大病保险政策含金量。 3 年来（2014—2016 年），全省共有 64 万名大病患者得到及时补偿，大病保险基金累计支付 33.27 亿元。 2017 年 12 月浙江省人力社保厅、省财政厅、省卫生计生委、省民政厅、省保监局等 5 部门联合发布《浙江省关于进一步完善大病保险制度的通知》（浙人社发〔2017〕135 号），通知涉及健全大病保险筹资机制、提高大病保险保障水平、建立贫困人群大病保障倾斜机制、规范大病保险商保承办等方面以及调整扩充特殊药品范围。 目前，我省大病保险特殊用药范围扩至 28 种药品，阶段性满足我省大病患者用药需求，逐步建立健全有别于基本医保目录的大病保险目录，从而真正解决老百姓"因病致贫"的后顾之忧。

（3）医保智能审核平台

2014 年起，浙江在全省范围内推广阳光医保监管平台建设，从监管范围、监管方式和监管载体上进行转变，实现监管标准化、制度化、智能化、精细化，提高医保基金使用效率。 作为得到中央认可的杭州医保智能审核系统，更是在既要防治"过度医疗"，又要防治"医疗缺失"之间的动态过程中保持平衡。 杭州市医保信息系统已具备对参保人员基本档案的电子化管理，缴费数据的信息化交换，药品、诊疗、材料 3 大目录库的管理，定点单位及其医师、康复师管理。 通过比对参保人员就诊信息和目录库、监管规则，对采用付费的医保费用实现了事前规则提醒、事中结算控制、事后计算机全面审核，再辅以医保监管平台的实时监控和稽查疑点筛查，已经形成一套从征缴到待遇享受的全过程监控管理体系，将"医保实时监控""医保智能审核""医疗服务监管"3 大部分统一整合，构筑起了全方位、多维度、高效率的智能监管平台。

（4）异地就医结算

浙江省根据人社部、财政部下发的《关于做好基本医疗保险跨省异地就医住院费用直接结算工作的通知》（人社部发〔2016〕120 号），积极接入国家基本医疗保险异地就医结算系统，截至 2017 年底我省全部 71 个统筹区，214 家医疗机构已实现跨省异地就医住院费用直接结算，外省在浙江发生跨省异

地就医有效结算共计 3201 人次，总费用 6255.66 万元；我省参保人员在外省
发生跨省异地就医有效结算共计 9669 人次，总费用 2.7 亿元。 为常驻异地工
作人员、异地长期居住人员、异地安置退休人员和异地转诊人员提供了就医方
便，解决了原有的个人垫付款数额大、报销周期长、回款慢的问题。 早在
2010 年 8 月，浙江省人民政府就下发了《关于加快推进社会保障卡建设的意
见》，对开展"一卡通"建设工作做了具体部署。 从 2011 年起在杭州、绍
兴、嘉兴、衢州 4 个城市的 18 家定点医院试点医疗保险异地就医结算一卡通
模式。 到 2012 年年底，在全省范围内基本实现参保人员在省内跨市统筹地持
卡就医、购药实时结算。 仅 2016 年，我省已开通省内异地就医联网结算定点
医疗机构 216 家，全省异地就医 476 万人次，结算医疗费用 61 亿元。 作为惠
民工程的异地就医联网结算，浙江省一直走在前列，为浙江居民的就医通道保
驾护航。

（5）医保付费方式改革

浙江省作为我国医疗保障制度建设发展的"排头兵"，近年来在医保支付
方式改革方面进行了卓有成效的探索和实践。 2012 年 11 月，浙江省出台的
《关于印发浙江省基本医疗保险付费方式改革实施意见的通知》（浙人社发
〔2012〕333 号）指出：实行总额控制，推动从后付制向预付制转变；在总额
控制基础上，积极探索门诊按人头付费；逐步推行住院及门诊大病、常见病按
病种付费、按床日付费；要求在"十二五"期间建立完善与基本医疗保险制度
发展相适应的复合式付费体系，有效控制医疗费用不合理增长。 通过几年的
实践探索，浙江大部分地区已经实现了医保总额预算管理的管理模式，某些地
区还突破约束，进行探索。 在各地试点探索的基础上，浙江省在 2016 年密集
出台了各项医保支付方式改革的文件。 2016 年 9 月，浙江省出台了《浙江省
深化医保支付方式改革工作方案》（浙人社发〔2016〕96 号），文件提出要完
善医保总额预算管理，开展按病种支付方式改革，开展基层按人头支付方式改
革试点，力争"十三五"期间全省医保基金支出增速下降到 10％左右；2016
年 10 月，出台了《关于开展基本医疗保险按病种支付方式改革试点的通知》
（浙人社发〔2016〕97 号），要求各统筹区 2016 年底启动改革试点，按照
《按病种付费技术标准》（2014 年印发）、《浙江省按病种支付改革试点病种

参考目录》（118 种）等进行参考试点。 2017 年起始，按病种付费方式开始
全面提速。 所谓按病种付费，即从患者入院，按病种治疗管理流程接受规范
化诊疗，达到临床疗效标准后出院，整个过程中发生的诊断、治疗、手术等各
项费用都一次性打包收费。

6.1.3　医药买卖市场的现状

自 2009 年以来，浙江省共进行了 3 轮基本药物、2 轮非基本药物的集中
采购。 2009 年浙江省国家基本药物集中采购价格相比国家零售指导价下降为
45.3％，2010 年全品种药品集中采购中标价相比国家零售指导价下降为
40.61％，2011 年基本药物集中采购价格降幅更加明显，国家基本药物和省增
补药物相比国家指导价分别下降为 62.83％和 49.39％，相比上一轮集中采购
价格总体下降为 12.98％。 2014 年率先贯彻落实国务院 7 号文件的药品集中
采购精神，以临床需求为导向，遵循质量优先、价格合理、性价比适宜的理
念，结合"用什么，招（采）什么"原则，实现精准采购。 与全国最低价相
比，2014 年浙江省基本药物集中采购中标产品平均降幅达 12.88％，非基本药
物平均降幅达 13.89％。 中标结果执行一年来，节约了 64.48 亿元采购费
用，有效减少医保资金支出，减轻了患者负担。

（1）"三医联动"药采机制

浙江省是全国第一个贯彻落实国办发〔2015〕7 号文件精神的省份，《浙
江省人民政府办公厅印发〈关于改革完善公立医院药品集中采购机制的意见〉
的通知》为全省药械采购进一步创新优化指明了方向。 《意见》可以概括为
"三个新机制，一个新平台"：建立全省药品分类采购新机制、重构医保支付
标准、建立医保支付新机制、建立药品集中采购监管新机制、建设省级"三流
合一"（信息流、商流、资金流）药品集中采购新平台。 具体措施是坚持集
中采购方向，实行一个平台、上下联动、公开透明、分类采购，采取招生产企
业、招采合一、量价挂钩、双信封制、全程监控等。 一方面是激励谈判，另
一方面是积极用药。 在公立医院改革试点城市，允许以设区市为单位，在省
级药品集中采购平台上自行采购。 鼓励医疗卫生机构直接与药品生产企业进
行价格谈判。 对不同级别和等次的医疗机构做出具体规定：一是对于省级以

下公立医院（不含省级医院），可以医联体、医疗集团等组成采购共同体，发挥批量采购优势，参加药品采购的价格谈判；二是对于省级公立医院，可参加所在城市的药品采购；三是对于政府办基层医疗卫生机构，原则上以县（市、区）组成采购共同体进行价格谈判，采购共同体由医疗机构自愿组建。在中标价基础上，再与药品生产企业进行谈判，以量还价，最终形成确认价。基于"量价挂钩、以量换价"的原则，杭州、宁波、温州、绍兴市与16家省级医疗机构分别组成医联体，在省药械采购平台上与药品生产企业进行价格谈判，平均降幅7%－8%。同时，高值医用耗材正逐步纳入省采购平台阳光采购，范围已涵盖心脏介入等13个领域。

（2）"两票制"改革

2017年5月浙江省卫生计生委、省食品药品监管局、省经信委、省商务厅、省国税局、省物价局等6部门联合印发了《关于在全省公立医疗机构药品采购中推行"两票制"的实施意见》，主要目的是通过"两票制"改革，如图6-1所示，压缩药品流通环节，降低药品虚高价格，减轻群众用药负担。"两票制"是指药品从药厂卖到一级经销商开一次发票，经销商卖到医院再开一次发票，以"两票"替代目前常见的七票、八票，减少流通环节的层层盘剥，并且每个品种的一级经销商不得超过2个。通过推行药品采购"两票制"，推动医药生产、流通企业主动参与深化医改，促进优化兼并重组和规模集约经营，自觉转变销售和经营模式，减少流通环节、降低流通成本、提高流通效率；强化医药乱象治理，严厉打击租借证照、虚假交易、伪造记录、非法渠道购销药品、商业贿赂、价格欺诈、价格垄断以及伪造、虚开发票等违法违规行为。

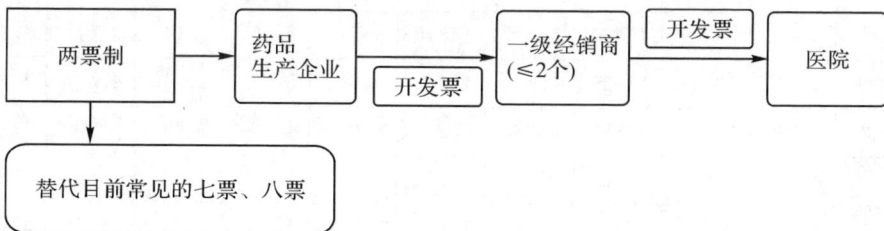

图 6-1　两票制

6.2 浙江省医药卫生体制改革的关键点

近年来，浙江在健康浙江建设、优质资源下沉、医保体系建设、药品采购供应改革、公立医院综合改革等方面取得了重大进展和明显成效，群众看病难、看病贵问题得到明显缓解，获得感不断增强。 在充分肯定改革进展和成效的同时，与人民群众日益增长的卫生健康需求相比，与"干在实处、走在前列、勇立潮头"的要求相比，浙江医药卫生体制改革的任务依然繁重。

（1）优质医疗资源配置不足

资源总量不足、结构不合理、分布不均衡，尤其是基层服务能力薄弱。 部分县尤其是县以下的医疗卫生机构专业人才缺乏，普遍反映招不到人、留不住人。 浙江的千人床位数低于全国平均水平，执业医师、护士（表 6-1）等专业人才也相对短缺，虽然千人床位数、千人医师和千人护士数在逐年增加（表6-2），但仍难以满足人民群众的健康服务需求。 据调查，人才招聘难已超过设备、编制、床位等问题，成为当前医院发展的最大瓶颈，特别是儿科、急诊、妇产科等专业领域和高职称、高资历人才紧缺。

表 6-1　2017 年全省各地区每千人床位、人员、医生、护士数（常住）

地区	机构数（个）	床位数（床）	卫计人员（人）	执业(助理)医师（人）	注册护士（人）	常住人口（万人）	千人床位（‰）	千人卫计人员（‰）	千人医师（‰）	千人护士（‰）
总计	31981	314016	460505	179474	188163	5657	5.55	8.14	3.17	3.33
杭州	4933	75948	110395	41833	46343	946.8	8.02	11.66	4.42	4.89
宁波	4157	37315	62382	24268	25207	800.5	4.66	7.79	3.03	3.15
温州	5579	39947	63726	26674	26011	921.5	4.33	6.92	2.89	2.82
嘉兴	1510	26453	33219	11392	13946	465.6	5.68	7.13	2.45	3.00
湖州	1393	15669	22762	8080	9405	299.5	5.23	7.60	2.70	3.14
绍兴	2502	27061	36977	15195	15054	501.0	5.40	7.38	3.03	3.00

地区	机构数（个）	床位数（床）	卫计人员（人）	执业(助理)医师(人)	注册护士（人）	常住人口（万人）	千人床位（‰）	千人卫计人员（‰）	千人医师（‰）	千人护士（‰）
金华	4109	30397	42530	16372	16721	556.4	5.46	7.64	2.94	3.01
衢州	1798	13930	17594	6930	7138	218.5	6.38	8.05	3.17	3.27
舟山	700	5723	9234	3581	3512	116.8	4.90	7.91	3.07	3.01
台州	3601	28257	42582	17235	17150	611.8	4.62	6.96	2.82	2.80
丽水	1699	13316	19104	7914	7676	218.6	6.09	8.74	3.62	3.51

注：本表人员合计中包括乡村医生 7403 人和卫生员 394 人；不含乡镇卫生院在村卫生室工作的执业(助理)医师、注册护士数。

表6-2　2013—2017 年全省每千人床位、人员、医生、护士数(常住)

年度（斗）	机构数（个）	床位数（床）	卫计人员（人）	执业(助理)医师(人)	注册护士（人）	常住人口（万人）	千人床位（‰）	千人卫计人员（‰）	千人医师（‰）	千人护士（‰）
2017	31981	314016	460505	179474	188163	5657	5.55	8.14	3.17	3.33
2016	31548	290388	432393	168167	174486	5590	5.19	7.74	3.01	3.12
2015	31139	272503	405458	158056	159945	5539	4.92	7.32	2.85	2.89
2014	30360	245752	375542	145698	145135	5508	4.46	6.82	2.65	2.63
2013	30060	230056	352393	138289	132705	5498	4.18	6.41	2.52	2.41

（2）公立医院改革不彻底

尽管浙江的"双下沉、两提升"对推动医疗资源的优化配置起到了积极作用，但促进城市公立医院资源下沉的内生动力和长效机制仍有待强化与完善，优质医疗资源上下贯通、整合发展、协同利用还不够。政府和医院的职责不够清晰，政府对公立医院的合理投入和有效监管还不到位；因缺乏支持公益性的投入与激励，公立医院的公益性目标与自身发展运行压力始终存在矛盾；城市医院医疗服务能力与县乡医疗机构间的反差也在扩大，一些公立城市医院规模无序扩张，在构建分级诊疗等医疗服务体系中的引领作用不明显等。

（3）药品降价攻势凌厉

政府提倡医疗卫生机构自愿组建成采购联合体在中标价的基础上，再与药品生产企业进行谈判，以量还价，最终形成确认价，即所谓的二次议价。但二次议价也存在一定弊端，可能动摇药品采购的基础，扰乱了药品生产流通的秩序，挤压作为支撑栋梁的制药企业的合理的利润空间。 在目前招标政策的现状下，最难过的往往是生产企业，大砍大伐的招标方式并不能从骨子里根除药价存在的问题，这边要求药价下降，那边要求药企加速发展。 因此，越来越多的药企同行在呼吁：有关部门不能只要求企业降价，对企业营销和经营面临的困局缺乏了解，要为行业和企业创造降价后能够正常销售和确保销量的配套环境及条件。

（4）大病保险效率不高

目前大病保险报销目录普遍执行基本医保药品、医疗服务项目和医疗服务设施等 3 个目录，虽然报销比例由此提高了 10—20 个百分点，但真正大病所需治疗的高额费用往往因不在目录内而无法报销。 即使现有的 30 余种特殊药品纳入大病保险范围，但仍远远没有覆盖大病的疾病谱，特别是罕见病的治疗。 由于患病人群少、市场需求少、研发成本高，治疗罕见病的药物稀缺，基本都是进口药。 患病人群不仅需要自费这些进口药，一般还需要终身用药。 缓解患者"病无所医""医无所药""药无所保"的困境，还需要政府、医疗机构、药企、患者组织、慈善组织等多方面的合作和行动。

（5）医保基金压力较大

近年来，随着医疗需求的迅速释放，医保基金支付压力越来越大。 根据文献数据显示，截至 2014 年，浙江省职工医保 76 个统筹区中有 19 个统筹区出现档期赤字，赤字规模达 4.67 亿元；城乡居民医保有 41 个统筹区出现当期赤字，赤字规模超过 10 亿元。 如职工医保基金指出继续按 2009—2014 年年均 18％的速度增长，预计到 2020 年前后将出现全省当期赤字，到 2025 年前后出现全省累计赤字，届时浙江省财政每年需拿出 500 亿—600 亿元用于填补职工医保基金缺口。 因此，如何通过设计医保支付方式改革，合理引导参保者进行理性就医，选择适合自己的医疗服务项目，矫正患者的"过度医疗"行为，最终形成实现控制医疗费用合理增长、提高医疗卫生服务质量和效率，提高医疗服务方积极性非常关键。

6.3 浙江省医药卫生体制的改革方向

健康浙江发展战略是浙江省加快推进科学发展、转型升级、建设"物质富裕、精神富有"现代化浙江的关键时期提出的事关全局、影响长远的重大发展战略。 2016 年 6 月，浙江省政府发布了《关于印发浙江省深化医药卫生体制改革综合试点方案的通知》（浙政发〔2016〕19 号），进一步明确医药卫生体制改革的总体方向、基本路径、重点领域和关键环节，进一步完善基本制度、服务体系、管理体制和运行机制，进一步增强改革的先导作用、创新动力、执行能力和实际效果，在保障群众健康、增强获得感上更进一步，为高水平全面建成小康社会和"两富""两美"现代化浙江提供坚实的支撑。

浙江省医药卫生体制改革方向主要有：

（1）充分激发医务人员的活力

广大医务人员是深化医疗改革的主力军，是推动卫生和健康事业发展的主体，必须充分调动和发挥其参与医改的积极性及发展事业的创造性。 要按照习近平总书记"两个允许"的要求（允许医疗卫生机构突破现行事业单位工资调控水平，允许医疗服务收入扣除成本并按规定提取各项基金后主要用于人员奖励），加快研究符合医疗服务行业特点的薪酬分配制度，使广大医务人员通过医疗技术服务获得有尊严的体面的薪酬收入。 要探索实行人才"县管乡用"机制，给基层医务人员落实编制有"衔头"、规范培训有"行头"、薪酬待遇有"甜头"、职业发展有"奔头"，通过"四头并举"措施吸引和稳定基层队伍。 同时，支持医生集团、医师工作室等新的执业方式探索，积极鼓励和规范医师多点执业，并最终向自由执业发展。

（2）积极推进整合型医疗服务体系建设

在当前互联网时代，医疗资源的有效整合不仅成为可能，还会极大地改善服务、提高效率，也能减缓医疗费用快速增长的势头。 基于浙江城乡一体化发展的趋势，改革的重点应在医疗资源再平衡上下功夫。 要将以单体医疗机构发展为主的方式转化为构建整合型医疗服务体系，将以疾病为中心的服务方式转变为以预防和健康服务为重点，使医疗卫生服务更加有序、更加经济、更有效率。 上下联动、分级诊疗和信息化是未来医疗服务体系重构的基本要求。 因此，要在推进城市优质医疗资源下沉的基础上，培育一批纵向资源整合的医联体，并加强医联体与医保支付管理间的有效对接，使其成为符合经济社会发展、符合"互联网＋"和健康管理等要素和功能需求的新型医疗卫生服务体系。

（3）不断强化医保的筹资、支付和监管职能

对医保而言，改革的重点应放在提质增效上。 各类型医保要在政策和管理上加快统一，医保支付方式要加强科学化精细化管理，并与分级诊疗制度建设相衔接。 当前，要加快推进城乡居民医保的市域统筹，研究探索以省域为统筹的医保体系。 扩大统筹区域，有利于优化公立医疗服务体系的布局，有利于民营医院的发展，更有利于医疗竞争和互补机制的形成。 要建立医保机构与定点医院的谈判协商机制，在总额预付等复合医保支付的基础上，研究探索基于 DRGs 的单病种医保支付方式，加强医保对医疗服务行为和费用的监管。 同时，也要充分发挥医保在药品和医疗服务费用定价中的作用。

（4）全力推动药品（耗材）招标采购改革

在国家对医药产业政策改革调整的基础上，省级层面要更加重视与医保支付相衔接的定价机制改革，并通过实行"两票制"等措施，有效减少流通环节。 进一步完善"三流合一"的省级招标采购平台建设，公立医院可以通过不同形式的联合，作为采购主体在省级或跨省域平台上与供应商谈判，实行量价挂钩采购。 政府在加强相关环节监管的同时，要推进采购所有信息的公开，让全社会参与监督。

（5）大力支持健康信息业发展

浙江有很好的"互联网＋"发展基础，卫生信息化和智慧医疗已经给医疗服务带来巨大的变革，这种变革产生的影响今后还将进一步加大。 在建立完善医院信息系统的基础上，实体医院要高度重视网络医院的建设，通过线上和线下对医疗资源的有效整合，改善流程，提高效率，方便患者;要在确保患者隐私和信息安全的基础上，推动医疗服务信息的共享和与社会的互动;要充分发挥健康信息服务提供机构的作用，通过公私合作、医企合作，促进智慧医疗健康、快速地发展。

7 改善健康生活环境

7.1 健康环境建设的背景

改革开放 40 年来,一方面,以牺牲环境换取经济粗放型增长带动迅速发展的城市化,带来了一系列的社会问题,影响了居民的身心健康,导致恶性肿瘤及各种慢性疾病迅速蔓延。另一方面,有学者在对健康环境与健康寿命的研究中发现,舒适、绿色、清洁的居住环境对健康有着密切的正相关关系,在预防医学范畴中,日本学者星旦二教授提出了"零次预防"即做好环境的健康治理的创新理论。计划经济时代,我国的"卫生城市"是在传统经济模式下发展起来的以考核行业卫生、环境保护和市政市容建设为主要内容,应对城市环境脏乱差、不文明和不卫生行为,去满足人们最迫切的健康需求而采取改善人们健康环境和健康水平的方式,这已经不能应对中国新形势下的健康问题,也不能满足新时代中国人民对健康的更高追求[①]。

国际上为应对这种快速城市化给人类带来的健康威胁,不断寻求新方法、开拓新视野,根据"人人享有健康"和《渥太华健康促进宪章》的具体要求,

---

① 傅华、玄泽亮、李洋:《中国健康城市建设的进展及理论思考》,《医学与哲学》2006 年第 1 期,第 12—15 页。

摸索出一套政府做出健康承诺并制定公共卫生政策，鼓励多部门间相互合作，并加强社区居民参与，注重思想开放和方法创新的"健康城市计划"。这一计划把健康列入城市决策者的议事日程，促使决策者在高层决议中制定相应的健康政策，通过在人群中树立广泛的健康观念来提升居民的健康水平。健康城市计划一经提出，不仅得到了欧美等发达国家的支持，同时也被东南亚及非洲等国家付诸实践并取得巨大的成功。面对国际上的成功案例和国内的压力，中国要解决严峻的健康矛盾，旧的观点和方法已经不能胜任，运用发展的眼光寻求新方法就成为新形势下中国政治、经济和文化发展的必走之路。1994年国家卫生部与世界卫生组织西太区开展了健康城市合作项目，把北京和上海纳入首批"中国健康城市项目试点区"，成功地为中国健康城市的建设拉开序幕，随后重庆、大连、苏州、深圳及杭州等地也相继展开了健康城市的建设工作，并成功举办多次国际性健康城市发展会议，为世界健康城市的发展提供了宝贵经验。目前中国已成为世界健康城市发展中不可或缺的中坚力量。2012年，我国为进一步推进中国健康城市的建设"从任务式创建走向常态长效管理、从运动式创建走向常规性建设轨道"的进程，并从根本上改善中国的发展与健康问题，又把健康城市列入国家"卫生事业发展'十二五'规划"之中。

健康城市是一个不断创建和改进自然与社会环境，扩大社区资源，使人们在发挥生命功能和发展最大潜能方面能够互相支持的城市。在建设过程中，人类把对健康的追求对象化为客观实在，创建并不断改善出一个能够发挥人类最大潜能的世界。健康城市的研究起源于公共卫生问题，目的是确保城市居民健康的改善，然而经过长期的发展和拓延，目前健康城市触及的领域已经超越了单纯的公共卫生问题，多部门的联合攻关和突破成为健康城市发展的主要方式之一，其主要研究内容也由单一的健康改善延伸到环境支持和健康服务等方面。当前建设健康城市已经是世界城市发展的潮流，在其理论产生、发展及成熟的过程中，蕴含了丰富的哲学思想，这些哲学思想既是人类城市发展中不可多得的财富，同时也是我们拓宽眼界，树立正确世界观，恰当处理城市发展与健康关系的得力工具。

我国的城市建设有着自身的复杂性和特殊性，特别是中国地域辽阔、各地区的经济水平、文化习俗差异不同，老旧城区与当前高速变化的现代化城市发展趋势形成强烈反差，人民对健康环境的价值空间具有迫切需求。 健康城市的治理，首先要从人居环境入手。 要思考当前市场经济条件下城市发展的方向和策略如何应对快速发展的城市化带来的人口增多、交通拥堵、环境污染等社会生态问题。 许多城市在建设过程中出现了重经济效益、轻环境效益的现象，形成的盲目性和投机性给城市的后续发展带来严重的生态破坏。 建设生态文明的城市环境已成为健康城市的基本要求，其尊重自然、保护自然、实现自然与人类和谐统一的原则，既提升了城市功能，达到调整城市结构、改善城市环境、促进城市文明建设的目的，又缓解了经济发展和环境保护的矛盾，为世界城市的建设提供了科学的发展方向。

2016 年 10 月，继全国卫生和健康大会召开后，浙江省委省政府召开全省卫生和健康大会，提出"高水平推进健康浙江建设"。 2016 年 11 月，杭州市也继 2007 年入选全国健康城市建设试点后，再次入选全国健康城市建设新一轮试点城市。 杭州市历届市委市政府高度重视爱国卫生和健康城市工作。 浙江省卫生健康大会结束后，杭州市即着手筹备健康杭州建设，是国内最早发布《健康杭州建设 2030 规划纲要》和召开市级卫生和健康大会的城市之一。 2017 年 2 月，杭州市第十二次党代会提出"构建面向全民、覆盖全生命周期的健康管理体系，建成健康中国示范区"。 2017 年 3 月，杭州市委市政府在《"健康杭州 2030"规划纲要》中提出，到 2020 年，在"七个人人享有"（健康杭州"十三五"规划建设目标：人人享有基本医疗保障、人人享有基本养老保障、人人享有 15 分钟卫生服务圈、人人享有 15 分钟体育健身圈、人人享有安全食品、人人享有清新空气、人人享有洁净饮水）的目标基本实现的基础上，健康杭州建设的各项指标继续位居全国前列，健康优先的制度设计和政策体系日趋完善，健康环境、健康社会和健康人群协调发展进一步实现，打造成为社会和谐、环境友好、安全宜居、人群健康的"健康浙江新标杆"和"健康中国示范区"；到 2030 年，全面巩固提升丰富"七个人人享有"目标，健康杭州建设的各项指标任务领先国内，接轨国际，完善健康优先的制度设计和政策体系，打造成全球健康城市建设的典范；到 2050 年，建成与现代化国际大都市相适应的健康城市，具体如表 7-1 所示。

表 7-1　健康杭州建设主要指标

类别	指标名称	2015 年	2020 年	2030 年	属性
健康人群	(1)人均期望寿命(岁)	81.85	≥82.3	≥83.7	预期性
	(2)婴儿死亡率(‰)	2.32	3.5 以下	3 以下	预期性
	(3)5 岁以下儿童死亡率(‰)	3	5 以下	4 以下	预期性
	(4)孕产妇死亡率(/10 万)	6.94	7	6 以下	预期性
	(5)重大慢性病过早死亡率(%)	—	低于全省平均水平	低于全省平均水平	约束性
	(6)法定报告传染病发病率(甲乙类)(/10 万)	190.41	187.31	180	约束性
	(7)居民健康素养水平(%)	16.95	27	40	预期性
	(8)经常参加体育锻炼人口比例(%)	40.20	42	45	预期性
	(9)国民体质监测合格率(%)	93	95	95 以上	预期性
健康环境	(10)空气质量优良天数比率(%)	66.3	省下达指标	省下达指标	约束性
	(11)市控断面Ⅰ—Ⅲ类水质比例(%)	85.1	≥87	≥90	约束性
	(12)城市生活污水处理率(%)	94.28	95 以上	97	约束性
	(13)农村生活污水有效治理覆盖率(%)	—	90	98	约束性
	(14)县以上城市集中式饮用水水源地水质达标率(%)	100	94 以上	98 以上	约束性
	(15)城市生活垃圾无害化处理率(%)	100	100	100	约束性
	(16)农村生活垃圾分类覆盖率与减量处理率(%)	—	80/50	80/50 以上	约束性
	(17)县以上城市建成区绿地率(%)	—	40	41	约束性
	(18)国家卫生乡镇创建率(%)	3.85	20	30	约束性

续 表

类别	指标名称	2015 年	2020 年	2030 年	属性
健康服务	(19)县域内就诊率(%)	—	90 以上	90 以上	预期性
	(20)智慧医疗覆盖率(%)	—	80	90	约束性
	(21)城乡居民规范化电子健康档案建档率(%)	90	90 以上	95	约束性
	(22)责任医生城乡居民规范签约率(%)	25	35	50	约束性
	(23)每千名老年人口拥有社会养老床位数(张)	40	50	50 以上	约束性
健康社会	(24)个人卫生支出占卫生总费用的比重(%)	30	28	25	约束性
	(25)城乡居民、城镇职工基本医疗保险政策范围内住院补偿率(%)	—	75/85	75/85 以上	约束性
	(26)主要食品、药品、食用农产品质量安全抽检合格率(%)	96.54	食品:96以上;药品:98以上;食用农产品:97	食品:97;药品:99;食用农产品:97	约束性
	(27)注册志愿者人数占常住人口比例(%)	10.17	13	15	约束性
健康文化	(28)城市阅读指数	75.98	80	85	预期性
健康产业	(29)健康产业增加值(亿元)	502.06	1000	2000	约束性

资料来源:《"健康杭州 2030"规划纲要》(市委发〔2017〕14 号)。

7.2 健康环境的组织保障

2017 年 3 月,杭州市委办公厅发布《关于建立健康杭州建设领导小组的通知》(市委办发〔2017〕19 号),成立了由市委书记和市长任双组长的健康杭州建设领导小组,成员均为 59 个成员部门和 13 个区、(县)市的党政主要负责人。 同时,杭州市委办公厅还印发了《关于加强健康杭州 "6+1" 平台建设和建立大健康共建体系指导意见的通知》(市委办发〔2017〕15 号),成立了 7 个专项小组,搭建了组织架构。

（1）健康环境专项组

健康环境专项组由杭州市环保局（市生态建设领导小组办公室）担任组长单位，市建委、市城管委为副组长单位，市发改委、市规划局、市经信委、市国土资源局、市农办、市财政局、市园文局、市林水局、市交通局、市农业局、市卫计委、市城建投资集团公司为成员单位。主要负责定期研究、部署改善健康环境工作；全面开展水、气环境综合治理；加强自然生态保护；健全生态文明制度；组织指导、检查各相关部门，各区（管委会）、县（市）改善环境质量工作；完成交办的其他工作任务。

（2）健康社会专项组

健康社会专项组由杭州市人社局担任组长单位，市民政局、市发改委为副组长单位，市财政局、市经信委、市安全监管局、市建委、市住保房管局、市公安局、市交通局、市统计局、市市场监管局、市商务委、杭州出入境检验检疫局为成员单位。主要承担制定构建健康社会规划和实施方案；定期研究、部署构建健康社会工作；完善社会保障体系；加强食品药品安全保障；完善城市交通和公共安全体系；构建城市信用数据大平台，打造"信用杭州"；提升社会治理能力和水平，促进社会和谐包容；组织指导、检查各有关部门，各区（管委会）、县（市）构建健康社会工作；完成交办的其他工作任务。

（3）健康服务专项组

健康服务专项组由杭州市卫计委担任组长单位，市人社局、市民政局为副组长单位，市发改委、市财政局、市规划局、市教育局、市残联、市红十字会为成员单位。主要承担制订健康服务建设实施规划和实施方案；定期研究、部署优化健康服务工作，优化健康服务体系；健全公共卫生服务体系；提升中医药服务能力和继承、创新水平；建立全生命周期服务体系；推进基础教育优质均衡发展；组织指导、检查各相关部门，各区（管委会）、县（市）优化健康服务工作；完成交办的其他工作任务。

（4）健康人群专项组

健康人群专项组由杭州市体育局（市全民健身领导小组办公室）担任组长单位，市教育局、市卫计委为副组长单位，市科协、市关工委、市总工会、市妇联、团市委为成员单位。主要承担定期研究城乡居民健康影响因素，制订健康人群培育实施规划和实施方案；倡导和引领健康生活方式；提升居民健康素养水平；开展全民科学健身行动；指导、检查各相关部门，各区（管委会）、县（市）培育健康人群工作；完成交办的其他工作任务。

（5）健康文化专项组

健康文化专项组由杭州市文广新局（市公共文化领导小组办公室）担任组长单位，市文明办、市卫计委为副组长单位，市教育局、市民政局、市园文局、市建委、市住保房管局、市规划局、团市委、市社科院、市科协、杭报集团、杭州文广集团、杭州市委党校为成员单位。 主要负责制定健康文化建设实施规划和实施方案；定期研究、部署健康文化建设工作；加强健康文化宣传阵地建设，健全全民健康教育体系，营造全社会参与健康杭州建设的良好氛围；建设历史文化名城，倡导社会文明风尚，着力打造学习型城市，加大文化遗产保护力度；强化将健康融入所有政策的理念宣传；组织指导、检查各相关部门、各区（管委会）、县（市）健康文化建设工作；完成交办的其他工作任务。

（6）健康产业专项组

健康产业专项组由杭州市发改委担任组长单位，市经信委、市旅委为副组长单位，市科委、市市场监管局、市质监局、市卫计委、市教育局、市体育局、市民政局、市经合办、市财政局、市统计局、市商务委、杭州商贸旅游集团为成员单位。 主要承担制定发展健康产业规划和实施方案；研究出台健康产业发展政策；制订健康产业准入标准，搭建平台，引进或扶持具有区域核心竞争力的健康产业；加强对健康产业提供服务、产品质量的监管；组织指导各区（管委会）、县（市）发展健康产业工作；完成交办的其他工作任务。

（7）健康保障支撑专项组

健康保障支撑专项组由杭州市法制办担任组长单位，市发改委、市考评办为副组长单位，市财政局、市编办、市信访局、市司法局、市卫计委、市统计局、杭州市社科院为成员单位。 主要承担深化体制机制改革，推进"将健康融入所有政策"创新机制；全面建立健康影响评价评估制度，系统评估各项经济社会发展规划和政策、重大工程项目对健康的影响；研究探索"健康融入所有政策"公共政策机制、健康促进筹资机制；推进智慧健康管理；促进国际间交流合作；完善考核、监督问责机制。

7.3 健康环境的运营机制

为了进一步明确健康杭州"6＋1"平台建设和大健康共建体系的运行机制，杭州市健康办印发了配套文件《健康杭州"6＋1"平台管理与运行制度》（杭健康办〔2017〕3号），对组织管理制度、定期会商制度和联络员沟通机制进行了详细说明。

（1）组织管理制度

①分级管理制度。为构建"党政主导、部门参与、分类推进"的健康杭州建设工作格局，建立起确保部门协同推进健康杭州建设工作的四级组织管理体系：一是健康杭州建设工作领导小组。根据上级部门要求和建设需要，成立由市委书记、市长任组长的健康杭州建设领导小组，领导健康杭州建设全面工作。二是领导小组办公室（以下称健康办）。领导小组下设办公室，负责领导小组日常工作，协调7个专项组的工作。三是健康杭州建设专项组。健康办下设7个专项组（健康文化组、健康环境组、健康服务组、健康社会组、健康人群组、健康产业组、保障支撑组），由组长单位、副组长单位和成员单位组成，组长单位对本专项组工作负总责，组织、协调本专项组所有成员开展工作，负责专项组的全局统筹规划和工作部署，提出成员单位年度考核意见等。四是健康杭州市领导小组成员单位。根据《"健康杭州2030"规划纲要》结合部门职能进行工作部署，开展相关工作，认真完成交办的各项任务。

②任务制发制度。一是任务制定制度。健康杭州年度建设任务主要有两个来源：一是健康办宏观制定。根据国家、省的统一部署和市委市政府的工作要求，依据《"健康杭州2030"规划纲要》，由市健康办会同有关单位制定健康杭州建设年度重点工作。二是专项组条线推荐。各专项组成员单位按照将健康融入所有政策，根据《"健康杭州2030"规划纲要》，结合本系统工作实际，每年向专项组上报1－2项年度重点工作，专项组经论证、筛选后向市健康办上报3－5项专项组重点工作。市健康办将宏观制定和各专项组推荐的年度重点工作进行专家论证和征求意见，经领导小组或办公室同意后，确定

健康杭州建设年度重点工作。 三是任务下发制度。 经确定后的健康杭州建设年度重点工作任务，由市健康办负责总体协调，各专项组协调本组内重点任务推进落实，各成员单位按照责任分工具体组织实施。

③文件签审制度。 建立严格的文件签审制度，对于涉及健康杭州建设的长期规划，组织体系调整以及重大事项、重要决议、重大问题等需要以领导小组名义行文时，由健康办起草后，经办公室主任审核后，报领导小组组长或副组长审批后，由健康杭州领导小组发文；对于年度工作总结、工作要点和工作要求等日常组织协调以及其他工作需要健康办行文时，由领导小组办公室起草后，报办公室主任或副主任审批后，由健康杭州领导小组办公室发文；对于各专项组工作安排以及其他工作需要行文时，由各专项组负责起草，报组长单位主要领导审核后，报健康杭州领导小组办公室发文，文头括号注明专项组；对于各专项组成员单位工作汇报、请示以及其他上指下派工作需要成员单位行文的，由成员单位组织起草，报成员单位主要领导审批后，加盖成员单位公章上行或下发。

（2）定期会商制度

一是强化领导小组议事监督职能。 会议由市委、市政府决定，健康杭州建设领导小组组长或副组长为主要召集人，健康杭州建设领导小组全体成员参加会议。 会议原则上每年召开一次。 会议议程主要对健康杭州建设的重大问题进行专题研究和部署，讨论通过健康杭州建设总体规划、战略目标、重大政策以及年度工作计划和总结等重大事项。 二是开展常态化领导小组办公室会议制度。 会议召集人由领导小组办公室主任或由主任委托办公室副主任担任，7 个专项组组长和组长单位联络员参加会议，必要时，邀请区（县、市）负责人参加会议。 会议原则上每年召开 2—3 次。 会议议程主要是通报健康中国、健康浙江建设最新政策和动态，听取各专项组推进健康杭州建设工作进展情况，探讨课题、项目实施进程和协调事项，部署下一阶段重点工作等相关议题。 三是协同专项组组长、副组长联席会议协同攻坚机制。 会议召集人由领导小组办公室主任或由主任委托办公室副主任担任，领导小组办公室提出需研究解决的问题和事项，报召集人审定会议议题，确定会议时间及形式，由办公室召集，必要时，邀请区（县、市）相关负责人参加会议；会议原则上每年召开1—2次。 会议议程主要是通报健康中国、健康浙江建设最新政策和动态，听取各专项组工作进展情况，研究分析存在问题，探讨有效解决方案，部署下一阶段工作思路和设想。 四是专项组成员会议民主协商制度。 以专项组为单位召开会议，召集人分别由各专项组组长单位主要负责人担任，领导小组办公室可派员列席会议，各专项组成员单位主要负责人为会议成员。 会议原则上每季度召开一次，如有特殊情况，组长可以临时召集会议。 会议议程主要是制定本专项组工作计划及总结，以及课题、项目方案等内容；通报各专项组整体工作进展情况，介绍本专项组课题或项目进度，听取各成员单位工作汇报等。 五是联络员会议信息交互公开制度。 会议由领导小组办公室负责召集，各专项组组长单位联络员参加会议，会议根据工作实际，不定期召开。专项组联络员会议由各专项组组长单位负责召集。 会议议程主要是传达上级会议精神，部署健康杭州建设具体工作任务。

（3）联络沟通机制

一是建立日常联络机制。 建立联络员沟通机制，成员单位联络员由各成员单位主要职能处室负责人担任，专项组组长、副组长单位联络员由单位综合处或办公室负责人担任；联络员主要承担本单位、本专项组与市健康办及其他成员单位、专项组之间的协调联络、工作交流和检查落实等，定期参加联络员会议，准确掌握本单位、专项组职责任务和工作要求，发挥好联络、沟通、桥梁、纽带作用，根据工作需要及时沟通交流工作进展情况，加强联系和协调。专项组成员、联络员如有调整，各成员单位需以书面形式报市健康办。 二是建立信息报送制度。 实行分级上报和逐级审核制，对于常规工作简报和工作信息实行季报制。 成员单位分别于每年的1月、4月、7月和10月的15日前汇总上一季度的工作信息，并提出下一季度的工作计划，报送各专项组组长单位。 专项组组长单位汇总整理后，于当月的20日前上报市健康办，市健康办将各专项组上报的信息做汇总梳理后，按规定及时报送领导小组，并定期编发工作简报或通报。 对于重大事项实行即时上报制。 重要经验、重要情况、需要解决的重点难点问题、对策建议随时可报专项组，各专项组审核后，随时上报市健康办。 对于紧急事项实行一事一报制。 对于重要情况信息、紧急突发事件和重大事项要即时报送至各专项组的同时并上报市健康办，实行一事一报制。 三是建立专题研究和督办制度。 针对健康杭州建设工作中的重点、难点问题，市健康办报请领导小组同意后，适时组织督导组赴重点专项组和单位进行调研督导，各成员单位要按照职责任务分工，加强检查指导，督促开展工作。 针对健康杭州建设领域的重大工作，专项组提交领导小组决定后，会同有关部门组织力量跟踪督办。 针对健康杭州建设领域重大研究课题，由市健康办组织专项组及成员单位进行分析研究，必要时协调相关专家参与课题论证。

7.4 健康环境的评估指标

在《"健康杭州 2030"规划纲要》印发的同时，杭州市委办公厅和市政府办公厅也发布了《关于印发健康杭州考核办法（试行）的通知》（市委办发〔2017〕16 号）。 考核办法明确将各区、县（市）党委、政府（管委会）和市级有关部门作为健康杭州考核对象。 在考核内容方面，主要包括健康杭州建设年度工作措施落实情况、目标任务完成情况及建设水平，健康杭州建设工作的组织领导、监督管理、能力建设、政策保障等责任落实情况。 具体内容主要有：①必备内容：重大危害健康事件防控、基本医疗卫生和基本公共体育服务的政府履责情况；落实"双下沉、两提升"工作；执行计划生育基本国策；落实重点健康环境治理任务；推进医养护一体化签约服务和智慧医疗工作；推进健康细胞建设等方面情况。 ②基本内容："将健康融入所有政策"执行情况；培育健康人群，营造健康文化，改善健康环境，优化健康服务，构建健康社会，发展健康产业以及健全保障支撑体系等目标任务完成情况。 ③年度重点内容：根据国家、省和市委市政府年度工作重点确定。

在考核结果运用方面，对健康杭州考核结果为优秀的区、县（市）由市委市政府予以通报。 考核结果不合格的，由市相关领导对其党政主要负责人进行约谈。 考核不合格的街道（乡镇）由各区、县（市）负责约谈。 同时，把健康杭州建设工作纳入领导班子和领导干部任期目标，作为实绩考核评价的重要内容。 市考评办把健康杭州建设考核结果纳入对各区、县（市），以及市级部门的综合考评。

在考核考评制度方面,《健康杭州"6+1"平台管理与运行制度》作为《健康杭州考核办法(试行)》配套解释文件,在明确了工作机制的同时,也对考核考评制度进行了说明。 一是成员单位工作自评。 先由各部门分别根据考核评分表进行工作自评,撰写自评报告。 二是专项组综合评定。 各专项组组长会同副组长根据各成员单位自评报告进行综合评定,根据各成员单位日常工作状态、部门自评、组长评定和全年工作考核的结果等进行综合评定,结果报健康杭州建设领导小组办公室。 三是审核评定。 由健康杭州建设领导小组办公室负责牵头成立考评小组,各专项组组长为考评小组成员,对各专项组组长单位和重点成员单位的健康杭州建设工作情况进行审核评定,考核结果报请健康杭州建设领导小组审定。 四是量化分级。 制定《健康杭州建设领导小组成员单位工作考核评分表》,建立考核打分制度,实行百分制,考核结果根据得分高低依次排名,得分排名前30%的为优秀,所有考核结果报市委、市政府主要领导后发布。

7.5 健康环境的治理方法

(1)加快建设美丽杭州,持续优化健康环境

以创建国家级生态市和国家生态文明试验区为抓手,将健康环境、生态文明与环境保护紧密结合,深入推进美丽中国先行区建设,保护和修复自然生态系统,加强环境综合治理,着力优化人居环境,切实提高环境质量。 如表 7-1所示。

表 7-1 健康环境优化工程

1."五水共治"

"十三五"期间,重点实施杭州市第二水源千岛湖配水、千岛湖配供水一体化、湘湖应急备用水源扩建、市域污水处理设施建设、供水安全保障、钱塘江和苕溪流域治理、祥符和九溪水厂技术改造、城市排涝、供水安全保障等工程,完成滨江区海绵城市试点区域建设工程。

2.大气污染防治工程

"十三五"期间,重点实施"无燃煤区"建设、天然气利用、工业园区(产业集聚区)集中供热、公共交通清洁能源改造、LNG加气站(码头)和充电设施建设、燃油品质提升、分布式光伏发电、浅层地温能示范应用、生物质能开发利用、大气污染区域联防联控、燃煤炉窑清洁化改造、挥发性有机物治理、城市扬尘防治等工程。

3.固废综合治理工程

"十三五"期间,重点实施生活固废分类减量物流综合体、循环经济园区固废综治、垃圾污泥处理、建筑垃圾综合利用、危废处置设施建设等工程。

4.交通出行便利工程

"十三五"期间,重点推进京杭运河二通道和内河港口码头建设、钱塘江航道提升以及轨道交通一期、二期、市域轨道富阳线、临安线等工程,深化出租车行业改革,打造"公交都市"。

一是保护修复生态系统。 坚持保护优先,加大"六条生态带"保护力度。 以西部山区和千岛湖、大江东湿地等为重点,加强"三江两岸"生态保护和西部生态安全屏障区建设。 以自然保护区、风景名胜区、旅游度假区、饮用水水源保护区、湿地保护区和森林公园等生态保护地为载体,保护关键生态敏感点。 积极开展"城市增绿"行动,全面深化城市绿化、山区绿化、平原绿化和村庄绿化建设,提高森林覆盖率和林木蓄积量。 深入推进水生态环境修复,稳步提高水体自净能力和污染物降解能力。

二是加大水环境治理力度。 全面贯彻落实省委省政府决策部署,着力推进"五水共治"工程。 积极开展清水治污行动,深入实施城市河道综合整治和生态治理,加快推进工业污水、城镇生活污水截污纳管和达标排放,确保实现县(市)全域可游泳、城区污水零直排、农村生活污水治理设施全覆盖。实施强库、固堤、扩排工程,加大钱塘江、苕溪流域干流治理和海塘加固力度,健全城市洪涝灾害防御体系。 推进海绵城市试点建设。 加强饮水安全保障,改造提升供水管网,完成杭州第二水源千岛湖配水工程、闲林水库和湘湖备用水源扩建工程,推进滨江白马湖备用水源工程。 继续推进农村饮水安全提升工程,到 2020 年,城镇集中式饮用水水源地水质达标率保持 100%,城市水体水质达Ⅳ类标准以上的比例达90％。

三是加强大气污染综合治理。深入实施大气污染防治行动计划，统筹推进燃煤烟气、工业废气、车船尾气、餐饮排气、扬尘废气治理，改善大气质量。开展西湖景区近零碳排放区建设。加大工业企业污染防治力度，加强工业烟粉尘、挥发性有机废气治理，深入推进脱硫、脱硝、除尘。控制施工和道路扬尘，控制餐饮油烟、装修和干洗废气。强化城市通风廊道和生态带规划控制，有效缓解城市热岛效应。加强大气环境、雾霾天气、酸雨等气象监测预警，建立区域性酸雨治理和大气污染防控响应机制。到2020年，市区空气质量达标天数比例达到76.7％。

四是推进固废治理和土壤整治。推进生活固废、建筑固废、污泥固废、有害固废、再生固废治理，着力提升垃圾处理能力。科学布局，统筹推进固废收集、运输和处置设施建设，建成九峰环境能源、医疗废物处置、第三工业固体废弃物处置中心等重点项目。深入开展垃圾分类实践，加快推进垃圾分类减量化物流综合体（转运站）建设，落实生活垃圾"三化四分"。到2020年，城区生活垃圾资源化利用率达60％。加大土壤污染源头防控和综合治理，深入实施土壤污染防治行动计划，开展受污染场地的监管和修复。

五是着力改善城乡人居环境。积极开展城市环境提升工程，重点加强城市道路、建筑立面、城市绿化、户外广告、灯光夜景等方面的设计和整治。围绕打造"国内最清洁城市"目标，优化城市社区和居住小区环境，实施危旧房改善工程，完善洁化、绿化、亮化、序化长效管理机制。深入推进"美丽乡村"建设，提升"百村示范、千村整治"工程，加大农房改造和危房改造力度，促进村庄生态化有机更新。全面实施交通治堵行动计划和"畅通西部"3年行动计划，加大轨道交通建设力度。到2020年，轨道交通出行分担率达20％。完善人行步道、自行车道等慢行系统，健全轨道交通、公交车、出租车、公共自行车、水上巴士"五位一体"公交体系。到2020年，公共交通机动化出行分担率达60％以上。

（2）促进公共服务均等化，积极构建健康社会

以广覆盖、一体化、可持续为导向，将健康融入基本公共服务政策体系，健全基本公共服务供给机制，提升基本公共服务均等化水平，切实增强全市人

民的安全感、幸福感和获得感。 如表7-2所示。

表7-2 健康社会构建工程

1.食药安全保障工程
"十三五"期间,建立全过程食品安全风险防控体系,构建药品风险管控体系,加强食品检验检测能力建设和追溯体系建设,建成国家食品安全示范城市。
2.社会保障健全工程
"十三五"期间,实施全民参保计划,实现人人享有社会保障目标。
3.公共安全保障工程
"十三五"期间,巩固和深化最具安全感城市建设成果,推进企业安全生产预防、重大活动安全监管监控、反恐应急联动等机制建设,建成全国安全发展示范城市,到2020年,亿元生产总值安全生产事故死亡率小于0.047。

一是提高基本公共服务水平。 加强教育、医疗卫生、养老服务、社会就业、住房保障等基本公共服务供给,加快基本公共服务体系创新,着力扩大优质公共服务覆盖面。 深入推进教育现代化工程,优质均衡发展基础教育,加快发展现代职业教育,强化特殊教育发展水平。 开展离校未就业毕业生就业计划和大学生创业引领计划,做好以高校毕业生为重点的青年就业和农村转移劳动力、就业困难人员、退役军人就业。 完善社会救助政策体系,扩大社会救助覆盖面,进一步提高城乡居民最低生活保障标准和生活补助标准。 全力推进棚户区改造,加大货币化安置力度,构建由棚户区改造拆迁安置房和公共租赁住房为主体的住房保障体系。

二是健全社会保障体系。 以"提质、扩面、统筹"为目标,稳步推进城乡一体社会保障体系建设。 实施全民参保计划,建设全市统一的社会保险管理信息系统,基本实现法定人员全覆盖。 完善职工基本养老保险、基本医疗保险和城乡基本养老保险、基本医疗保险"2+2"城乡统筹社保杭州模式。 以非公企业、灵活就业人员和大中小学生等为重点,有针对性地推动养老、医疗、卫生、生育、失业、工伤等社会保险参保扩面工作,实现"人人享有社会保障"。 到2020年,全市城乡居民基本养老保险参保率、城乡居民基本医疗保险参保率分别稳定在95％和98％以上。

三是构建公共安全保障体系。 深入开展平安杭州建设,围绕社会治安、食品药品、安全生产等重点领域,健全公共安全保障体系。 创新完善立体化社会治安防控体系,深化"平安网格"建设,建设县(市、区)、乡镇(街道)两级

综合指挥平台。 建立政府食品安全目标管理责任制，完善政府负总责、部门各
负其责、企业负首责的食品安全责任网。 健全食品药品检验检测体系，加快食
品安全追溯体系建设，确保 80％以上城区农贸市场建成使用农产品追溯体系。
加强安全生产管理，探索实施安全生产负面清单，加大道路交通、消防安全、建
筑施工、危险化学品、烟花爆竹、水上交通、矿山、输油气管网等事故多发易发
领域的隐患排查，切实做好重大活动举办期间的安全工作。

（3）围绕增强健康水平，提升健康服务能力

以解决群众主要健康问题为导向，深化医药卫生体制改革，优化医疗卫生
资源配置，加强疾病防控能力建设，大力发展中医药事业和养老服务业，着力
构建覆盖全生命周期的健康服务体系。 如表 7-3 所示。

表 7-3　健康服务提升工程

1. 医疗资源优化工程 　　“十三五”期间，重点推进市儿童医院、市中医院丁桥分院、市老年病医院、市国际保健中心、市中医院国际保健中心、市三院制剂中心、市西溪医院二期、市七院分院、市职业病防治院等项目；开展杭州市中医药优势挖掘项目、中医药质量管理控制体系等建设；深化改善医疗服务专项行动，加快卫生应急指挥决策系统建设。 　　2. 养老服务提升工程 　　“十三五”期间，重点推进一批养老服务项目建设，健全社区步行 15 分钟、农村社区步行 20 分钟居家养老服务圈，到 2020 年，每千名老人拥有社会养老床位数 50 张，护理型床位比例不低于 60％。 　　3. 医疗国际化工程 　　引进 2 家以上国际性医疗机构，完成市一医院、滨江医院、下沙医院、红会医院 4 家国际化医院试点，建立 2 个及以上市属医院与国际接轨的远程会诊系统。

一是健全医疗卫生服务体系。 全面深化医疗卫生体制改革，推进杭州市
公立医院综合改革试点工作，健全覆盖城乡的基本医疗卫生制度和现代医院
管理制度。 科学布局城乡公立医院，推动医疗卫生资源向基层倾斜。 深入推
进优质医疗资源“双下沉、两提升”工程，加快建立社区首诊、双向转诊、急
慢分治、上下联动的分级诊疗制度，逐步推广医养护一体化全科医生签约服
务。 深入实施县域城乡优质医疗资源共享工程、市属医院与城区社区卫生服
务中心优质医疗资源共享工程，发展医疗联合体和医疗集团。 加强城乡院前
急救网络建设，健全突发公共卫生事件预测预警系统，提高卫生应急能力。
继续深化改善医疗服务专项行动，拓展“智慧医疗”便民惠民应用，加强全市

医疗卫生信息化人才队伍和机构建设。

二是提高疾病预防控制能力。 加强疾病预防控制体系建设，提高慢性病、传染病、职业病、艾滋病和精神疾病等疾病检测和预防能力，积极打造疾病预防控制检验检测和应急快速检测技术平台。 重点围绕提高流行病调查、应急处置和实验室监测检验能力等，加强基层疾控机构能力建设。 支持开展疾病筛查和早期干预项目，预防和减少过早发病及死亡。 加大对慢性病患者、亚健康人群和高危人群的风险评估、早期发现和综合干预。 积极开展居民心理健康干预，加强对严重精神病患者的康复和管理，推进专业心理医生人才队伍建设。

三是推广中医预防保健服务。 加强中医特色预防保健服务能力建设，健全中医预防保健服务体系，实施"治未病"健康计划。 鼓励发展中医药特色社区卫生服务。 推动"传统型中医师"培养项目，培养一批读经典、跟名师、勤临床的中医临床骨干力量。 支持社会力量举办规范的中医养生保健机构。 以市场需求为导向，加强对营养食品、保健食品研发和推广。 开展杭州市中医药优势病种研究项目，加强对"浙八味"等地道中药材种植栽培和加工炮制，深化蜂产品、铁皮石斛等地方特色保健食品的研发与生产。 推广太极拳、健身气功、导引功等中医传统运动。

四是大力发展养老服务。 积极推进国家养老服务综合改革试点。 着力扩大养老服务供给，推进社区养老和居家养老服务设施建设，加快构建以居家养老为基础、社区养老为依托、机构养老为支撑的城乡养老服务体系。 积极探索医疗机构与养老机构的合作机制，支持医疗卫生资源进入各类养老服务机构、社区居家养老服务照料中心，建立医养护一体化服务模式。 鼓励社会力量举办养老机构，搭建全市统一的智慧养老平台。

五是建设国际医疗设施。 制定实施医疗服务国际化行动计划，引进国际知名医疗机构，完善杭州 [以杭州经济开发区、杭州高新开发区（滨江）、杭州大江东产业集聚区和杭州城西科创产业集聚区为重点] 国际医疗服务体系和布局，切实解决外籍人员在杭就医问题。 加快建设国际医院，重点引进国际知名的医疗服务机构，在杭州合作建设国际性医院。 至 2020 年底，新引进优质国际医疗机构、合作举办国际化医疗机构若干所。 健全国际医疗服务结算体系，建立与国际医疗保险机构费用结算、医疗服务相接轨的医疗服务体系。鼓励有条件的在杭医院开展 JCI 认证，为在杭省、市级医院争取更多的国际医疗保险定点资格。加强开设国际 SOS 急救建设，推进国际航空医疗急救工作，完善国际医疗急救转运体系。

（4）以健康需求为导向，加快发展健康产业

按照"提升杭州、服务全省、示范全国"要求，围绕"医、康、健、美、养、药"6 大领域，大力发展康复疗养、健康管理、生物医药等健康产业，不断满足群众多层次、多样化健康需求。如表 7-4 所示。

表 7-4　健康产业促进工程

1.平台打造 　"十三五"期间，重点推进桐庐健康小镇、临安颐养小镇、富阳富春药谷小镇、下沙医药港小镇、余杭长乐创龄小镇、上城高端医疗服务业集聚区等平台建设。 　2.项目建设 　"十三五"期间，重点实施辉瑞生物技术中心、中科院理化所杭州研究院、海正药业（杭州）有限公司二期生物工程、中肽生化新建诊断试剂及多肽制剂产业基地、华东医药（杭州）百令生物科技有限公司年产 1300 吨冬虫夏草菌粉生产等项目。

一是康复疗养。科学规划，合理布局各类康复机构，重点发展神经康复、肿瘤康复、骨科康复、风湿性疾病康复、工伤类康复及残疾人康复等领域。支持各级各类医疗机构开展中医特色康复医疗、训练指导、知识普及、康复护理、辅具服务。适应不同人群健康需求，鼓励发展康复护理、老年护理、家庭护理、月子护理等多样化护理服务。加大资源整合力度，鼓励发展集保健养生和旅游度假于一体的疗休养模式。以钱塘江、富春江、新安江"三江"和西湖、湘湖、千岛湖"三湖"为重点，统筹规划布局一批特色疗休养机构。

二是健康管理。大力引进拥有国际先进健康理念和丰富管理经验的健康体检机构和品牌，积极培育高端健康体检市场，支持健康体检机构向综合性健康管理机构发展。培育专业化、规范化健康教育与培训、健康咨询、心理咨询与辅导等健康管理机构。加强以社区为单位的健康管理，提高社区健康服务水平。支持运用新一代信息技术提供合法先进的动态健康监测、网络诊疗咨询等新型健康管理服务。

三是生物医药。坚持"仿创结合、以创为主"战略，重点推进化学制

药、生物制药、现代中药、生物技术等药物技术领域的创新研发和产业化推广。 加快开发抗感染药、免疫调节药、治疗肿瘤、心血管和糖尿病等化学制剂药新产品，积极研发用于重大疾病和多发性疾病治疗的重组蛋白质多肽药物、单克隆抗体药物、核酸药物、防治疫苗、联合疫苗等药物。 围绕预防、诊断、治疗、手术、急救、康复等需求，大力发展高性能预防和诊断装备、高附加值植介入材料及诊疗设备、智能化康复和应急救援装备。

（5）开展健康促进行动，重点培育健康人群

以提高市民身体素质、健康水平和生活质量为目标，加快推进妇幼保健工作，广泛开展全民健身运动，持续加强控烟工作力度，积极倡导健康生活方式，为促进社会和谐和文明进步奠定坚实的基础。

一是推进妇幼保健工作。 深入开展优生促进和优生"两免"工程，多途径加强出生缺陷干预。 继续实施"妇女健康促进工程"，定期开展城乡妇女妇科病普查，扩大宫颈癌和乳腺癌筛查的覆盖面。 加快基层妇幼保健机构建设，提高妇幼保健的服务和管理水平。 加强流动妇女保健服务管理，提高对流动妇女生育和保健的服务质量。 加强科学育儿指导，提高婴幼儿家长科学喂养知识普及率。 继续做好 3 岁以下婴幼儿和学龄前儿童生长发育监测与定期健康检查工作。 到 2020 年，产前筛查率达到 90％以上，新生儿疾病筛查率达到 90％以上，孕产妇死亡率控制在 9.5/10 万以下，5 岁以下儿童死亡率控制在 6‰以下。

二是开展全民健身运动。 深入实施《杭州市全民健身条例》，加快构建全民健身公共服务体系。 如表 7-5 所示，统筹全市体育设施规划布局，加快体育场馆、健身活动中心、户外多功能球场、健身步道、健康主题公园等健身设施建设。 以举办亚运会、短池世锦赛、杭州马拉松等大型体育赛事为契机，大力普及健康知识，广泛动员市民坚持参与体育健身。 开展学生体质健康干预工作，保证中小学学生校内每天体育活动时间。 继续开展全民健身设施提升工程，实现公共体育场馆和学校体育场地向社会全面开放，打造"15分钟健身圈"。 提倡科学健身，加强对科学健身的基本技能、有效方法、运动意外伤害防治的指导。 到 2020 年，人均体育场地面积达到 2m²，经常参加体育锻炼人数占全市人口比达到 42％。

表 7-5 全民健身开展工程

1.完善体育设施

"十三五"期间,重点推进奥体博览中心、全民健身中心、上城区体育中心、丁桥新城体育中心、滨江区体育馆、大江东体育中心、富阳区第二体育中心、新登全民健身中心、千岛湖国家级登山健身步道等一批项目建设。

2.开展体育活动

"十三五"期间,精心筹备 2022 年亚运会,组织开展国际马拉松赛、世界体育电子竞技大师赛、国际皮划艇马拉松邀请赛、钱塘江国际冲浪挑战赛、毅行大会等体育赛事和活动,引导规范广场舞等健身活动有序开展。

三是加大烟草控制力度。 积极开展控烟宣传教育,提高市民对烟草危害的正确认识,努力形成不吸烟、不敬烟、不劝烟的社会风气。 积极做好预防和制止未成年人吸烟工作,严格落实不向未成年人售烟的法律法规。 严格履行《烟草控制框架公约》,加快推进《杭州市公共场所控制吸烟条例》修订工作,建立公共场所控烟工作长效机制,全面推行公共场所和工作场所全面禁烟。 积极创建无烟医疗卫生机构、无烟学校、无烟单位等无烟场所,降低人群二手烟暴露率。 着重加强对违法吸烟者和经营管理者的处罚力度。 推广戒烟门诊和戒烟热线服务,加强控烟干预力度。 到 2020 年,成人吸烟率控制在21%以下。

四是倡导健康生活方式。 定期开展市民健康素养监测和评估,加强重点人群和特殊人群建立健康行为和生活方式的指导和干预。 引导居民建立平衡膳食、适量运动、合理作息、戒烟限酒和心理平衡的健康生活方式,增强群众维护和促进自身健康的能力。 加大膳食控油、控盐宣传力度,降低市民日常饮食油盐摄入量。 支持社区、学校、单位和公共场所开展健康生活方式行动,形成支持健康生活方式的立体环境。 进一步完善公共自行车服务系统,创新微公交等城市新型绿色公共交通体系,倡导绿色出行。

（6）积极传播健康理念,营造健康文化氛围

着眼于改造并优化公众的健康观念,积极开展全民健康教育和健康促进活动,着力推进健康细胞工程建设,加快提升自我健康管理内涵,努力将健康理念导入公众的意识之中,全面提高全市居民健康素养水平。 如表 7-6所示。

表 7-6   健康氛围营造工程

1.健康文化活动 "十三五"期间,深入开展"听医生讲故事"健康生活系列活动、"阅读疗愈"、科普讲座等各类健康主题讲座和健康文化宣讲活动。 2.培育健康细胞 "十三五"期间,重点推进健康社区、健康村、健康单位等一批健康细胞建设,打造50个健康村。 3.营造国际宜居环境 "十三五"期间,结合建设国际化社区目标,在国际化示范社区建设计划中充分考虑健康影响因素,完善社区周边医疗、教育、生活、宗教等配套设施建设。

一是全面普及健康知识。 加强新闻舆论宣传和文化导向,充分利用互联网、电视、报纸、公共场所等宣传载体和传播媒体,针对不同人群,以群众喜闻乐见和易于接受的方式,重点宣传慢性病和传染病防控、健康生活方式、妇幼健康、急救与安全、职业健康、基本医疗等理念和技能。 进一步完善健康教育阵地建设,建设并使用好市民健康生活馆。 推进"健康大讲堂"、健康知识进百万家庭和健康知识进千村万户等健康教育载体活动,系统普及健康知识,创建一批健康单位、健康社区。 继续强化市民"五个人人知晓"健康管理行动,实施健康影响因素系统干预。 到 2020 年,居民基本健康素养水平达到 24%以上。

二是着力推进健康细胞工程。 以健康社区、健康单位、健康场所、健康镇村为重点,深化实施健康细胞工程,筑牢健康城市建设基础。 坚持整体推进、个性发展原则,重点围绕居民关注的热点和需求,广泛开展有针对性的健康促进行动,探索创新健康社区建设模式。 以学校、企业、机关和事业单位为重点,加强职业有害因素和各类职业病的预防,着力营造有益于健康的良好环境。 结合"美丽乡村"建设,开展健康镇村建设,引导农村居民树立健康意识,养成良好的卫生习惯和生活方式。 突出示范带动作用,推广和普及健康生活理念,推进健身步道、健康公园、健康楼宇、健康主题文化楼道等建设,积极举办健康单位、健康场所评选活动。 结合旅游国际化提升计划,将健康促进融入国际化街区创建计划,建设一批具有健康元素的国际化特色街区。 将桥西历史文化街区打造为健康特色街区。

三是拓展自我管理内涵。 培育和发展各类居民健康自我管理小组,引导市民积极开展自我健康管理，通过专业指导、自我管理相结合的形式，帮助更多市民养成健康生活方式。 鼓励各社区完善健康自我管理小组运行模式和机制，探索开展健康家庭建设活动，提升居民健康自我管理能力。 加强对健康自我管理小组的指导，推广中医养生、合理用药等健康生活方式。 积极培育健康自我管理小组示范点，通过其经验积累和辐射带动作用，提升全市社区人群健康自我管理水平。 针对不同群体的健康需求，积极拓展社区健康自我管理活动的参与对象及内涵效果。

杭州市自 2008 年全面启动健康城市建设工作以来，始终保持着重点项目引领的传统。 在健康杭州"十二五"规划的 10 项重点项目圆满实现的基础上，健康杭州"十三五"规划又结合杭州地方实际需要制定了 10 个重点项目，分别是：①中小学生健康素养提升项目；②电动车意外伤害干预项目；③推进杭州市公共场所控制吸烟项目；④健康城市国际化交流合作项目；⑤健康县城村镇示范点建设工程；⑥健康市场提升项目；⑦全民阅读调查干预项目；⑧健康服务国际化提升工程；⑨健康城市精品项目创建工程；⑩城市治理框架下健康影响因素前置评估和实际应用可行性研究及推广。 如表 7-7 所示。

表 7-7　健康杭州"十三五"重点项目表

序号	项目名称	项目目标和内容	项目周期
1	中小学生健康素养提升项目	2015 年，杭州市居民健康素养提升至 16.9%，其中学生 19.2%，教师 31.4%，对全市居民健康素养的提升起到了较好的拉动作用。国内外经验表明，21 天养成一个良好的行为习惯。中小学生是人生性格、行为养成的关键时期。良好生活行为习惯的养成将是受用终身的健康财富。通过改革学校健康教育课程在全市城乡中小学范围内开展健康素养提升工程，对提升全市健康素养水平有着重要的长远意义。2020 年中小学健康素养水平建成区达 40% 以上	2016—2020

序号	项目名称	项目目标和内容	项目周期
2	电动车意外伤害干预项目	根据杭州市居民死因监测数据统计显示,交通意外伤害死亡占所有死亡比例接近50%。另据市交警部门统计数据显示,2014年,杭州涉及电动自行车的道路交通事故,占到了事故总量的40%以上。2014年,杭州全市涉及电动自行车的道路交通事故造成死亡人数,占全年道路交通事故总死亡人数的32.90%。2012年,杭州地区发放的电动车牌照就已达到150万张,加之尚未登记在册的电动车,其数量相当庞大。通过从电动车生产环节到销售环节,再到道路交通管理环节的综合整治,规范电动车的使用,有助于减少道路交通意外伤害,提高市民出行安全水平	2016-2020
3	推进杭州市公共场所控制吸烟项目	推进全市控烟条例修订进程,实现公共场所和工作场所室内公开禁烟,减少二手烟危害。2020年全市成人吸烟率控制在21%以下	2016—2020
4	健康城市国际化交流合作项目	加强与欧美及亚太地区的健康城市先进国家和地区间的交流,探索建立相对固定的沟通交流机制,分享经验,促进健康城市建设水平,采取高层论坛、市长论坛、健康城市对话、健康城市联盟等形式。同时,加强与国际健康城市机构和组织的联系,推动建立长期稳定的合作机制	2016—2020
5	健康县城村镇示范点建设工程	结合城乡一体化战略目标,创建一批具有区域特色的健康县城、乡镇和村。2020年全市所有县(市)成为国家级健康城市(县城)示范点,6个国家卫生乡镇成为国家健康乡镇示范点,10个国家健康村示范点,50个市级以上健康村	2016—2020
6	健康市场提升项目	以市民对食品健康需求为导向,提升健康市场内涵,与浙江大学共同启动健康市场食材营养标签开发项目。2020年所有健康市场和部分超市全面实施食材营养标签到位	2016—2020

序号	项目名称	项目目标和内容	项目周期
7	市民阅读调查干预项目	全民阅读水平反映城市文化内涵,彰显城市软实力,是衡量一个城市社会文明程度的重要标志。为提高市民素质和培育城市文化灵魂,从 2006 年起,杭州市已连续开展了十届西湖读书节活动,每年有不同的主题,促进公共图书馆、城市漂流书亭、农家书屋、书店(书院)四大阅读服务平台建设,营造"处处可读,时时能读,人人爱读"的良好阅读氛围,充分展现杭州的书香底蕴和十年全民阅读推广成果,向世界人民呈现出满城书香的独特气韵和人文品位,对提升城市人文精神和城市文化软实力起到了积极的推动作用。2014 年浙江省居民阅读指数发布,全省居民阅读总指数为 70.08%,杭州为 75.98%,排名全省第一。杭州市至今未开展过市民阅读情况系统调查	2016—2020
8	健康服务国际化提升工程	结合国际化战略目标,推进健康管理、健康信息、健康养老、健康保险等健康领域国际化行动计划,以人才队伍建设为核心,以项目引进为载体,健全机制,多措施并举,构建具有国际化水准的健康服务体系	2016—2020
9	健康城市精品项目创建工程	建成一批具有区域特色并示范国内的健康城市品牌项目(街区、特色小镇、步道等)。2020 年实现每个区、县(市)不少于 1 个	2017—2020
10	城市治理框架下健康影响因素前置评估和实际应用可行性研究及推广	2016 年 8 月 26 日,中共中央政治局会议审议通过《"健康中国 2030"规划纲要》,会上习近平总书记强调,"健康中国 2030"规划纲要从广泛的健康影响因素入手,以普及健康生活、优化健康服务、完善健康保障、建设健康环境、发展健康产业为重点,把健康融入所有政策,全方位、全周期保障人民健康,大幅提高健康水平,显著改善健康公平。要将健康影响因素纳入城市规划、建设、治理的方方面面考虑,并作为前置条件,在规划制订、建设和公共政策出台前必须开展健康影响因素评价,尽可能做到城市治理不影响健康,或者将健康影响降到最低,实现杭州健康城市建设的前瞻性和可持续性发展	2017—2020

　　健康城市是满足居民物质需求与精神需求的统一。众所周知,居民的健康既体现在物质需求的满足,又体现在精神需求的满足,而在当下的生活环境中,健康的生活条件和方式已成为需求满足中必不可少的硬性条件之一。目前,国际上健康城市建设的理论已突破公共卫生领域,在我国也发展出"关注弱势群体、强化基础设施、培养健康生活、强化社区活动和加强交通建设"等

一系列的新特征。 这些新理论、新特征，从解决市民实际问题的角度来确定具体的改革内容，把建设健康城市的期望转化为规划、建设、运行、管理和服务等具体的行动，将改善居民的物质享受和精神世界作为努力的方向，真正让生活其中的市民在获得城市发展带来的物质享受的同时，也在一定程度上实现其作为一个城市主人身份的精神诉求。

健康城市是有组织的健康促进和自觉的健康行为的统一。 世界卫生组织詹姆斯·格兰特博士曾说：无论工业化国家还是农业国家，目前都站在通往人类保健的十字路口。 如果这是条依赖医疗技术的道路，那它终将是一条昂贵、崎岖且取得成就越来越少的道路。 相反，如果是在群众中普及卫生科学知识，让群众自己掌握自身健康命运的道路，那么这条路就会最终走向"人人享有卫生保健"的总目标。 健康环境在建设过程中，为实现人人享有卫生保健的目标，从实际出发重视初级卫生保健，及时调整卫生服务方向，发展个人健康技能，加强健康锻炼，普及精神卫生服务，重视健康教育和健康促进，真正让市民掌握自身的健康命运。 在唯物辩证法看来，一切事物都是运动、变化和发展的，其都将作为过程而存在，作为过程而发展。 健康城市也不例外，其指标体系的建立也必定是一个不断修订、去旧纳新、持续改进和不断提升的过程。 健康城市的发展包含了社区价值分享、居民生活改善和资源公平配置、生态合理限制等复杂的内容。 它将单纯追求经济增长的传统发展模式转为追求人与生态系统和谐统一的进程，兼顾社会、环境和经济三者的统一，实现以人为本、人与自然和谐发展的目标。 这一科学发展观的指导，将促使健康城市建设者不断收集和反馈城市的发展信息，制定阶段性、可行性的健康目标，通过切实改善市民短期的健康状况，坚定市民对健康城市发展的信心。

8

提升健康产业升级转型

8.1　浙江省健康产业发展的基本情况

美国经济学家、两任总统经济顾问保罗·皮尔兹在其著作《新保健革命》中指出："健康产业将无可争议地成为全球财富增长的'第五波'，这一场财富革命被称为'新保健革命'。"目前，浙江已进入中等偏上收入地区行列，人民群众的生活环境、生活方式发生了巨大变化，但健康问题日益凸显，健康需求日益旺盛。在新常态下加快健康产业发展，是推进"健康浙江"建设的重要战略任务。实施"健康浙江"发展战略需要事业和产业"两条腿"走路，需要构建"健康事业"与"健康产业"相互促进、协调发展的格局。"十三五"时期，要贯彻落实全国和全省卫生与健康大会精神，按照《"健康浙江2030"行动纲要》的整体部署，深入实施《浙江省健康产业发展规划（2015—2020年）》，围绕"打造万亿元产业、走在全国前列"的发展目标，把握机遇，发挥优势，乘势而上，全力打造全国健康产业发展的示范区，努力开创浙江健康产业发展的黄金时代。

国内外对健康产业的概念目前没有统一定义，正处于逐步成型的过程之中。本书从国民经济行业分类的角度，选用张毓辉教授对健康产业的定义，即以医疗卫生与生物技术、生命科学为基础，提供以维护、改善和促进健康为直接或最终用途的各种产品、服务的行业与部门的集合。 健康产业主要包括：以保健食品和中药材种植养殖为主体的健康农、林、牧、渔业；以医药和医疗器械等生产制造为主体的健康相关产品制造业；以医疗卫生和健康管理与促进服务为主体的健康服务业（张毓辉等，2017）。 基于此概念下，健康产业分类将对应的细分国民经济行业分类作为健康产业的分类基础，如图8－1所示。

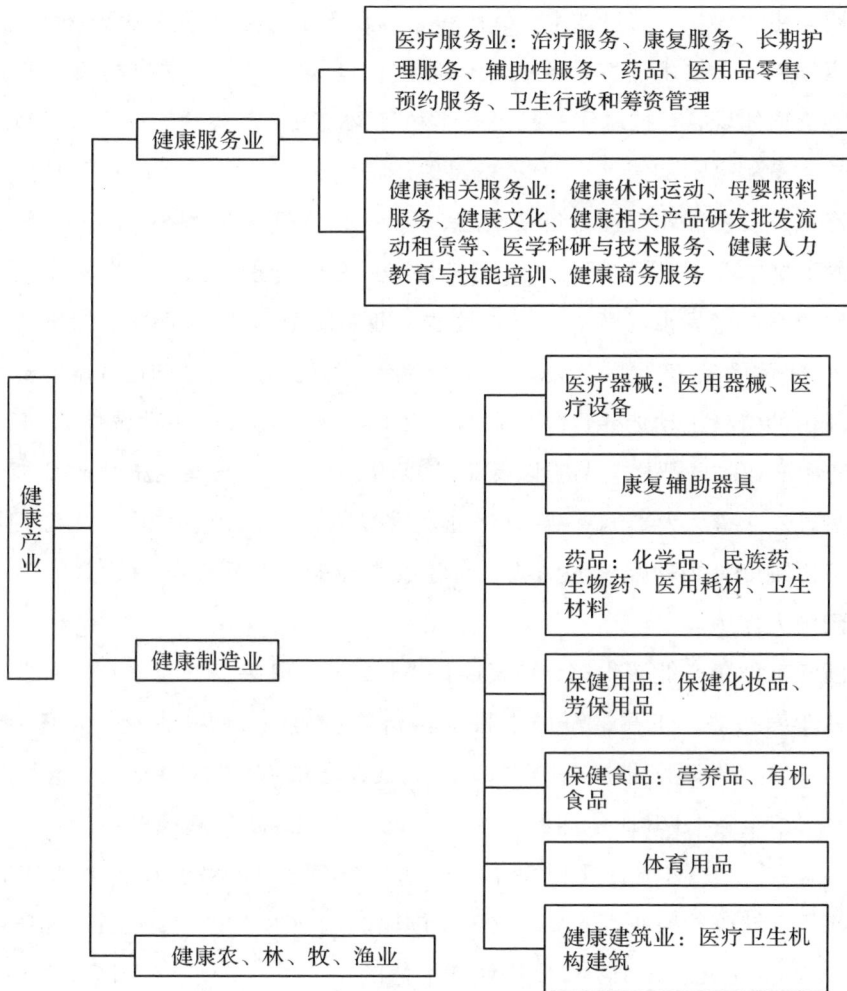

图 8-1 健康产业分类

从健康产业的特点来看，健康产业是一个以大健康观念为前提、与健康直接或间接相关的产业体系，具有产业链条长、涉及面宽、技术含量高、投资大且风险高、与公众利益密切相关、社会公众高度关注、市场环境特殊、影响因素复杂等特征。 一是健康产业涉及健康维持、健康修复、健康促进等多个与人类健康紧密相关的生产和服务领域，横跨第一、第二与第三多个传统产业。健康产业的发展对与之相关的多个产业具有较强的关联影响。 二是健康产业的发展与生命科学、信息技术、材料科学等众多学科和技术的发展密切相关，是健康领域科学技术研究成果的集中体现，是众多相关领域科学研究和技术创新的价值体现，其技术和产品是多学科交叉、融合、渗透的产物，具有很高的科技含量和高附加值的产业。 三是健康产业的高技术含量决定了其技术研发与产品开发所需软硬件设备费用高、周期长，失败风险很高，同时其相关人力资源的成本亦很高。 因此，健康产业还具有资金投入大且风险高的特征。四是健康产业产品市场竞争规律与其他产业有明显区别。 例如，健康核心产业——医疗和医药产业具有被动消费的特点，不是单纯消费的选择；但健康管理往往由消费者主动选择；保健品消费又介于被动选择与主动选择之间。 因此，健康产业需要严格的监管以保证使用者的安全。 五是健康产业受制于公众，亦对公众有巨大影响。 健康产业发展受人群疾病谱、文化与生活习惯、医疗卫生制度等多种因素的影响，而健康产业的产品和服务对公众的身心健康起到重大作用。

浙江的健康产业起步早、发展快，"十二五"以来产业基础逐步加强，呈现快速发展态势，正在逐渐成为推动经济转型发展的支柱产业。 据统计，2016 年，全省健康产业总产出约 5880 亿元，增加值约 2260 亿元，同比增长 12.6%，占全省 GDP 比重达到 4.8%。 近 3 年来，我省健康产业增加值年均增长 12.2%，占 GDP 比重以每年上升 0.2 个百分点的速度增长。 从增加值构成来看，健康种植业为 52.91 亿元，健康制造业为 1998.12 亿元，健康服务业为 3340.5 亿元，分别占健康产业增加值的 1.92%、26.55% 和 71.53%，健康服务业比重明显上升，如图 8-2 所示。 从各地情况来看，2016 年全省共有 6 个市健康产业总产出超过 500 亿元，如图 8-3 所示。 从各地特色来看，结合特色小镇创建，杭州市积极推进省级桐庐健康小镇和市级富阳富春药谷小镇、下沙东部医药港小镇建设，培育了上城高端医疗服务集聚区等 3 个产业聚集区，打造了下城健康服务产业园、萧山智慧健康谷、余杭长乐养生创龄产业园等一批产业特色平台。 金华市立足开发区健康生物医药产业园、兰溪天然药物产业基地、东阳生物医药产业基地、武义有机国药生产基地和磐安江南药镇 5 大产业基地，努力培育"浙中西部医药硅谷"。 台州市重点支持台州原料药产业园区、仙居医疗器械产业园、天台山旅游休闲集聚区、玉环无菌医疗器械自动化装备制造产业基地建设，如图 8-4 所示。

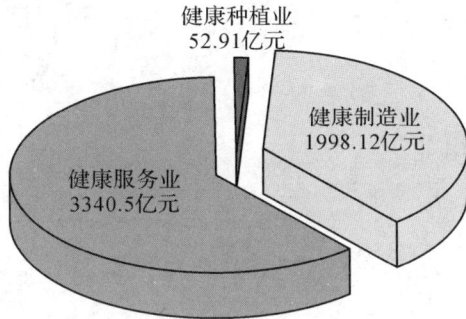

图 8-2　浙江省健康业增加值构成图

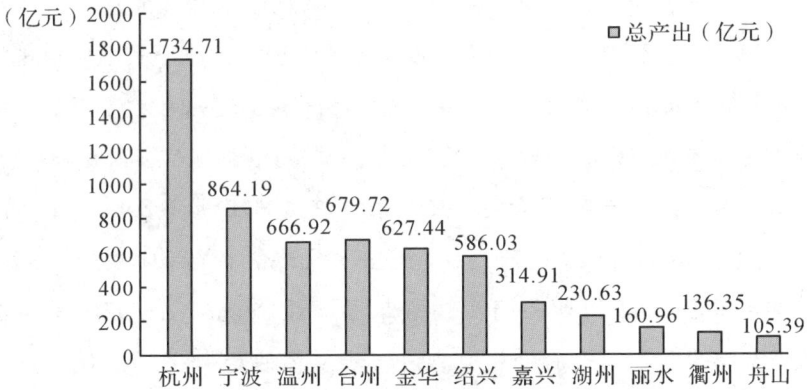

图 8-3　浙江省各地市健康总产出图

199

创建类：马家浜健康食品小镇
培育类：平湖九龙山航空运动小镇

培育类：湖州太湖健康蜜月小镇

创建类：定海远洋渔业小镇

创建类：桐庐健康小镇、富春药谷小镇、下沙东部医药港小镇
培育类：临安颐养小镇、长乐创龄健康小镇、杭州树兰国际生命科技小镇。

培育类：奉化滨海养生小镇

创建类：椒江绿色药都小镇临海国际医药小镇
培育类：三门滨海健康小镇温岭医养健康小镇

培育类：庆元百山祖避暑乐氧小镇

创建类：瓯海生命健康小镇

湖州市　嘉兴市　舟山市　杭州市　绍兴市　宁波市　金华市　衢州市　台州市　丽水市　温州市

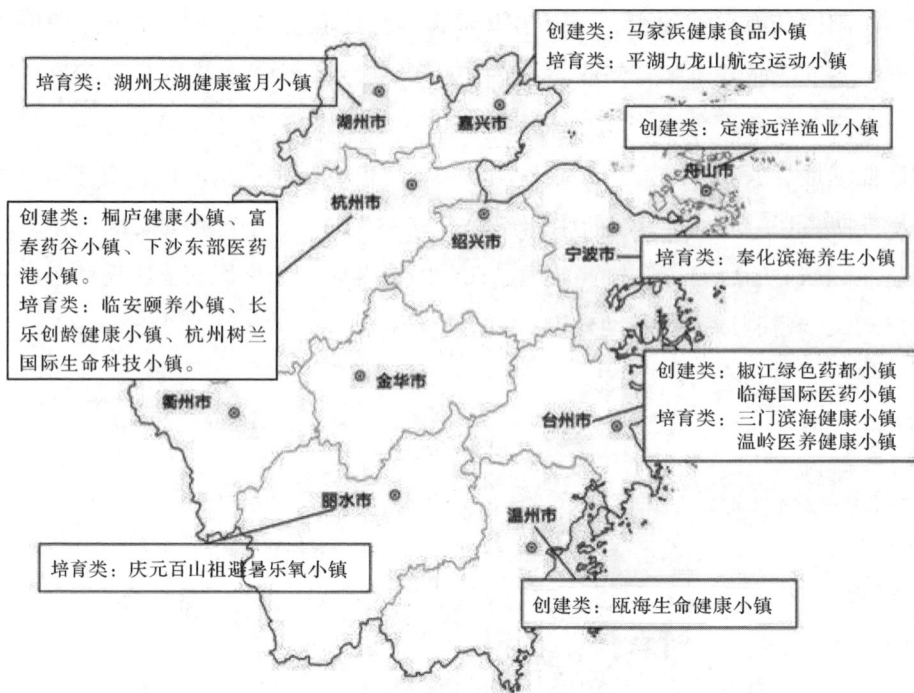

图 8-4　浙江省特色小镇分布图

浙江省具有良好的政策支持，2012 年，浙江省政府提出"健康浙江"发展战略；2014 年将健康产业列为全省重点发展的 7 大万亿级产业之一，出台了一系列促进产业发展的政策"组合拳"。编制出台了《浙江省健康产业发展规划（2015－2020 年）》，先后印发了《关于促进健康服务业发展的实施意见》《关于加快发展养老服务业的实施意见》《关于促进社会办医加快发展的实施意见》等政策文件，引导和鼓励社会资本进入健康产业主要领域。2016 年底召开了全省卫生与健康大会，并发布实施《健康浙江 2030 行动纲要》。全省共计 10 个地市发布了健康产业"十三五"规划或行动计划，为各地健康产业发展明确了方向。积极培育健康产业新业态新产品，鼓励探索医养结合、医师多点执业等新机制新模式，进一步从体制机制上释放健康产业市场活力。

浙江市场活跃、民资充裕，社会资本投资健康产业目光敏锐，意愿强烈，投资踊跃。据统计，目前浙江医疗收入规模约为 1600 亿元，仅次于广东和江

苏，在全国排名第三；全省拥有三级甲等医院 70 家，数量居全国第四。 截至
2016 年，全省医疗健康上市企业 32 家，占全国 A 股医疗健康上市企业总数的
14％，数量居全国第一；全省 11 家医疗健康企业正在首次公开募股（IPO）排
队，数量约占全国企业数的 18％。 2016 年上半年，32 家上市企业总收入 515
亿元，位列全国第三；总利润 42.9 亿元，位列全国第三；研发投入达 13.6 亿
元，位列全国第一；全国医疗健康企业销售百强榜中浙江上榜企业 14 家，数
量居全国第一。 2016 年 10 月，省发改委、省卫计委、省经信委联合举办了第
二届浙江国际健康产业博览会，其中，健康产业项目推介会上，全省共推出各
类健康产业项目 188 项，项目投资总额 2462 亿元，现场集中签约项目 13 项，
总投资 66 亿元。

　　浙江省具有旺盛的市场需求。 2016 年浙江人均 GDP 突破 8.49 万元，全
省 60 岁以上老年人口 1030.62 万人，占总人口的 20.96％。 随着"十三五"
时期浙江经济社会的发展，居民消费结构加速升级，未来一段时期全省对多样
化、多层次的健康服务需求更加强烈。 特别是在人口老龄化加剧、全面二孩
政策实施等新形势下，城乡居民对健康养老服务、妇幼保健服务、公共卫生服
务等方面的刚性需求将进一步增加，对全省健康服务供给提出了更高要求，也
为健康产业发展提供了更加广阔的市场。 浙江各地在健康产业建设过程中呈
现区域化、多元化的发展特色。

案例 1：浙江景宁东坑森林小镇

　　浙江景宁东坑森林小镇是浙江省 2017 年第二批创建的森林特色小镇之
一，位于浙江省景宁畲族自治县东南部，与福建和温州相邻，处于长三角区域
经济合作区和海峡两岸经济合作区交叉地带。 小镇面积约 360km²，海拔
579m，总人口 1.9 万人，森林覆盖率高达 77.9％。 小镇创建区域是"一镇三
乡"，以东坑镇作为核心区，大漈乡、景南乡、雁溪乡作为辐射区。 森林特
色小镇的主导产业是旅游业，依托畲族文化、山地森林、森林公园、森林湿地
4 大类资源，以东坑镇为中心，根据空间布局思路及景点的排布位置，形成
"一心一轴三线五区"的空间布局结构。 结合空间布局，小镇分为 5 大功能
区，即森林休闲养生区、畲乡风俗体验区、高山农业养生区、森林景观游览
区、森林生态保育区。 其中森林休闲养生区，主要从养眼、养肺、养胃、养

形、养心 5 个角度出发，分别构建成森林生态观光产品、森林休闲度假产品、森林户外运动产品、森林物产保健产品、森林文化养生产品 5 大类，森林植物景观观光、森林浴、森林健身步道、养生餐饮、森林修学等 30 余个小类。 通过慢节奏的森林旅游体验活动，提升游客的健康意识，实现森林休闲养生的目的。

案例 2:树兰(杭州)医院

树兰（杭州）医院是由郑树森和李兰娟院士团队发起创办，社会力量参与的一所集医疗、教学、科研、预防和保健为一体的大型综合性医院。 这所营利性质的民营医院，前期投资达 5 亿元，特聘院士 46 位，设有 512 个床位、41 个临床科室、8 个医技科室、9 个职能科室和 13 间配备国际一流设备的手术室，是浙江省史上规模最大、功能最全、标准最高的社会力量办医医院，是浙江省"社会办医"的典范。 由于是社会办医性质，可以抛开职称制度的考核机制和工资等级机制，树兰医院有自己一套人才评估体系与发展规划，并提供了有竞争力的薪酬标准。 又因为社会资本的灵活性，树兰医院迈出了探索的第一步，把智能科室子公司化，将检验科、影像科、信息科变成相应的子公司，在子公司内部将产品孵化和创新，例如检验可以超出服务本身，做检验产品的创新。 在运行一年后，树兰医院交出了一张漂亮的成绩单：病床使用率超过 95%，收到患者锦旗逾百面和感谢信达 400 多封，患者满意度达 98% 以上。 树兰医院还将启动树兰生命科技健康小镇，打造综合性的医学基地，包括医学院、医学中心、研究院和产业平台，临床、科研、教育和产业。 为响应政府的"双下沉、两提升"的号召，树兰医院还牵头组建浙江省首个社会办医医联体，对 5 家县市医院进行了托管，在社会办医集团化的道路上做出了自己的探索。

8.2 浙江省健康产业发展的关键难点

随着经济社会建设的日益发展，民生需求的不断提升，品质浙江、健康浙江、文化浙江等浙江品牌成了全国发展的标杆，浙江省健康产业的发展也面临新的挑战和机遇,国际化的视野下,回应民生需求、植根自身产业特征奋发崛起之时,我们更应冷静地看待浙江健康产业发展的困境。总体上说,浙江省健康产业发展的劣势主要表现为市场供求平衡难,医疗养老领域城乡资源布局失衡,优质资源供给不足;扶持政策落地难,行政审批精简难;资源要素保障难,人力资源保障难。

在重点领域,健康产业主要面临以下具体问题:一是医药产业面临洗牌。根据国家规定,医疗卫生机构必须按规定使用《国家基本药物目录》中的药品,生产的药品能否进入《国家基本药物目录》,对主要生产处方药的医药生产企业来说最为关键。处方药一般以医院、卫生院等机构作为主要销售渠道,而越来越多的医疗机构用药将被目录药所覆盖,如果企业生产的药品不能进入目录,其销售量将大受影响。政府办的医疗卫生机构使用的基本药物,由省级政府指定以政府为主导的药品集中采购机构按有关规定实行省级集中网上公开招标采购,要想在统一招标中形成竞争力,必须在药品生产规模、成本、产品质量等方面有足够的优势。对于小型的药业公司来说,如果生产成本、药品质量都缺乏优势,那么企业会因这轮政策调整遭遇洗牌。

二是社会办医还需破难推进。台州浙东医院、金华人民医院等一批医院开展混合所有制办医探索,但是PPP模式和混合投资涉及无形资产入股、土地评估作价难等问题,需要省级层面出台相关指导性文件。民办医疗机构转制需明确程序。金华广福医院、东阳花园田氏医院等一批民营医疗机构因发展需要,希望从非营利性医院转为营利性医院,但缺乏法律法规明确的转制程序规定,在实际操作中难以执行。

三是医养结合有待政策突破。目前浙江医养结合处于探索阶段,基层医疗卫生、养老机构规划设置和项目建设尚未接轨,在基层养老机构中设置医疗机构的覆盖面不广,健康养老服务可及性较差。同时,医疗卫生机构和养老机构合作机制尚未建立,养医结合模式的养护与医护界限较难界定,医保报销结算存在障碍。

四是中药产业亟待加大扶持。浙江中药资源丰富,具有较为完整的中药产业体系,形成了"浙八味"等地道药材和特色药材,铁皮石斛、浙川贝等药材市场占有率居全国首位。但与吉林、云南等省份相比,浙江中药产业发展仍显滞后，中药工业产业规模已下滑至全国第 18 位，产业总体呈现低小散局面。部分中药企业反映，中药原料市场良莠不齐，应加强监管；铁皮石斛、灵芝等中药材尚未列入国家药食同源名录，以其为原料开发药字、健字号产品，须经国家食品药品监管总局审批，技术要求高、周期长、费用大，影响了相关中药材市场开发和产业链延伸。

8.3 浙江省健康产业的转型升级

浙江省委、省政府提出了"十三五"时期浙江健康产业"打造万亿产业，走在全国前列"的发展目标。根据《浙江省健康产业发展规划（2015—2020年）》的纲要，到 2020 年，基本形成覆盖全生命周期、内涵丰富、特色鲜明、布局合理的健康产业体系，基本满足人民群众的健康需求，健康产业成为支撑浙江经济社会发展的重要支柱产业，总体发展水平走在全国前列。健康产业总规模突破 1 万亿元。从《规划》来看，根据我省的资源禀赋、产业基础及健康产业未来发展趋势，围绕"医、养、健、智"4 大板块，将重点聚焦医疗服务、健康养老、健康管理、健康信息、健康旅游和文化、医疗装备和器械、药品和健康食品、体育健身等 8 大领域，作为今后一段时期我省健康产业的发展重点。

（1）以"医"为主体的医疗医药行业

医疗服务业。医疗服务业是健康产业的关键环节和核心内容。医疗资源"双下沉、两提升"工作要坚定不移地加以推进。要做强做优公益性医院，放开放活营利性医院，加快构建各负其责、各具活力的多元办医格局。从国际上看，医疗服务业一般都是大都市的重要产业。杭宁温作为浙江三大医疗卫生中心，资源优势突出，要鼓励引导社会资本在高端医疗服务领域举办医疗机构，努力做大做强。充分发挥中医医疗预防保健特色优势，全面发展具有浙江特色的中医药医疗保健服务。大力发展健康保险服务，认真研究基本医保个人账户余额购买商业健康险等政策，支持发展与基本医疗保险相衔接的商业健康保险，积极引进知名商业健康保险公司落户浙江。

现代医药产业。 生物技术与现代医药产业拥有广阔的发展前景。 浙江是医药大省，要抢抓生物技术和健康产业大发展带来的机遇，突出核心技术、前沿领域、优势行业、重点企业，精准发力，做大规模、做强品种、做优结构，加快医药产业转型升级。 中药材种植加工也是医药产业的重要组成部分。 浙江是"浙八味"、铁皮石斛、灵芝等特色中药材的主产地，要积极探索"新浙八味"的培育与发展，加快形成新的复合产业。 保健食品虽然不是药品，但也不是一般的食品，而是一种带有功能性的特殊食品。 保健食品产业往往与中药材种植加工连在一起，胡庆余堂、立钻、正大青春宝、寿仙谷、森山等龙头企业已经具备很强的品牌影响力，要继续开拓创新，争取更大发展。

医疗器械产业。 我国是仅次于美国的世界第二大医疗器械市场，但国内医疗器械特别是大型高端医疗器械市场，80％以上长期被国外品牌占据，进口依赖度很高。 当前，国家重点推动三甲医院应用国产医疗设备，要以此为机遇，充分利用当前新材料、电子信息、机械装备等相关领域的技术，重点发展先进医疗器械、便携式家庭医疗器械、医疗康复辅助器具、高端新型医用耗材以及养生保健器械产品，推动医疗器械行业向数字化、高端化发展。 引入国外医疗器械研发、制造领军企业，吸引国内外知名大专院校与科研院所在浙江设立研发中心，建设产、学、研一体化的医疗保健器械产业集聚区，打造医疗器械产业化基地。

（2）以"养"为特色的养老养生产业

积极应对人口老龄化，加快发展健康养老服务。 浙江是老龄化程度和人均期望寿命在全国都比较高的省份之一，已达到或超过一些中上收入国家水平。 家庭和政府养老压力越来越大，由社会组织和企业提供社会养老服务，成为养老的新模式。 从发达国家看，老龄产业已成功走向市场，老年人的社会保险、社会服务等支出是年轻人的3倍，成为第三产业中比重很大的产业。要加快推进养老服务业综合改革试点，加强医疗卫生支撑，建立健全医疗机构和老年护理院、康复疗养等养老机构的转诊与合作机制，统筹发展社区、农村健康养老服务，为全省面上发展提供经验。 近年来，社会力量投资中高端养老服务的积极性很高，一些集医疗、地产、娱乐、生活、养老等为一体的综合性养老项目加快建设。 要积极探索服务运营管理经验，促进持续健康发展。

注重发挥生态文化优势，加快发展养生休闲产业。 生态是浙江在长三角中最大的比较优势，要打好生态养生牌，依托重点生态功能区和海洋旅游资源，增加高端养生和文化要素，规划建设一批健康养生旅游区。 要针对不同人群的个性需求，积极开发温泉养生、中医药养生、游乐养生、美食养生、美容养生、森林浴养生、生态阳光养生等特色养生产品，努力打响品牌、做大规模。

（3）以"健"为支撑的健体康体产业

积极发展全民体育健身。 积极宣传普及科学健身知识，进一步探索德清等地医保卡个人账户年度结余部分用于特定场所体育健康消费试点，鼓励引导体育健身消费，加大力度推动体育场馆、学校体育设施等向社会开放，支持和引导社会力量参与体育场馆的建设和运营管理。 积极发展户外运动健身。浙江山川秀美，70％为山地和丘陵，峰林、峡谷、溶洞、江河、湖泊、小溪遍布全省，还有丰富的海洋、海岛、岸线资源，是开展徒步、露营、单车、登山、漂流、划艇、滑雪、越野跑、攀岩、越野技能和山地车等户外运动的理想之地。 同时，古村落、古建筑、古民居及文化传统、生活习俗保存完好，一些少数民族聚居区民族特色鲜明，为户外运动注入了丰富的文化内涵。 要继续发展山地、户外运动和水上运动，加快建设全国知名的户外健身运动基地。

（4）以"智"为引领的智慧健康产业

积极搭建健康信息服务基础框架。 率先推进"政府统筹、社会参与"的健康信息服务发展新模式，运用大数据、云计算、物联网3大技术，强化制度、标准和安全3大体系，健全人口、电子健康档案和电子病历3大基础数据库，实现公共卫生、计划生育、医疗服务、医疗保障、药品管理、综合管理等6大业务应用，建成省市县三级健康信息平台，形成医疗保障、医疗服务、健康管理等互联互通、交换共享、有效协同的健康信息服务网络。 大力开发健康信息服务普惠项目。 允许社会资本参与建设省市县乡镇四级远程影像、心电、病理、检验等网络和中心，整合远程医疗服务资源，提供会诊、影像诊断、心电诊断、病理诊断、监护、手术指导、教育等远程医学服务，探索发展网络医院。 推进预约诊疗、诊间结算、在线咨询、交流互动等健康服务。 逐步建立公开透明、规范运作、平等竞争的药品和医疗器械电子商务平台。 拓展健康信息服务新型业态。 支持医疗卫生服务系统、健康管理机构与IT企业、网络运营商等通过合作开发、联合建设、运营托管和政府购买服务等多种形式，发展"智慧健康服务""远程健康服务""个性化健康服务"等新型健康服务业态。 支持在依法合规、保证信息安全的前提下，合理开发系统和数据增值服务，开发和推广面向广大城乡居民的健康服务信息系统，实现养老机构、社区、家政、医疗护理机构协同信息服务。 支持开发移动终端、穿戴式植入式智能终端设备等增值服务产品，实现健康数据采集设备与物联网、移动互联网的融合。 依托区域和区位优势，以引进、集聚和培育健康信息化企业为重点，整合智慧健康产业链上下游资源，推进健康大数据研究与应用，努力打造智慧医疗先行区和智慧健康谷。

9

社会健康的治理模式与发展路径

当前我国社会治理中的"健康治理"还面临诸多难点：一是转型期社会健康治理理论支撑不足；二是亟待调动地方政府积极性，整合多条线形成健康治理力量；三是亟须建立健全从事健康服务的社会组织和公众充分参与健康治理过程；四是尽快完善、规范多元健康共治的社会治理体制；五是在保障与改善民生中，提升居民的健康意识，推进社会健康治理；六是真正实现疾病的早期发现、早期预防，让社会健康治理的重心向基层下移；七是合理利用现代信息与大数据技术服务社会健康治理；八是发挥中医药传统文化在社会健康治理中的积极作用。 从公民的健康意识、健康行为、生活方式全面提升居民的健康素养，推进社会健康公共服务的有效均等供给、实现新形势下的社会健康治理。 社会健康治理是当前和今后实现我国经济社会协调发展的一项重要挑战，当前我国正处于人口、经济与社会多方面的重大转型阶段，从管理到服务的社会管理转变，社会治理转变正从理论走向实践，多重转型给社会治理带来了诸多困惑。

9.1 社会健康治理的重点与难点

一是社会健康治理的理论支撑问题。 现有西方主导的教科书式的健康理论，与我国社会健康发展的实际情况并不完全一致，难以指导中国社会健康治理的实践。 社会健康治理实践亟须社会治理理论方面的创新与指导，建立中国特色社会治理理论体系。 以"小政府、大社会"为例，虽然广东、四川等地的社会健康治理体现了"小政府、大社会"，但鉴于这些创新地方经济发展程度、社会文化、人口结构和公民素质的特殊性，该模式是否可以完全复制尚有讨论的空间。 伴随理论困惑的是社会健康治理主体的无所适从。 不同于经济发展，社会健康治理是"以人民为中心"理论的具体体现，有维持社会秩序和活力、再组织社会、凝聚共识、满足公共服务需求、引导预期的多重目标，这增加了具体工作的难度。

二是亟待整合多条线社会健康治理力量、调动地方政府积极性。 政府是最重要的社会治理主体。 多数地方政府决策咨询人员将政府视为最重要的社会治理主体。 也有部分人认为，应该侧重选择基层自治组织和社会组织。 而对于怎样建设一个符合社会健康治理现代化要求的多方联动机制，就是要实行分级分类分层的精细化服务，分清政府职能，理清职责以及精简机构，提高政府办事效率。 从体制上看，社会健康治理属于卫生部门系统领导，但在"大健康"的建设部署下，健康治理涉及政府、企业、学校、医院、基层社区等各个领域，社会健康治理的多方职能交叉，也意味着力量缺乏整合，削弱社会治理的力度和成效。 以社区居家养老的老年人服务为例，老龄办以外还需要有医疗、保健、护理、营养等多方面的专业人才来进行支撑；再如流动人口、特殊计生人口的服务和管理，虽然属于民政系统管理所辖，但要解决人口管理，提高出生质量，营造健康的社区环境等，也同样需要有心理学、管理学、社会学等多方力量作为辅助团队予以支持。 特别是在一些新兴治理领域，集中体现了多头管理的技术要求与综合治理的目标要求之间的矛盾，进而形成社会治理的重要"灰色地带"。 如何调动地方重视和探索社会治理的积极性，仅从地方政府决策系统的机构设置和人员配置来看，目前地方政府决策系统以研究和探讨经济为主，对人民生活领域、健康服务领域的社会治理领域较为陌生，专门研究和深入探讨缺乏，社会治理成为政府决策研究的重要短板。

三是亟须建立健全社会组织和公众充分参与健康治理的制度和社会环

境。 中央提出"完善党委领导、政府负责、社会协同、公众参与、法治保障的社会治理体制",但社会协同和公众参与仍是重要短板。 在社会健康治理的协同方面,据地方决策咨询人员反映,政府花了大力气培育社会组织,社会组织数量增多,但真正从事居民健康教育、健康服务的不多。 因而,如何有效调动社会组织参与社会健康治理依然是重要任务。 以养老为例,一些政府决策系统人员指出,政府现在主要通过购买服务等投钱的方式在引导,但在街道和社区层面参与养老服务的社会组织依然非常有限。 具体分析到社会组织参与社会治理的瓶颈,地方决策咨询人员认为最主要的不在于政府持警惕控制态度,也不在于政府不重视,而在于参与社会治理的法律法规不健全和组织基础不牢固。 由此可见,建立社会组织参与治理基本制度和组织架构的重要性。 社会健康治理要靠党委和政府,也要靠社区和公众。 北京"朝阳群众"、中山"全民健身"等案例从正面表明,社会治理的经验出自基层,基础是群众。 毕节等地有关留守儿童的极端事件,则从反面反映出家庭监护责任的不可或缺。 为维护适龄少年儿童享受义务教育的权益和社会的长久稳定,云南省一些地方政府将辍学学生家长告上法庭,依法重申家庭的义务。 正反两方面推动社会参与的典型案例值得认真总结,为形成公众参与的制度和社会环境,需尽快完善、规范多元共治的社会治理体制。

四是在保障与改善民生中加强和创新社会健康治理。 东部发达地区的经验表明,发展可解决群众的诉求,提升社会文明程度可从根本上保障人民的获得感、幸福感和安全感。 而在中西部部分贫困地区,因病致贫的案例居高,健康与当地百姓的生活质量息息相关。 因此对贫困地区开展送诊下乡、送医下乡、送药下乡活动,对疑难重症进行早期干预、早期治疗非常重要。 脱贫攻坚的最大成果体现就是人民幸福健康,如外出务工被认为不仅能够改善经济状况,也能大幅提升公民健康文明素质,减少黄赌毒不良社会行为、进而改变社会行为。 一些国家的社会治理经验还表明,各种社会政策工具如果引导得当,可以形成维持社会秩序与活力的强大向心力。 比如,新加坡普遍采取政府购买服务形式,由政府出钱,让社会力量提供社会健康服务和参与健康治理。 因为社会服务做得好,新加坡成为治理良好国家的典型;再如,新加坡政府对子女与父母近距离居住的家庭提供政府补贴,反之不给,引导年轻人发扬儒家优良传统，构建养老、孝老、敬老的政策体系和社会环境，也成为治理社会健康政策的成功案例。 我国着力保障与改善民生，力推民生工作和民生工程，以期以民生推民治。 然而，民生保障不善或者不公也极易引发公众不满，诱发干群与群体间的矛盾，产生社会稳定风险。 理论上，应如何界定民生事业和民生产业，为了避免教育医疗过度市场化式的教训再次发生，以健康治理为核心，从体制上，在就业、教育、卫生、社保等民生领域进行重大改革，在整体有序条件下激发基层改革探索的活力，从政策上保障民生系统工程，形成长效机制，这一系列的政府决策和各级地方政策实施执行能力，影响到社会健康治理目标的实现。

五是合理利用现代信息与大数据技术服务社会健康治理。 在数据共享和信息技术可及的诸多领域，大数据在治安排查、风险监测、应急救灾、贫困识别、法院判决、特殊人群管理服务等方面都发挥了重要的作用，节省了人力，提高了效率，推动了治理精细化。 但又存在两个重要问题：一是数据共享尚未在制度层面打通"最后一公里"。 以地方政府政策咨询系统从事的社会治理研究为例，研究数据来源少、收集难成困扰。 统计局系统提供的相关指标很少，部门数据使用止于内部，公开可用的多为总结性数据。 二是地方普遍引入的视频监控、人脸和手机信号识别比对、卫星遥感、实时人群特征统计分析等系统和技术，在提升治理水平方面卓有成效，但所面临的依法维持数据和隐私安全、保护人民人格权方面的压力也越来越大。 如何通过大数据精准把握服务需求，按照供需匹配原则提供健康服务，最大程度地利用社会医疗公共服务资源，以及如何弘扬公益慈善精神参与社会治理有待破题。

9.2 社会健康治理的理论依据

（1）正义理论

正义理论是由现代美国伦理学家、哲学家罗尔斯提出，意在提供一种能替代而且优于传统功利主义对正义的解释。 原初状态和无知之幕是罗尔斯两个著名公平原则得以提出的假设与前提。 在此假设与前提之下，罗尔斯认为可以保证产生公平的结果，即他的正义两原则。 正义理论的两个原则：一是最大的平等自由原则，即每个人对与其他人所拥有的最广泛的基本自由体系相容的类似自由体系都应有一种平等的权利；二是社会和经济的不平等应这样安排使它们按合理的期望适合于每一个人的利益，并且依系于地位和职务向所有人开放。 第二个原则又包括了两个部分：第一部分是差异原则，它阐述了社会与经济的不平等的安排必须使最少受惠者利益最大化；第二部分是公平的机会平等原则，它阐述了社会——经济的不平等必须依附在公职和职位在公平平等的条件下对所有人开放的前提。 罗尔斯希望在他提出的公平原则指导下，通过社会制度的安排、社会结构的调整、再分配的实行，给最少受惠者以最大的利益，努力使西方两极化的社会缩小贫富差距，使社会成员在政治领域、经济领域等尽量处在平等地位，从而维护社会稳定。

罗尔斯说："正义是社会制度的首要价值。"我国政府也强调"公平正义是社会主义国家制度的首要价值"。 身心健康是每个公民最基本的追求，但由于医疗卫生资源的不均衡，基层保健服务工作的空心化，使得医疗卫生资源远远不能普惠式地满足每位公民的需求。 所以如何为公民提供较好的医疗保健服务，如何将医疗保健服务融入公民的生活中去，是当前完成健康中国宏伟目标的重要任务，使每位公民能够平等地享有国家提供的基本医疗保健服务，有尊严地度过一生，也是社会正义的重要标志，是人类的正义所应达到的。

（2）公共产品理论

公共产品理论是新政治经济学的一项基本理论，根据保罗·萨缪尔森在《公共支出的纯理论》中的定义，公共产品是指每个人对这种产品或劳务的消费不会导致别人对该种产品或劳务消费的减少。 相对而言，私人物品是指"如果一种物品能够加以分割，因而每一部分能够分别按照竞争价格卖给不同的人，而且对其他人没有产生外部效果"。 布坎南（1965）在萨缪尔森等人研究基础上创造性地提出了"俱乐部产品"，即介于公共产品和私人物品之间的"准公共产品"或"混合商品"，一些人能消费，而另外一些被排除在外。界定一种产品或服务的属性主要从以下两个方面考虑：消费或使用的非竞争、受益的非排他性。 具有非竞争性和非排他性的公共产品为纯公共产品，不具有非竞争性和非排他性的产品为私人产品，介于两者之间的是准公共产品。

我国提出"要努力为人民群众提供全生命周期的卫生与健康服务",反映出国家对于卫生健康工作的重视,对于健康生活全覆盖的决心,为人民群众提供从出生到死亡的健康管理,我国家庭医生制度正是基于此背景下产生的。根据公共产品理论,可以对家庭制度的属性进行界定,家庭医生服务内容主要分为急慢性病的诊疗、预防性保健和健康教育的服务。在健康教育上,家庭医生服务对居民的健康宣讲符合非竞争性要求,居民在宣讲中接受到的健康知识也符合非排他性要求。而在急慢性病的诊疗上,由于家庭医生服务资源的有限性,社区中某一居民对此类服务的享有和使用势必会影响同一时期内其他人对看病的需求,因此不符合非竞争性要求;另一方面,居民通过签约的形式与家庭医生建立服务的关系,若居民不签约则不享受家庭医生服务,因此不符合非排他性要求。综上所述,根据我国的家庭医生服务,是既具有公共产品的特性又具有私人产品的特征,是介于两者之间的准公共产品。

我国家庭医生服务作为准公共产品,在一定程度上具有公共产品的特征,由于公共产品的外部效应,若依靠市场机制由私人来提供,就不可避免地产生"免费搭便车者"现象,从而导致休谟所说的"公共的悲剧",无法达到最优配置。政府应主动承担责任,在家庭医生服务的政策制定、总体规划、筹资、服务、质量监督等方面发挥主体作用,维护家庭医生服务的公益性,从而确保公共卫生服务均等和人人享有基本医疗卫生服务的实现。

(3)委托代理理论

委托代理理论的产生是由于在资本主义经济迅速发展的当下,过去旧有的以继承为主的家庭型企业模式已经被逐步淘汰,以委托为主的代理模式应运而生,并获得了长足发展。相比传统的家庭继承模式,委托代理具有更加先进的科学性和更高的管理效率。其中,授权者作为委托人,给接受授权者也就是代理人发起委托任务。此项理论的最关键任务就是研究委托人与代理人在利益冲突的前提下,委托人如何设计最优契约激励代理人(Sappington,1991)。Arrow(1963)就曾在相关学术理论里提出,患者对于医疗委托中出现的许多情况了解不够清楚,无法获知治疗时间、治疗费用、治疗效果等具体信息,相反医生则心知肚明,这就出现了严重的信息不对等情况。由于术业有专攻,患者即便向医生发起咨询,也很难确保所收到的信息的准确性与正确性。 像其他服务一样，医疗服务本身也有自己的特点，具体表现为无法逆转、无法重复和无法更改。 在医疗服务中，医患双方由于信息不对称而造成了地位不对等，提供服务的医生地位更加强势；相反，具有医疗需要的患者的地位则弱势一些。 这种情况下，医生本身的职业道德就成了至关重要的一环，若这一环节发生问题，将会造成诱导需求的出现。 委托代理理论产生于经济需求，但也可在医疗卫生方面实行，只要设计出好的医疗委托代理模式，医生就能为患者提供最适合的医疗服务。

我国居民文化水平普遍不高，整体处在初高中水平。 这与经过专业训练、受过高等教育的医务工作者形成巨大反差。 较低的文化水平制约了广大民众查找疾病症状，知悉自己身体状况，增加了寻找合适的医生进行查诊和救治，以及到合适的医院住院的难度。 同时，我国居民缺乏基本的医学知识，只要稍感身体不适，更愿意上医院就医，尤其喜欢上大型的综合性医院。 越是接受教育少的民众，对药物越有依赖心理，希望医生多开药、开好药。 民众在心理上也只愿意接受并肯定正性医疗结果，把负性医疗结果的责任归咎于医院，使得医患矛盾突出，医疗纠纷增多。 因此，推广家庭医生服务，通过家庭医生服务，向民众普及医疗知识，将健康教育深入到百姓中十分必要。家庭医生还可以利用专业知识帮助和指导患者有针对性地选择大医院，或者由全科医生通过绿色通道直接将患者转至二级、三级医院，让专家确诊并对症治疗。 家庭医生还可作为患者代理人，和专家探讨各种治疗方案的利弊，选择最合适的治疗方案。

9.3 我国社会健康治理的基本模式

我国研究家庭医生签约服务的起步时间较晚。 2009 年，我国为应对老龄化社会带来的老年人照护问题，开展了新一轮的医疗改革。 在《中共中央国务院关于深化医药卫生体制改革的意见》中提出："加强基层医疗卫生人才队伍建设。 特别是家庭医生的培养培训，着力提高基层医疗卫生机构服务水平和质量。"2010 年，国家 6 部委印发的《以家庭医生为重点的基层医疗卫生队伍建设规划》提出，到 2020 年，需要通过多种途径培养 30 万名家庭医生。
2011 年，国务院颁布了《关于建立全科医生制度指导意见》，提出家庭医生
制度是破解医药卫生体制改革问题的重要举措。 2016 年，国务院医改办等 7
部门印发了《关于推进家庭医生签约服务的指导意见》，要求到 2017 年家庭
医生签约服务覆盖率达到 30％以上，重点人群签约服务覆盖率达到 60％以
上；到 2020 年力争将签约服务扩大到全人群，形成长期稳定的契约服务关
系，基本实现家庭医生签约服务制度的全覆盖。 2018 年，国务院再次针对家
庭医生制度提出指导意见，发布了《关于改革完善全科医生培养与使用激励机
制的意见》，意在解决家庭医生人数少与需求量大的矛盾，实现 2020 年家庭
医生签约服务制度全覆盖的宏伟目标。 从 2009 年至今，根据中央确定的方向
和原则，全国进行了大量的实践探索。 根据各地区反馈的经验来看，各地方
从自己的实际情况出发创造出了不同的服务模式。

（1）国内部分地区家庭医生服务的模式

一是以上海市"1＋1＋1"签约服务模式为特色的城市家庭医生模式。 在
上海，所有居民均可自由选取来自社区的家庭医生进行签约服务；在此基础
上，还可以选取区级与市级医院签约，实现"1＋1＋1"三位一体化预防和诊
疗服务。 上海在 2011 年开展了家庭医生试点行动，让上海居民与医生签约，
继而得到医疗服务。 签约居民可以通过预约优先享用医疗卫生服务以及双向
转诊服务。 家庭医生的职责是向民众提供完善的健康咨询和设定健康管理，
同时根据不同的就医人群提供有针对性的健康指导。 各区在市政府统一规划
的基础上，结合辖区特点，创新出一批特色业务。 长宁区对首诊在社区的签
约贫困保障对象给予医疗费减免的优惠。 徐汇区实现家庭医生接听电话时，
弹屏功能自动启动，提示出咨询对象的体检和诊疗信息。 静安区和闸北区从
完善制度出发，积极探索家庭医生激励制度。 浦东区突出农村地区以村为单
位集中签约、集中体检、集中收档的方式。 闵行区依托卫生信息共享化的优
势，居民在家也可查阅自身的健康信息档案。 宝山区成立家庭医生工作室，
为家庭医生配备护士、公卫人员等作为助手。 杨浦区建立社区、社区卫生院
和社会组织的三方联动。 青浦区从支付模式变革，以按人头付费的方式开展
新农合参保人群签约服务。

二是以福建省厦门市"三师共管"签约服务为特色的城市家庭医生模式。福建省厦门市着重针对慢性病患者,将老年人作为重点诊疗对象,提供完善的医疗服务,并开启了新的服务模式"三师共管"(以家庭医师为责任主体、以专科医师为技术支撑、以健康管理师为辅助)的团队,以"慢病先行、长者优先"为宗旨,为居民提供签约服务。 出于充分利用医疗资源的目的,三方医疗人员展开精诚合作,转移部分可在社区获得治疗的慢性病患者,形成更加完善的医疗结构。 不同的职责有不同的分工,专科医师在制定诊疗方案和对患者进行诊断的基础上,还将参与对全科医师的职业培训;健康管理师随时对患者进行走访,时刻监控患者的健康状况,做好全方位干预的准备;家庭医师的职责是落实医疗方案,了解病情。 在此基础上,政府还加大补贴力度,适当放宽用药限制,力促上述措施的实行。 厦门模式的创新点,在于探索出优质医疗资源"重心下移"、慢性疾病防控"关口前移"、科学分级诊疗"服务连续"的有效实现路径。

在乡村家庭医生模式方面,一是以江苏盐城大丰区"基础包+个性包"为特色的签约服务模式。 江苏盐城大丰区针对儿童、老人和慢性病患者提供更便利的有针对性的服务,同时对签约民众提供免费的基础服务,其中包括了医疗服务和公共卫生两大部分,构成了具有鲜明特点和丰富内容的服务包。 在健康团队提供技术支持的基础上,将乡村卫生室作为提供服务的主体,把乡村医生作为提供服务的负责人,以家庭为单位划分服务区域,在充分给予民众选择权的同时,规定每位医生负责 200～300 户,不超过 1000 人。 为了适应不同患者的经济条件和医疗需求,大丰区还设立了各种服务包,居民可自由选择。 其中有免费的基础服务,也清楚罗列了服务内容和收费条目的收费包。其中,最低档次的医疗包每人每年仅收取 50 元;中档的医疗包基于治疗内容分成了 8 个类别,1－7 类型收费为每人每年 100 元,最后一个类别为复合型,分为每人每年 120 元和 150 元两种;高档医疗包有 6 种,同样根据不同的服务收取不同的费用,价格为 200～800 元不等。

二是安徽省定远等县的签约服务模式。 定远县成功构建了从县级到乡镇再到村里的三级医疗服务模式,以人头总额预先支付保金,建立健全利益责任共享的激励模式,将医生的收入与患者的数量和经过治疗之后的实际效果联系在一起。 "定远模式"的家庭医生签约服务实行"1+1+1"的模式，县医院、乡镇卫生院和村医构建了服务共同体、责任共同体、利益共同体、管理共同体"四位一体"的县域医疗服务共同体。 创新点在于资金分配上，县里将新农合医保资金全部按人头总额预付给医共体牵头单位县总医院，实行"按人头总额预付""超支不补，结余全部留用"，年度收支结余由县、乡、村三级医疗机构按 6∶3∶1 的比例分成使用，超支部分由三级共同分摊。 "定远模式"的实践证明，"按人头总额预付"支付方式使家庭医生签约服务和医共体建设"捆绑"发展、同向激励，为建立分级诊疗制度共同发力，推动了县级优质医疗资源下沉基层、把患者留在县内，既减轻了看病就医负担，也实现了新农合资金结余。

（2）浙江省家庭医生服务模式

从 2015 年 6 月开始，浙江省政府出台《关于推进责任医生签约服务工作的指导意见》，将责任医生签约服务作为建立分级诊疗制度的重要手段之一加以推进。 截至 2017 年底，浙江共签约 1729.4 万人，重点人群签约覆盖率达 72.43%。 家庭医生的重点服务人群也从最初的老年人、孕产妇、儿童开始逐渐扩展到残疾人，计划生育特殊家庭，困难人群，高血压、糖尿病、结核病等慢性疾病和严重精神障碍患者。 家庭医生签约基本服务内容主要是为居民建立电子健康档案、个性化健康指导咨询、健康教育服务、健康知识推送服务、签约门诊预约服务、分级诊疗服务和慢性病连续处方服务。 同时针对儿童、孕产妇、老年人和慢性病等 10 类特殊人群有相应的个性化签约服务包。 经过这几年的实践探索，浙江省已全面推行家庭医生服务制度，并形成了各具特色的家庭医生服务模式。

①杭州市"医养护一体化"签约服务模式。 浙江省杭州市进行多部门联动，制定了一系列激励方案，努力确保签约居民获得"医养护一体化"签约服务，卫生部门联合多部门出台多项政策，通过经费保障、医保优惠、物价配套等政策，有效破除了旧有政策的弊病，使得民众的医疗需求得到进一步满足，同时也使过去基层医疗机构得不到政策支持的问题得到了解决。 在实际服务过程中，患者的需求成为签约医生的服务导向，医生据此拓展服务内容，进行健康情况测评、家庭护理、健康监测等几个大方面的医疗服务。 民众在就诊

过程中，还可获得一系列的便利服务，例如提前就诊、及时转诊等，家庭医生负责联系相关专家和医疗机构，转诊后依旧参与后续的跟踪治疗。治疗结束后，相关医疗团队还将提供后续的护理服务并做好患者的病情回访。除此之外，杭州市还进行了完善的信息管理，新增设的双向转诊平台连接全省51家医疗服务平台，平台涵盖了省级、市级多个层次，具备了完善的智能化服务功能，支持门诊预约和转诊治疗，同时建立起完备的电子病历和健康档案，切实做到了医疗机构之间的信息共享。

②宁波市契约式家庭医生服务模式。2015年5月开始，宁波市全面推行契约式家庭医生服务，并建立了6大机制，分别是家庭医生惠民机制、服务费用分担机制、医保差别化支付机制、常用慢性病用药协同机制、医疗服务价格形成机制和家庭医生绩效考评机制。服务费用分担机制属全国领先，实行医保基金、公共卫生服务经费和居民三方为主的付费机制，强调了政府、社会、个人对维护健康的共同责任。暂定现阶段家庭医生服务费为每人每年150元，由医保基金、公共卫生服务经费和居民个人各承担50元，对困难群体的个人承担部分由社会救助专项资金支付。

③乌镇互联网医院。乌镇互联网医院是桐乡市政府和微医集团响应党中央和国务院大力倡导"互联网＋"医疗改革精神，在乌镇互联网创新发展试验区创建的"全国互联网分级诊疗创新平台"，致力于通过互联网信息技术连接全国医院、医生和患者，优化医疗资源配置、提升医疗服务体系效率，打造专业的互联网分级诊疗平台。乌镇互联网医院的3大核心功能是精准预约、在线复诊和团队协作。首先，精准预约为大医院输送对症患者，乌镇互联网医院连接医患供需双方，直击医患信息不对称的"择医"痛点，为医患进行精准匹配，充分发挥微医集团专家资源和分诊团队的专业优势，依据病情优先的原则为患者就近匹配对症专家，旨在对既有医疗资源进行合理配置，实现医生资源合理化利用。其次，在线复诊让用户足不出户看专家，针对复诊患者（常见病和慢性病患者居多），乌镇互联网医院通过应用电子病历共享、远程高清音频视频通信等技术，直接帮助医患完成在线复诊和远程会诊。患者无需与医生面对面，足不出户就可以享受到病情诊断、处方开具和在线医嘱等一系列医疗服务。最后，团队协作把大医院、大专家能力下沉到广阔的基层医疗机

构，乌镇互联网医院利用互联网技术为学科带头人组建同学科、跨区域的线上医生协作组织，将专家的技术经验和基层医生的时间进行有效结合，让资深专家专注于对症病患诊疗、经验传承，让基层医生共享专家的经验及品牌，获得优先会诊、便捷转诊等资源，形成真正高效的线上团队医疗模式。

9.4 社会健康治理的成效

2016 年 5 月，国务院医改办等 7 部委联合印发《关于推进家庭医生签约服务的指导意见》，标志着家庭医生签约服务工作正式全面启动。 截至 2017 年，全国 95％以上的城市开展家庭医生签约服务工作，超过 5 亿人有了自己的家庭医生，人群覆盖率超过 35％，重点人群覆盖率超过 65％。 中国已初步建立具有中国特色的家庭医生签约服务政策体系，31 个省份（区、市）都印发了家庭医生签约服务指导方案，除上海市"1＋1＋1"模式外，江苏省盐城市大丰区"基础包＋个性包"签约服务模式、浙江省杭州市"医养护一体化"签约服务模式、福建省厦门市"三师共管"签约服务模式、安徽省定远县等"按人头总额预付"签约服务等模式已成为标杆。 在家庭医生签约服务工作开展得比较好的地区，城乡居民就诊下沉效果逐步显现，健康管理效益逐步提升，"家庭医生朋友"的概念和"贴心人"服务模式深入人心。

作为浙江省家庭医生签约服务模式示范城市杭州，近年来在家庭医生服务成效上取得了不俗的成绩。 根据杭州市卫计委招投标引入第三方测评的数据和医保政策落实情况汇报显示，杭州从签约率、满意率、转诊率、负担费用等指标，展示了家庭医生签约服务实施以后取得的成效。

在参与人数及分布方面，截至 2016 年 9 月底主城区范围内的 50 家社区卫生服务中心 1158 位家庭医生参与了该项工作，已签约居民 713058 人。 在 1158 位签约医生中，有 48 位医生签了不足 10 个居民，占医生总数的 4％；有 220 位医生签了 1000 个以上的居民，占医生总数的 19％，平均每个家庭医生签约 616 名，如图 9-1 所示。

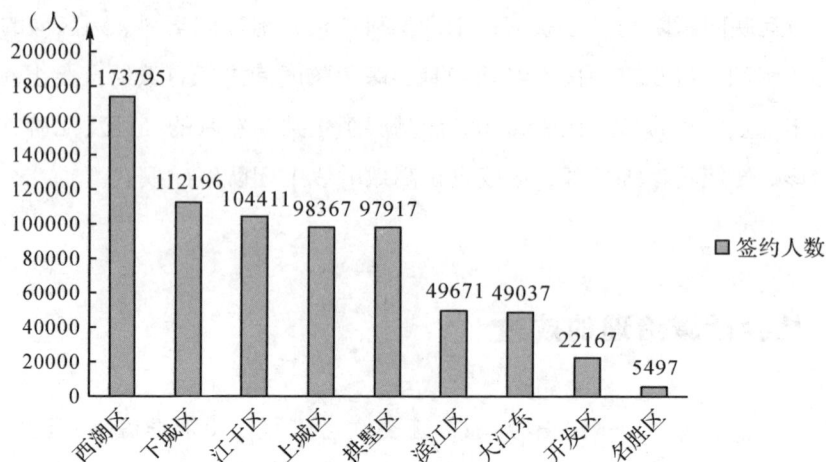

图9-1 杭州市各区签约人数分布图

在签约人群知晓率方面，根据第三方抽取的 29553 个数据，受访者表示"自己对已签约不知情"的有 4774 人，占 14.45％。 按城区看，滨江区受访者表示"自己对签约不知情"的占比最高，为 27.7％，江干区最低，为8.05％,如图 9-2 所示。

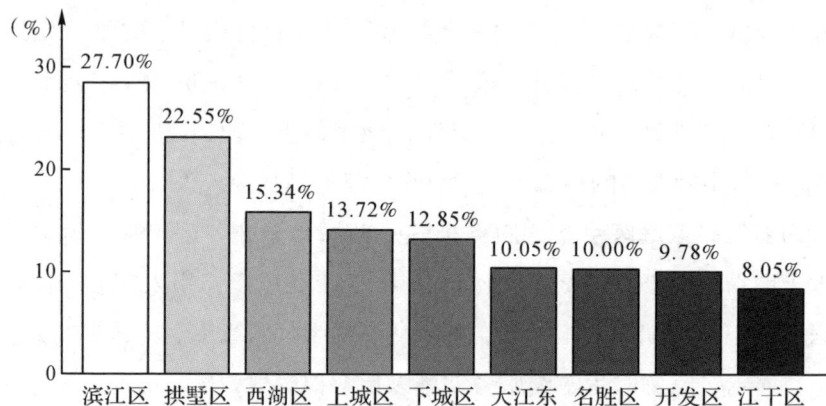

图 9-2 杭州市各区受访者不知情率

在签约人群满意度方面，确认自己已经签约的居民满意度排名前二的是大江东区、西湖区，通过各城区求和平均后得出杭州主城区平均满意度94.95,如图 9-3 所示。

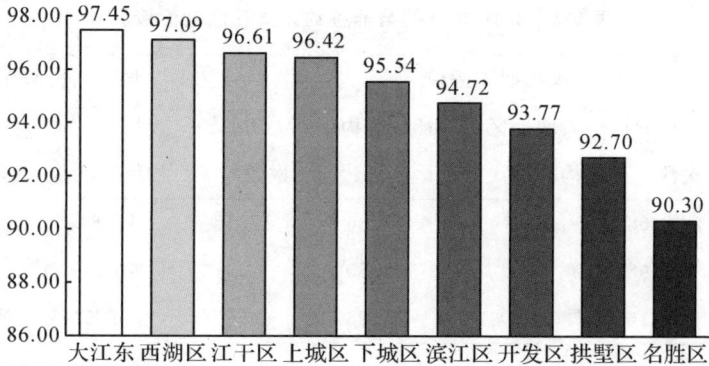

图 9-3　杭州市各城区受访者满意度情况

在享受医保优惠政策人数方面，2016 年通过医保信息平台成功办理签约备案手续的参保人员达 54.30 万人，其中在社区首诊和经社区转诊至上级医疗机构的就诊人数为 41.25 万人，办理机构护理备案 193 人次，办理家庭病床 1439 人次，共减免起付标准 4486.67 万元；签约参保人员转诊至上级医疗机构发生医疗费 40149.54 万元，其中医保优惠 3528.09 万元。签约人群转诊率方面，2016 年经过备案的转诊率比 2015 年高 1.17%，未经备案的转诊率下降 4.92%，从中可以看出已经签约居民开始有了首诊在基层的意识，如表 9-1 所示。

表 9-1　2015－2016 年就诊情况

年度	转诊率(%)	未经转诊至其他医疗机构就诊率(%)
2015	13.55	40.75
2016	14.72	35.83
增长情况	1.17	4.92

如表 9-2 所示，签约居民更愿意去社区医院就诊。签约居民在人均就诊次数、人均社区机构就诊次数比非签约居民多，前往社区机构就诊比例也比非签约居民高。说明居民在签约后，更愿意前往社区医院看病。

表 9-2　2016 年签约与非签约人员社区就诊情况

签约情况	职工医保			城乡居民医保		
	人均就诊次数	人均社区机构就诊次数	社区机构就诊比例（%）	人均就诊次数	人均社区机构就诊次数	社区机构就诊比例（%）
签约	22.68	14.37	63.36	17.15	12.84	74.87
非签约	11.98	5.81	48.50	12.41	10.05	80.98
合计	13.15	6.74	51.25	14.87	11.5	77.34

　　如表 9-3 所示，高血压患者签约后负担费用减少。 高血压患者在签约后，前往社区医院就诊的比例增长了 10.51%，年人均医疗费减少了 450.77 元，年人均自理费用下降了 217.76 元。 高血压患者个人负担明显减轻。

表 9-3　高血压患者签约前后费用及负担变化情况（元）

项目	签约前	签约后	增长	增长率（%）
社区机构就诊比例（%）	54.82	65.33	10.51	—
年人均医疗费（元）	8240.15	7789.38	−450.77	−5.47
年人均自理费用（元）	1047.93	830.17	−217.76	−20.78

　　虽然家庭医生服务取得了不错的成效，但居民对于签约医生服务的获得认可度依然不尽相同，家庭签约医生的深层次改革亟待完善。 调研统计结果中有几个问题值得引起关注：首先，家庭医生和签约居民反映的最多问题是药品的不够完备。 基层卫生院由于受场地、成本等因素的限制，不可能像大医院那样备齐所有的药品。 基层医院大部分药品是最常用的基本药品，患者需要的进口药、特殊药几乎没有，用药保证不了，家庭医生的便利性就大大削弱。 其次，签而不约的现象突出。 由于家庭医生数量不足，在平时饱和的门诊诊疗工作下，还要进行家庭工作的预约就诊、居民健康档案建立与管理、慢性病管理、健康管理与建立家庭病床等，每 3 个月还需为慢性病患者提供上门服务一次，无法照顾到普通签约人员的预防保健工作，使得大部分签约人群觉得签与不签一个样。 家庭医生作为建立分级诊疗制度的一项重要内容，要做到做实做细签约服务内容，做到提质增效，逐步提高居民对家庭医生签约服务的感受度和满意度。

　　其中，杭州市下城区潮鸣街道社区卫生服务中心是家庭医生签约服务的成功范例。 杭州市下城区潮鸣街道社区卫生服务中心地处杭州市下城区新华路 86 号，建筑面积约 4000m²，管辖 15 个社区，服务近 10 万人口，60 岁以上的老年人约占总人数的 21.8%。 2014 年起，中心大力推行医养护一体化签约服务工作，并与多家医院签订了双向转诊合作医联体服务协议，采用疑难病人转诊、上级医院专家坐诊的方式，提高了居民的满意度。 2017 年签约居民就诊率 68.88%，医联体转诊率 51.13%，建立家庭病床 88 张。 2018 年 37 位全科医师累计签约 30730 人，10 类重点人群签约 20369 人，占签约总人数的 66.28%，其中高血压、糖尿病、特困人群、失独家庭覆盖率 100%。

　　中心多渠道广覆盖开展宣传。 2018 年，中心印制家庭医生签约宣传折页 2 万张，长处方宣传折页 1 万张，制作签约服务专栏 2 个、易拉宝 15 个。 发放《给下城区签约居民的一封信》近 2.5 万封，发放签约服务清单告知短信 2 万余条。 开展家庭医生社区述职活动，将杭州市家庭医生签约服务温馨告知，及家庭医生签约团队信息发布在中心微信公众号中。

　　优秀签约医生榜样示范。 积极参与"杭州市优秀医师"评选活动，组织开展"请为你的签约医生点赞"活动，通过易拉宝制作、横幅、APP、门诊、义诊等各种形式宣传，积极选送优秀签约医师，树立中心全体签约医师学习的榜样。

　　优化家庭医生签约服务团队。 签约医师和签约助手齐心协力管理好签约对象的健康，为签约对象提供健康教育、健康咨询、预约随访等健康管理服务和签约门诊诊前管理服务，让防治结合真正落到实处。

　　完善签约服务考核绩效方案。 2017 年，中心签约医生人均绩效 3.5 万元，签约助手人均 1.5 万，最高医生为 11.095 万元。

　　重视家庭医生签约回访管理。 家庭医生回访管理是整个慢性病连续处方工作的核心之一。 目前，该中心已开展了 13718 人次回访，得到了社区居民的高度肯定。

　　细化签约服务内容。 针对老年人、孕产妇、儿童等 10 类重点人群与一般人群提供分类的签约服务包，通过云随访平台、社区述职、告居民一封信、签约居民微信群等各种途径，将服务清单告知签约对象，并进行公示。

创新签约服务方式。 将孕产妇和 0－3 岁儿童的签约服务工作与妇幼日常保健工作有机结合，注重孕产妇、儿童签约和管理的统一。 目前，辖区幼儿园的签约率均在 60％以上。

推出智慧医疗服务。 优化就医流程，开设签约医生预约门诊、慢性病联合门诊、预约转诊等，极大地改善了患者的就医体验。 开通市民卡智慧医疗诊间结算、自助机挂号、诊间复诊预约等功能，实现了预约转诊、转诊检查、电子病历上载下传、转诊满意度评价等功能。 2017 年 12 月至 2018 年 3 月，中心共出具连续处方 18977 张，受到了慢性病居民的欢迎。

9.5　浙江社会健康治理的创新改革

浙江"最多跑一次"改革自 2016 年 12 月提出之后，迅即在全省全面推开，形成了各地、各部门积极探索、改革创新的热潮。 2018 年 1 月，中央全面深化改革领导小组审议了《浙江省"最多跑一次"改革调研报告》并予以肯定。 2018 年 3 月，"最多跑一次"被正式写入李克强总理的政府工作报告。中共中央办公厅、国务院办公厅在印发的《关于深入推进审批服务便民化的指导意见》中，把"浙江省'最多跑一次'经验做法"作为典型经验之一向全国全面推广。 在医疗卫生领域"最多跑一次"，浙江省则从当前群众看病就医过程最关心、最直接、最现实的"关键小事"入手，充分运用"最多跑一次"改革的理念方法，紧紧围绕让群众"少跑路""就近跑""不跑路"的目标，着力构建医疗卫生服务新模式。

2018 年 4 月，浙江省人民政府办公厅印发了《浙江省医疗卫生服务领域深化"最多跑一次"改革行动方案》，推出包括挂号、付费、检查、住院、急救等方面就医便民惠民 10 大举措，以改善人民群众看病就医感受为出发点，着力增强人民群众改革获得感幸福感。 主要举措有：优化医院窗口服务流程，改变挂号付费取药排长队现象；优化辅助诊断服务流程，做到检查检验省时省心省费用；优化住院服务流程，贯通院前院中院后服务；推广日间服务，促进急慢分治、轻重分流；推广医务社工和志愿者制度，提供便民惠民服务；

推广一体化综合救治服务，提高重大急性病患者救治能力；做好慢性病患者服务，构建优质高效的联合诊疗模式；做实母子健康服务，实施全方位、全周期协同管理；做实家庭医生服务，强化基层首诊、转诊功能；发展"互联网＋医疗健康"，创新看病就医服务模式。下一步，医疗卫生服务领域将以深化"最多跑一次"改革为牵引，强化医保、医疗、医药、医院、中医、医生"六医"统筹，加快分级诊疗等5项基本医疗卫生制度建设。浙江省将力争通过3年时间形成诊疗更加安全、就诊更加便利、沟通更加有效、体验更加舒适的医疗卫生服务新模式。

浙江省利用信息技术破解群众看病就医中的堵点、难点环节，近4年来，浙江省利用互联网优势，大力推进互联互通的全民健康信息化平台建设，有效提升了各地医疗服务水平。得益于"互联网＋医疗"的飞速发展，编织了一个联动省、市、县三级全民健康之网。目前，浙江省的省、市、县三级全民健康信息化平台的架构已经形成，省级平台就已率先实现与国家平台的对接，并已经联通17家省级医院，11个市级平台的建设也在积极推进中，县级平台建设基本实现全覆盖，省级平台上已经归集了3200多万份标准化健康档案，并采集涵盖门诊、住院、检验检查等诊疗数据2.3亿余条。

全民健康信息化平台在规范就医流程方面发挥着巨大作用，真正实现了"数据多跑路，群众少跑腿"。截至2017年10月底，平台已发出重复检查的提醒29万次，在确保安全的前提下，避免一些病人的重复检查，同时也节约了患者的医疗费用和时间，最大程度地保障老百姓的医疗质量和医疗安全。浙江省是互联网最发达的省份之一，全民健康信息化平台的建设，是对党的"十九大"报告中"全面建立中国特色基本医疗卫生制度、医疗保障制度和优质高效的医疗卫生服务体系"的具体贯彻落实。在浙江省内，预约挂号、报告查询、移动支付、自动导医等服务已经成为大部分医院的"标配"，"指尖上的医院"已渐成趋势。这些便利服务的实现，是互联网、大数据、云计算的发展为深化医疗改革的建设提供了前所未有的可能性和创造性。信息技术的发展为医疗流程的重塑、机构的重组、规范的创新、服务方式的改变提供了重要支撑。医疗卫生领域"最多跑一次"改革生动体现坚持以人民为中心的发展思想，从群众视角思考医疗改革，用群众痛点设定改革目标，以群众要求确立改革标准，以群众感受倒逼医疗卫生自身改革；突出群众参与，把改革效果的评判权交给群众，坚持"让时间来检验、让基层来评判、让群众来打分"，用老百姓的获得感和幸福感衡量改革的成败得失。

案例1：舟山群岛网络医院

舟山市有1390座大小岛屿，如花瓣般散落在东海和杭州湾之间，但是，零星分布的近百座住人小岛却面临着医疗资源匮乏、交通不便的困境。浙江省舟山市针对海岛医疗资源配置不均衡、城乡优质医疗资源共享性差、基层医疗机构服务能力相对较弱，以及偏远海岛居民就医不便且成本高等短板问题，创新建立"舟山群岛网络医院"，使海岛居民足不出岛就能享受到三级医院专家的优质服务。

56岁的李阿姨家住普陀区六横镇，因患有糖尿病，多年来，她一直需要服药控制病情。"每天要吃20多粒药，特别麻烦，"前几天，李阿姨在六横镇中心卫生院做检查时对医生说，能不能少吃点药。李阿姨不敢贸然停药，打算去舟山医院看专家门诊。不过六横的医生告诉她可以在网络医院看。5月4日下午2时，按照预约的时间，李阿姨坐在了六横镇中心卫生院的电脑前，医生打开舟山市远程医疗协同服务平台，进行视频连线；此时，视频的另一端，舟山医院内分泌科专家门诊负责坐诊的毕医生已在等候。六横的医生把李阿姨的病例通过远程医疗协同服务平台传送给毕医生，又在视频对话里说明了相关病情及近期空腹血糖、餐后血糖的检查数据，最后毕医生给出了建议：可以先停服其中的阿卡波糖片，一周后复查血糖，根据病情调整用量。"网上看病10分钟就看好了！这如果放在以前，得坐船去沈家门，再坐车去临城，到了舟山医院挂号又排队，一天都不一定能看好啊。"对这次"家门口"看病，李阿姨直呼省钱省时间。目前远程专家门诊主要集中在慢性病等领域，设置了内分泌科、心血管科、精神科、呼吸内科、神经内科、肾内科、肝病科等共13个远程专科。患者可上网预约5家医院的专家号，会有当地卫生院的接诊医生来做初步检查，补全门诊申请资料，在预约时间共同听取专家意见，由接诊医生实施诊疗意见；也可以通过当地基层医生直接预约，双向转诊也可以通过网络医院平台完成。"舟山群岛网络医院"运行两年多来，未发生一起医疗纠纷，无一起群众不满意的投诉事件，得到了全市群众的一致认可。

案例 2:浙医二院日间手术

日间手术，就是病人在同一个工作日完成手术或操作并出院。 这些手术以前都需要住院 3—4 天，甚至更长时间。 开展日间手术可以缩短住院时间，减少院内感染的几率；节省患者费用。 日间手术病房是医院技术自信、流程自信、管理自信、制度自信的综合展示。 浙医二院是国内最早开展日间手术的单位之一。 2005 年浙二率先在心血管造影、白内障手术等条件比较成熟的少数病种推行；2011 年，成立专门的日间手术病房，正式在全院实行；2017 年，该院日间手术量达 1.8 万台，占住院手术总量 24％以上。 目前，医院准入的日间手术病种 80 余个；近期又进行了新一轮日间手术准入评估，2018 年日间手术超过百个病种。 浙医二院的日间手术，必须严格遵守 3 个"三"：坚持"三个准入"，包括医生、病人和病种的准入，以减少医疗风险；实践"三个评估"，包括术前评估、离复苏室前评估、离院评估；做到"三个随访"，包括术前随访、术后 24 小时随访、计划随访。 浙医二院在国内首创了一套严谨的日间手术评估标准及管理体系，探索建立起的日间手术运作流程、规章制度等，成为全国日间手术的理论与实践双版本教科书。

10

健康浙江的经验启示与制度建设

10.1　国外健康治理的经验启示

　　国际健康治理的理念及在不同国家的实践，为中国提供了有利的借鉴：一是不断完善社会政策体系。 保障社会成员的基本权利，协调社会群体之间的利益关系，促进社会的健康和可持续发展，是健康治理的基本法治保障与制度基础。 二是整合国家各层级组织与政府各部门的功能，是满足社会成员享有健康公共产品的一系列制度安排及整体行动。 三是发挥社会组织在促进健康中的积极作用。 鼓励与培育社会组织在提供公共卫生与医疗服务、扩大公众参与监督管理等方面发挥积极作用，使其成为构建健康治理新格局的重要力量。 四是动员公众参与合作，共同建立健康行为规范体系，调整人们各个方面的社会行为并维护一定的社会秩序。 五是创新社区健康治理体系。 以社区为健康治理的单元细胞，依托信息网络构建健康治理的基层综合服务平台。推进国家治理体系和治理能力现代化是解决当前中国各方面难题的长效之策。 健康治理作为化解健康及其相关问题的工具，其与所面临的相关问题复杂性的磨合度越高，其治理能力也就越强。 中国的健康治理体系及模式仍处于由一元向多元、由单独向协同治理的转型，在借鉴国外健康治理体系和治理能力所取得的成功经验基础上，坚持基于我国国情探索适宜的健康治理体系和服务模式，已经成为我国卫生改革可持续发展的必然要求。

以德国为例，德国的健康教育在世界上处于领先地位，其相关制度设计完善，执行彻底。德国的健康教育由国家健康宣传中心、医院等医疗机构和医疗保险公司共同承担，属于国家主导型健康教育，我们在发展自己健康教育的过程中，也要借鉴德国的健康教育，使自身不断向社会化、法制化、体制化方向发展。其特点主要有：

一是加大健康宣传力度，更新大众健康理念。20世纪60年代德国成立了国家健康宣传中心，以宣传全民健康知识为宗旨，组织和指导德国全民健康教育，医院等医疗机构通过编印健康宣传资料、设立医疗专家宣传栏向市民提供更加专业的与健康相关的信息，同时也通过多种多样的宣传教育，为全民从小打好健康基础，减少成人教育的负担。国家健康宣传中心不仅拥有先进的保健器械和设施设备，还有来自社会团体及保险公司的充足的资金支持。健康宣传中心既有长期规划，也有各种短期的临时性的工作任务，如上街向游客派发安全套，宣传艾滋病预防知识等，由于德国对艾滋病的宣传教育工作是落实到位，因此德国是艾滋病感染者最少的欧洲国家。健康浙江改革的过程中应当进一步加大健康教育的宣传力度，与不同的主体沟通合作，真正做到健康教育普及每个人，提高人们的健康意识，更新大众健康理念，让健康生活常态化。

二是加强健康教育力度，提高大众健康素质。《列子·力命》中提到："病非一朝一夕之故，其所由来渐矣。"病是一天一天积累出来的。同样的道理，健康也是一点一点积累出来的，健康是一种优良生活习惯，如果不想得病，就要始终保持这种优良的生活习惯，同时改正不健康的生活习惯。为了加大健康教育力度，提高大众健康素质，一方面要培养健康新理念，树立健康新意识。德国由于长期将健康教育融入大众的生活环境和生活方式，因此德国人的健康状态一直处于世界前列。但是在我国，多数人对健康的认识还很片面，大多数人认为只要身体不出大毛病，就不会出现健康问题，人们往往"重医疗、轻预防"，习惯有病就去找医生。很多人都不愿意为健康教育花费时间、金钱及精力，尤其是在较为偏远的地区，很多人没有接受常规体检的意识。因此健康浙江改革的过程中应当进一步加强健康教育宣传力度，普及卫生防病知识，引导人们意识到健康既是权利也是责任，树立正确的健康观。

为了加大健康教育力度，提高大众健康意识，另一方面要开展全民健康教育，组织大众集中学习健康知识，将健康知识纳入国民教育体系，使得健康教育制度化、法治化。 与此同时，把健康教育由学校内向学校外拓展，通过健康中心、医疗机构、医保机构的培训中心和社区举办不同类型的短期培训，真正做到全民学习常见疾病形成的原因和如何预防常见疾病等知识，在学习的过程中慢慢改变自己原有的生活方式。 学习和习惯的养成是一个循序渐进的过程，在大众形成健康生活方式的过程中，医院、学校等机构应当进行正确引导。

三是设立健康教育保险、提供资金保障。 德国拥有发达的、完善的医疗保险体系，是全世界最早实施医疗保险制度的国家。 在德国几乎所有国民都参加医疗保险，而且不管缴纳多少医疗保险费，都享有同等法定医疗保险待遇。 投保人的健康状况直接影响到医疗保险公司的经济效益和社会反响，故医疗保险公司在承担医保费用的同时，也十分重视投保人的健康教育，这就增加了德国健康教育的覆盖率。 医疗保险公司一般拥有自己的教育专家，经常有针对性地向投保人函寄或当面发放健康教育资料，告知具体开课信息，及时提醒其体检等。 他们采取这些切实有效的措施，大大改变了德国人的健康观念和健康水平，降低了发病率与重病率，并使德国人的人均寿命得以提高，位居世界前列。

10.2　我国社会健康治理的实践经验

（1）政府与社会合作治理

政府治理是指政府行政系统作为治理主体对社会公共事务的治理，包含政府对于自身、市场以及社会活动的管理。 社会治理是特定的治理主体对于社会的管理，是对社会资源的调整和配置。 在市场经济条件下，健康治理往往涉及社会各方面的利益相关者，这就要求合理定位政府治理行为，构建政府与社会协同合作的治理机制。 因此，越来越多的国家通过政府与其他社会组织合作建立卫生政策网络，依托更多的平台和社会联盟，将现代信息网络技术有机地嵌入健康治理结构与运行机制，并动员全社会的广泛参与，从而引导社会形成可持续发展的健康行为及生活方式。

（2）形成共享价值理念

健康治理面临的最大挑战是企业参与健康治理的方式及其相关问题。如"烟草大战"导致企业与社会利益冲突越来越大。发达国家特别是一些欧洲国家，其卫生保健服务与健康都是基于宪法所赋予的人权以及经济学中的公共物品等概念、理论，并将其作为引领健康治理的价值规范，也称为"共享价值"。在相关政策的制定与实践过程中，基于所形成的共同价值理念来敦促政府与企业共同关注健康及相关问题，并将健康作为一个要素融入到企业的发展战略与经营模式。这不仅能够改善社会生产力状况，而且也能增进社会的幸福指数，并构建类似于环保指数与消费者偏好指数等模型来评估其"共享价值"的影响及效果。同时，政府应强化其监管职能，以确保其生产与经营方式遵守法律规范、社会道德及与之有关的国际与国家标准。在国际卫生领域，企业通过与全球基金会等组织合作，共同抗击艾滋病、结核病和疟疾等，协助解决有关健康、营养和保健等问题。目前，一些企业已经成为社区卫生的重要合作伙伴，越来越多的企业积极参与具体项目的管理，并探索建立可持续的发展关系。

（3）建立沟通机制

当一个国家的政府要出台相关卫生政策时，应尽可能邀请所有利益相关者进行广泛性磋商，共同确定其目标与相关监督评价指标，明确具体实施措施及相关的问责机制等。如美国健康2020战略规划是在联邦政府跨机构工作组的领导下，由美国健康与人类服务部和其他联邦政府机构、社会团体，以及众多利益相关者协作完成。各方均为健康2020的战略目标及其相关优先领域献计献策，为最终战略规划的形成提供了科学的决策依据。欧盟许多卫生政策在制定时也都遵循类似做法。基于所构建的目标框架，从上至下与相关政府部门、社会团体以及学术组织进行广泛沟通，并建立同行评审以及绩效评估机制，不定期公布政策制定与实施效果。同时，政府卫生部门在与其他部门和社会团体进行协商与沟通时，将自己视为众多跨部门参与者的一员，运用新的领导方式和信息沟通技能，建立新型的战略伙伴关系。

（4）构建网络平台

基于现代网络技术促进健康治理主要体现在以下几个方面：①基于健康治理信息服务平台，不仅能够增加健康治理及相关政策的透明度，有助于规范企业行为，促进其主动调整生产方式与经营理念，还能进一步强化问责机制。政府部门通过调查数据来判断社会公众对卫生服务质量的评价，分析评估国内各地区卫生系统的绩效、以及本国与世界各国之间的绩效差异，促进政府各部门及其决策者重视卫生系统所存在的问题，并采取相关的改革措施以促进卫生系统的可持续发展。尽管有些数据存在可比性问题，评价指标体系及方法还不够完善，但仍能产生一定的促进作用。如世界卫生组织2000年的世界卫生报告《卫生系统：改进绩效》产生了较大的社会反响，吸引了社会、公众以及大众媒体的关注。卫生系统绩效评估结果的排序，促使公众及大众媒体关注更为宏观的卫生系统绩效比较，同时也强化和完善了相关的问责机制。②卫生信息平台不仅有助于全社会疾病防治、公共卫生与健康促进等信息的交流，也可以协调与统筹全社会的力量应对传染病与慢性非传染病的双重挑战。目前，柬埔寨、爱尔兰、马来西亚等国家已经建立了国际化的卫生信息平台这种由多元组织、多级政府和多种部门参与并逐步形成的网络治理模式，解决了诸多跨国界传染性疾病的传播。

（5）公民参与及合作

公民参与健康及相关事务是尊重公民健康权利的重要表现。如美国通过公民参与制定年度预算，荷兰政府通过消费者调查等方式确定政府财政（包括卫生财政）的优先领域；瑞典通过议会的优先权委任制，委托政府或大学的相关研究机构进行调查与研究，提供以循证研究为基础的决策依据。健康知识素养作为健康治理的一个关键因素，不仅需要合作生产与创新更多的健康知识及教育模式，而且也需要通过发展社区认知文化构建一种更有亲和力与本土文化特点的健康教育及健康促进方式，特别是在健康食品、安全饮用水、临床诊断与药物利用等方面均需采取协作行动。加拿大政府向全社会公开健康2020发展战略及其评估指标体系，通过系统监测、开放数据，加强全民的健康素养，有效监督该战略的具体实施及进程。欧洲各国通过采取"授权给病人"等方式，促进患者参与临床治疗决策。 患者的有效参与已成为欧洲卫生改革的重要措施，也成为公民参与政府决策的有效模式。 需要注意的是，应区分好作为消费者的病人和作为社会公民的角色转换。 移动医疗与穿戴式保健技术的发展，正在逐步颠覆传统的医疗卫生服务模式及其医患关系。

10.3　健康中国战略的应对与发展

健康浙江建设，需要政府、社会和个人各归其位、各担其责、共同发力。在强调政府统筹协调责任的同时，充分调动企事业单位、社会组织和群众参与健康治理的积极性、主动性、创造性，建立健全多层次多元化的社会共治格局。 着力营造更加绿色安全、生态宜居的健康环境。 夯实健康浙江建设基础。 良好的环境是人们生存与健康的基础。 绿水青山、美丽家园、平安社会，都是人民群众健康的必需品，要最大限度地减少环境对健康的威胁危害，让群众身心更健康、生活更幸福。 组合拳要打出绿水青山的新境界。 要找到生态环境的"痛点"和人民群众的"盼点"，重拳出击、铁腕整治。 "五水共治"要决战治污水，大战防洪水排涝水。 明年全省要全面剿灭劣 V 类水，逐步把治水重心转移到防洪水排涝水上，特别要全面提升城市防洪排涝能力。"三改一拆"要改得更快、拆得更坚决。 要用壮士断腕的狠劲铁腕治理违法建筑，全面根治、不留死角，决不让危旧房再造成人民生命安全的重大损失。继续广泛开展爱国卫生运动，全面推进城中村改造，扎实开展小城镇环境综合整治，坚决打赢城乡环境整治攻坚战，继续深入开展"四边三化""两路两侧"专项整治，综合整治大气污染特别是雾霾问题，打造绿色和谐的人居环境。 加强安全生产工作，推进职业病危害源头治理，努力减少公共安全事件对人民生命健康的威胁。 食品药品安全是"入口"工程，直接关系到人们健康问题。 健全食品药品监管体制，严把从农田到餐桌的每一道防线。 纵深推进医疗卫生体制改革，加快形成健康浙江建设的体制新优势建设健康浙江。

当前，浙江卫生与健康领域存在的资源总量不足、结构不合理、分布不均衡、供给主体相对单一、基层服务能力薄弱等问题，深层次看都是体制机制矛盾带来的。 需要以"双下沉、两提升"为突破口，一步深化医疗、医药、医保"三医"联动改革。 全面推进5大健康领域改革，着力形成有利于健康的制度体系。 围绕普及健康生活抓改革，完善健康促进和全民健身机制，实施特殊群体体质健康干预计划，深化体育管理体制改革；建立健全健康教育体系，着力健全纵向到底、横向到边的健康教育体系与网络，大力宣传健康科学知识，积极倡导健康生活方式。 围绕优化健康服务抓改革，鼓励社会力量多种方式提供健康服务，推动云计算、大数据、物联网等信息技术与健康服务的融合，推动医疗服务与养老、旅游、文化、体育等行业的融合，加快完善健康服务体系和基础设施网络。 围绕完善健康保障抓改革，重点优化健康筹资机制，加大财政投入，履行好政府保障基本健康服务的责任，鼓励金融保险机构创新产品和服务，大力发展慈善事业，形成多元筹资格局。 围绕建设健康环境抓改革，进一步完善生态保护、环境治理和监管体制，全面建立健康影响评价评估机制。 围绕发展健康产业抓改革，激发市场活力和社会创造力，形成有利于民间资本进入的体制机制，抓好一批健康特色小镇、骨干企业和重点项目，使我们的健康企业活起来、健康产业强起来。 政府需要切实做好试点的跟踪指导，及时总结推广试点经验。 以督评结合促改革落地，把督察与第三方评价结合起来，与领导干部政绩考核结合起来，形成压力、激发动力，消除改革落地的"堵点""痛点"和"盲点"。 大力开展各类健康促进活动，切实抓好健康社区、健康村镇、健康单位、健康学校、健康家庭和健康城市建设。广泛凝聚智慧和力量，动员全社会共建共享健康浙江。

健康中国战略以人的全生命周期健康保护和促进为中心，依次针对个人生活与行为方式、医疗卫生服务与保障、生产与生活环境等健康影响因素，提出普及健康生活、优化健康服务、完善健康保障、建设健康环境、发展健康产业等5个方面的战略任务。 总体来看，健康中国2030战略规划目标可以分解为，一方面以人的健康需要为出发点，确定健康的核心影响因素，甄别有效的干预措施并促进实施，以实现全人群健康水平改善，关注全体民众的全生命周期健康的提升；另一方面，构建以健康生活、健康服务与保障体系建设、健康环境、健康产业为支柱的大健康维护与促进体系，为居民提供一体化整合型健康服务，全方位满足全生命周期所需的健康维护与促进服务。 推进健康中国建设，是全面建成小康社会、基本实现社会主义现代化的重要基础，是实现人民健康与经济社会协调发展的国家战略，卫生体系和服务能力现代化是健康中国建设的重要支撑。

健康中国战略下我国卫生服务体系的目标健康中国战略要求优先增加医疗服务资源的供给，并在此基础上促进底线公平，这对我国医疗卫生服务供给方式的优化提出了新的要求。医疗卫生服务供给方式的优化以完善当前的医疗服务提供体系为前提。我国已建设覆盖城乡的卫生服务体系，如何提升卫生服务体系的服务绩效，增加医疗卫生服务供给，并促进医疗服务的底线公平是当前医改的重点。WHO将整合型医疗卫生服务定义为"通过卫生体系内不同层级机构间的协作，根据人们生命不同阶段的需要提供的健康促进、疾病预防诊断治疗、疾病管理、康复和安宁疗护等连续性服务"。构建整合型医疗卫生服务体系必将成为我国优化卫生服务供给方式的重要途径，通过整合医疗卫生服务体系，合理定位各级各类医疗卫生机构的功能，通过监管和激励机制确保其功能的实现。

综上，本书认为，实现健康中国战略，最根本的是要从"社会治理"的视角，针对健康服务管理体系进行大胆改革，从横纵向开展双向实施体制改革，提升健康服务的专业化、社会化，推进各项战略目标的实现。纵向方面主要是政府、健康管理职能部门、基层社会组织、家庭个人四个维度，形成全覆盖、且接续型的健康治理网络格局，以全面健康保健为支撑整合医疗卫生服务体系，同时优化基层社区公共卫生资源保障。

（1）构建复合型医疗卫生体系，实现专业照护与非专业照顾的有机融合。一是构建以老龄人口为中心的卫生服务体系。进入老年期后，个体间内在能力的变化具有很大的异质性。大多数老年人将会经历能力强而稳定、能力衰退、能力严重受损等3个能力不断衰退的过程。世界上大部分卫生系统都是按照急症照护模式建立的，而这与老年人主要的健康状况并不相符。这个体系的特征是注重单病、短期和机构化治疗，对共病治疗、长期照护、康复、用药指导等缺乏总体的战略规划和具体操作指南，相应地影响了医疗保障制度的设计、健康服务人力和设施的适老化设计。传统健康老龄化理念只是简单地关注老年人的个体健康状况的维持，而发展的健康老龄化理念则需要发展以老年人为中心的综合性"医疗、照护与环境"养老服务体系,为老年人提供生命历程中所需的各项健康支持。 杭州市民政局正在打造60余家兼顾日间照料和全托服务功能的居家养老服务中心,和50家示范型医养结合居家养老服务照料中心,采用嵌入式微养老机构的方式进行居家养老的尝试,满足老人对健康寿命和生活品质的追求。

(2)以医防融合为手段的医院社区一体化,实现治疗目的与预防目的相融合。 慢性病管理体系从长远来看,要有效预防控制慢性病,从整合卫生服务体系的角度出发,应建立和完善"医防融合"的慢性病综合防治体系。 以落实健康全程管理为重点,建立并完善基于大数据的慢性病综合防治服务与管理规范、家庭医生管理、分级诊疗和双向转诊等制度,打造"医防融合"、全程有序的慢性病综合防治服务与管理体系。 重点在糖尿病、肿瘤以及高血压等领域开展"预防——干预——治疗"综合防治服务。

(3)完善健康保障机制,实现全民健康与重点弱势人群的全覆盖融合。以全民健康覆盖为目标的健康保障制度体系全球性医疗卫生系统改革的根本目标在于实现"全民健康覆盖"。 要实现这一目标,任何国家或地区的医改都必须致力于解决"可及性、质量和可负担性"3个关键问题,其中,可负担性主要取决于建立全民覆盖的社会医疗保险体系,可及性主要依赖于建立一个以初级医疗卫生保健为重点或以基层为重点的连续性、整合性医疗卫生服务提供体。 要优化医保筹资机制,改善医疗保障制度的公平性。 医疗保障制度公平性的目标之一是实现健康公平,特别对于城市流动人口等这样一些特殊群体,都要消除组群之间那些可避免和可补救的健康差别。 拓宽保障范围,由医疗保障制度迈向健康保障。

(4)要逐步实现社会治理理念的转变,由关注居民疾病治疗转向关心居民生命质量。 在我国基本医疗保险已基本实现全民覆盖的情况下,医保的目标不再局限于为部分人群提供疾病的经济风险保护,而是让全体国民在制度覆盖下公平地享有基本医疗卫生服务。

(5)正确认识社会健康治理的价值意义并梳理全新的"大健康"意识。制度上主要实行整合型医疗卫生服务体系,以满足人的健康需要为出发点,重新构建各级各类医疗卫生服务机构的服务模式,改变医院为医疗服务初次诊疗场所的角色，把基层卫生服务机构作为服务主体，加强基层卫生服务能力；通过跨专业、跨学科，整合各级各类医疗服务；持续改善医疗服务质量；鼓励病患及家属参与其健康管理及服务利用的临床决策中来。 健康治理的中间力量是基层医疗服务机构，强化基层卫生服务能力基层卫生服务是整合型医疗卫生服务体系的基础。 基层卫生服务为居民和社区解决健康问题，是建立以人为本的一体化服务的着力点。 要实现以较低的成本实现较好的健康结果，卫生服务体系就一定要重视发挥基层医疗服务的关键职能：满足大部分非急诊临床服务需要，服务和信息的持续性以及促进整合服务的提供。 通过完善家庭医生签约制，落实基层首诊制。 落实基层首诊制的首要环节是继续做大做实家庭签约服务，实现签约人群由重点人群向全人群覆盖。 特别是应用信息化手段建立实时信息管理系统，保证患者更换医疗机构时其信息可以无缝、高效传递。 需要对签约服务对象开展精细化管理。 对签约对象建立健康风险分层长效机制，风险分层是主动识别在登记人群中谁的健康风险高，或者谁的服务使用率高、特别是住院服务使用率高或者可能会高。

重点发展和完善接续性医疗卫生服务机构从长远来看，应围绕全人群、全生命周期的健康需要，构筑起健康管理、疾病诊疗、康复、安宁疗护等一体化的卫生服务体系。 因此，在今后的社会健康治理规划中，应重点关注健康管理、康复、临终关怀服务机构发展，为此类机构发展提供政策支持，帮助其可持续发展。 整合健康职能部门实现不同机构间的纵向与横向的协同合作。 将疾病按照轻、重、缓、急及治疗的难易程度进行分级，要求不同级别的医疗机构承担不同等级疾病的治疗，明确分工，逐步实现合理就医。 这实质上是一种基于医疗服务需求的逐级筛选过程以及医疗资源配置和使用效率最大化、患者管理服务精细化的服务形态。 需要为患者提供连续性服务时，纵向整合是分级诊疗的关键，通过基层、二级和三级医疗机构之间的沟通和协调，重构这些机构（特别是医院）的职能及其相互之间的关系。 医联体、医共体、跨区域专业联盟是实现纵向整合的关键，通过这些方式促使优质卫生服务资源向基层流动。 横向整合旨在提供更加全面、完整的服务，包括保健、预防、治疗、康复和临终关怀服务，由一线医疗机构进行协调，可以通过第三方社会组织运营实现。 提高医疗卫生服务质量循证、优质、临床适宜的高水平医疗卫生服务，是实现改善人民健康和患者就医体验、提高卫生服务效率等改革目标的重要推手之一。服务质量提升是整合型医疗卫生服务体系取得成效的关键，政府的领导和指引对改善提高服务质量的能力至关重要。国际经验证实，政府可通过扩展现有机构职责或组建一个协调机制来领导、监督和实施质量改善工作，开展国家评估，制定评价体系不断深入推进国家健康战略的实现。

10.4　社会健康治理的实现路径

基于疾病消除、健康维护与健康促进的治理目标，实现公共健康治理需要在公共健康应急、健康贫困治理、健康管理服务、健康环境改善、健康教育促进、健康保障共享和健康素养提升等结成健康合作网络，实现维持基础生存的应急性公共健康治理、维持基本健康状况的常规性公共健康治理和致力于健康水平提升的主动性公共健康治理的分层分类治理。

（1）突发应急事件的健康治理

公共健康应急以降低突发性公共健康危机对生命财产和生活质量的负面影响为目标。突发性公共健康危机是指重大传染病在短时间内发生、波及范围广泛、出现大量病人或死亡病例的公共卫生事件。我国目前已建成全球最大规模的法定传染病疫情和突发公共卫生事件的网络直报系统。为进一步积极应对突发性公共健康危机事件，首先需要基于各类公共健康突发事件发生的国内外历史经验数据，分析预测全国范围或特定地区可能面临的公共健康事件、尤其是突发性公共健康危机。其次，基于对公共健康危机的信息预测，实现科学监测和方案制定，具体包括在公共卫生服务体系、法律体系、疾病预防控制体系、卫生救援体系、医疗服务体系等方面评估现行突发卫生事件中的应急方案，运用互联网技术建立全国公共健康危机事件信息库和监测体系，建立公共健康风险应对的预警防范机制，制定详细的公共健康应急预案，最终建成"以防为主、防治结合、综合治理"的公共健康应急体系。

（2）健康贫困治理

健康贫困治理致力于消除健康不平等因素，实现公共健康需求的平等满足和健康风险的平等化解，实现健康的公平可及。 世界范围内大约 8 亿人医疗保健支出占家庭总预算的 10% 以上，每年有近 1 亿人因病致贫，我国因病致贫返贫人口占建档立卡贫困人口的 40% 左右。 健康贫困是健康脆弱性、经济脆弱性与社会脆弱性等多重因素交叉影响的结果。 先天的自然健康风险会产生原发的健康起点不平等，形成了健康脆弱性；健康资源要素投入过程中若不能公平配置则导致健康过程的不平等，形成了经济脆弱性与社会脆弱性；患病率、人均预期寿命等地区性、人群性差异成为健康结果不平等的外在表现。 因此，健康贫困治理将着眼于健康不平等产生的全过程。 注重个别地区的生态环境治理和人群由于自然环境或个体健康风险的累积、医疗服务的可获得性低等更容易陷入健康贫困，需要在公共健康治理中予以重点关注。 贫困地区、民族地区等特殊地区的健康贫困问题，可以通过集中的公共卫生惠民工程、扩大医疗保障制度覆盖面等予以治理，例如我国农村逐渐形成的医疗救助制度为基础、新农合制度为主干、大病保险和疾病应急救助为补充、商业健康保险和慈善救助再补充的多层次"因病致贫返贫"治理体系。 此外，老年、妇女、儿童等个别人群受个体身体特征的影响，在健康存量和健康资本上处于弱势，可在疾病预防、健康体检、健康管理等方面予以重点照顾。 总之，以健康扶贫实现健康贫困的精准治理，提高贫困地区公共卫生服务水平，增强贫困地区医疗服务可及性，均等化、非歧视地满足各类人群、各个地区的健康需求。

（3）健康管理服务

健康管理是对个人或人群的健康危险因素进行全面监测、分析、评估以及预测和预防的全过程。 其宗旨是调动个人和集体的积极性，有效地利用有限的资源来达到最大的健康改善效果。 随着健康责任分担主体的多元化，在人群健康管理的链条上，需要建立城乡居民、公共卫生部门、医疗服务机构、药品供应厂商、医保经办机构、社区卫生服务中心、社会第三部门等多方参与的健康管理体系。 建立综合性健康管理服务系统，实现信息化覆盖全民全程的健康管理与服务，从母婴保健、出生档案、儿童保健（免费接种，体格检查）、成年保健（健康体检、计划生育指导、妇科检查、社区康复、健康教育与促进）、老人保健（老人体检、慢性病管理、健康教育与促进、健康评估、老人随访、家庭病床）、临终关怀，从出生到死亡的全人全程健康服务。

（4）健康环境改善

环境在健康影响因素中占据了较大比重，清洁健康的环境是人群保持身心健康的重要保障，反之污染的环境会恶化人群的健康。同时，污染也成为影响健康不平等的重要传导机制，由于社会经济地位不同的人规避环境风险的能力不同，环境污染会引致差异化的暴露水平和健康效应，成为引发健康以及社会不平等新的来源，由此形成了"环境健康贫困"陷阱[①]。健康环境改善旨在通过改善人们赖以生存的环境基础进而改善群体健康。一方面，需要将健康城市、健康社区、健康家庭建设融入城市规划、家居设计等的设计理念；另一方面，需要公众合作应对环境风险，在雾霾等环境污染日益严重的客观环境下，环保部门、交通部门、工商部门、新闻媒体等联合治理污染源，包括重污染工厂的环境技术改进、关停以及居民机动车辆的限行等具体措施，这需要全社会的配合治理，积极执行环保政策。同时，健康产业发展是健康环境改善的市场载体和消费途径，在国民健康需求与产业发展规律的驱动下，健康产业将成为国民经济的支柱性产业。《"健康中国2030"规划纲要》提出要重点发展健康产业，致力于健康养老、健康旅游、互联网＋健康、健身休闲、健康食品等多领域的融合发展，实现健康产业的转型升级，以健康产业助推健康消费与生活方式，优化健康产品供给，从而实现改善健康环境和居民生活的目标。

（5）健康教育促进

健康教育促进致力于健康知识的普及与健康理念的传播，把健康素养的提高融入文化信仰，把健康文化作为一种公共精神纳入公共健康治理体系。教育部门、卫生部门多方合作将健康教育纳入国民教育体系，将健康教育作为素质教育的重要内容，关注于全生命阶段、全人群的健康教育。同时，以居住社区和工作场所为基础单元的生活工作区域，通过健康教育提高个体健康

---

① 祁毓、卢洪友：《污染、健康与不平等—跨越"环境健康贫困"陷阱》，《管理世界》2015年第9期。

意识，引导个体对自身健康负责，正确评估不良生活方式可能带来的健康风险因素，提高对个人健康问题的防范意识以及参与公共健康治理的责任感。 特别是环境污染等问题究其本质是公众对作为健康环境的公共产品的破坏，其原因则是公众缺乏保护公共环境的责任意识。 因此，通过健康教育提高个体对公共健康的责任意识，是公共健康治理的重要保障。

（6）健康保障共享

健康保障共享是基于健康风险分担的费用化解机制，需要在医疗救助、医疗保险、健康保障等多环节实现分担和共享。 首先，医疗救助与医疗保险作为一种费用分担机制，能够降低改善健康带来的经济风险。 需要进一步扩大公共医疗救助的覆盖率与基本医疗保险的参与率，提高保障水平，降低人们疾病治疗的后顾之忧，减少因病致贫或因病返贫现象。 只有在良好的医疗费用保障下，才能积极参与疾病治疗，实现疾病的早识别、早治疗，降低疾病的累积风险。 其次，健康保障是对医疗保险的升级优化，随着医学模式由重治疗的"疾病医学"向重预防的"健康医学"转变，在生物医学模式基础上建立的医疗保险制度，已经难以保障人类生命健康的延续和生活质量的提高。 因此，需要优化健康保障的筹资策略与偿付机制，引导从疾病治疗到疾病预防再到健康改善，从"病有所医"到"人人享有健康保障"，从全民医疗保障到全民健康保障的优化升级。

（7）健康素养提升

健康素养提升是以人为核心的公共健康治理的重要目标，是公共健康治理成果的体现。 健康素养能够赋权予公民个体，并使他们能够参与到集体的健康促进行动中。 投资于健康素养与投资于医疗服务都是一种对健康的投资，共同作用全民健康覆盖。 健康素养是健康教育的一个主要结果，提高健康素养不仅仅需要传播健康信息，还需要改善人们对于健康信息的获取途径，提高对健康信息的利用能力[1]。 因此，将健康素养作为一种宣传理念融入大

---

① D NUTBEAM, *Health literacy as a public health goal：a challenge for contemporary health education and communication strategies into the 21st century.* Health Promotion International 2000，15(3)，pp. 259－267.

众产品设计，从而改善健康信息的获取途径；定期开展以社区为依托的健康素养监测工作，及时反馈以提高人们对健康信息的利用能力。 此外，由于以医疗保健的形式发生在家庭内部的人力资本投资是人力资本投资的重要形式，家庭内部行为对健康的影响不容忽视①，在健康素养的投资中尤其要重视发挥以家庭为单位的健康投资在健康素养提升中的作用，提高健康的家庭内部和代际再生产能力。

浙江的社会健康治理在此基础上，更应注意以下几个方面。

（1）立足本土居民的健康需要，打造健康浙江的价值理念

浙江经济社会发展居全国前列，老龄化速度趋于全国平均水平以上，广大居民对健康服务的需求较高，个性化、差异化及健康服务资源存在不均衡、不充分的现实性矛盾。 在这样的情形下，健康服务、健康管理的观念提升治理与服务质量以及居民对健康的满意度、幸福感息息相关。 开展健康治理的首要路径就是塑造价值理念，唤起各个利益相关方参与其中。 在健康治理各相关方中，政府要乐意接受多元治理的理念，积极转换自身角色，从权威的家长变成平等参与的一方。 实现这一点，要靠政府的主动作为，也要靠学界和社会各方面的不断呼吁。 对于医疗卫生机构等各专业机构，既有传递健康、促进健康的崇高使命，同时也面临经济利益的获取，在价值理念和行动上要进一步突出公益性。 对于各类营利性的公司而言，要吸引他们发展健康产业，树立合法营业观念，将经济效益和社会效益有机融合。 对于从事健康服务的公益组织、社会组织等的群众团体和个人而言，就是进一步认清自身在健康治理中的重要作用，进一步提高专业水平。

（2）广泛动员社会力量，积极发动、培育多元的健康治理主体

随着健康治理新模式的推行，政府必须要转变全能供给的角色，把更多精力投入主体孵化上来，要区分好生产和供给，鼓励市场主体、群众团体和公民个人积极参与到健康治理体系中来。 根据有关研究，在政府生产、政府供

---

① D NUTBEAM，*Health literacy as a public health goal：a challenge for contemporary health education and communication strategies into the 21st century*. Health Promotion International 2000，15(3)，pp. 259—267.

应,市场生产、市场供应,自愿生产、自愿供应这 3 种健康供给模式中,各有优劣,要积极搭建新的治理框架,积极培育专业机构、社会团体和个人等治理主体,倡导发展病友协会、志愿者团队、健康运动俱乐部等多种形式组织的群众力量,鼓励他们为健康促进积极做出自己的贡献,推进多元主体在协调合作的基础上共同参与健康治理的决策和实施,以有效弥补政府主体的不足,提高治理效率,提升治理成效①。

(3)集合公众对健康的公共需求,共赢共享、推进多元主体协商

在新的时期,公共治理的格局已经转变,激发基层健康治理的能量,激活社会组织参与社会健康治理已是不可逆转的潮流。 近年来,中央高度重视社会组织的发展,把激发社会组织活力作为创新治理体制的重要抓手。 据中国社会科学院与社会科学文献出版社共同发布的《中国社会组织报告(2016—2017)》统计,截至 2015 年底,全国共有社会组织 66.2 万个,社会组织类型正日益丰富和完善,开始步入质量提升和规范发展阶段②。 在这种情况下,我们必须要推进健康治理领域一系列的制度建设和制度创新,特别是建立和完善权益保护机制、利益协调机制、社会保障机制、公共安全机制、社会稳定机制、基层治理机制、社会自治机制等③。 通过多元主体之间的沟通与协商,避免信息传递受阻、失真或延误,增强彼此之间的信任,构建新型的治理体系和运行机制。

(4)有序推进治理格局,利用监督评价机制,活用信息技术服务健康治理

高度重视互联网的作用,借助互联网这个平台和手段,优化健康治理结构。 互联网在健康治理方面的作用可以从以下几个方面着手:一是开展健康教育。 既对普通群众开展健康知识教育,也有针对性地对网络传媒工作者开展健康培训,提高他们的健康传播意识和能力。 二是加强健康信息公开。 借

---

① 张宝同、马小飞:《治理视角下的城市社区健康教育供给分析》,《卫生经济研究》2009 年第 7 期,第 38—41 页。

② 邓之湄:《我国社会组织步入整体性变革时期》,《社科院专刊》2017 年第 3 期。

③ 李广文、王志刚:《协商民主视域下公共事务可治理性机制探索》,《哈尔滨商业大学学报》(社会科学版)2015 年第 1 期,第 68—74 页。

鉴西方国家做法，把有关疾病监测数据予以公开，任何人都可以通过互联网查看，一旦某种疾病出现上升趋势，人们就能理解掌握，开展有针对性的自我维护。 三是加强意见的沟通和互动，通过网络平台及时收集群众呼声和民间意见，将公众的看法和意见通过网络渠道传递到决策者，同时及时将决策者的意图解释清楚，让公众理解支持①。 总之，就是借助互联网这种天生平等多元的网络系统，形成由多元组织、多种力量参与的网络治理模式，进一步丰富健康治理的形式和内容。

---

① 若思：《中美公共卫生信息系统与公共卫生健康教育的比较》，《中国健康教育》2003年第 19 期，第 90—91 页。

参考文献

[1] 习近平. 在全国卫生与健康大会上的讲话 [EB/OL]. (2016-08-20). http：//www. gov. cn /xinwen /2016 － 08 /20 /content_5101024. htm.

[2] 中共中央, 国务院. 印发《"健康中国 2030" 规划纲要》[EB/OL]. (2016－10－25). http：/ /www. gov. cn /zhengce /2016 － 10 /25/ content_5124174. htm.

[3] 习近平. 决胜全面建成小康社会 夺取新时代中国特色社会主义伟大胜利——在中国共产党第十九次全国代表大会上的报告 [EB/OL]. (2017-10-18). http://news. xinhuanet. com/2017-10 /27 /c_1121867529. htm.

[4] 中共中央办公厅. 关于培育和践行社会主义核心价值观的意见 [EB/OL]. (2013-12-23). http：/ /www. wenming. cn /ll_pd /shzyhxjztx /201312 / t20131223_1654835. shtml.

[5] 中共中央, 国务院. 关于卫生改革与发展的决定 [EB/OL]. (1997-01-15). http：/ /www. moh. gov. cn /wsb /pM30115 /200804 /18540. shtml. WHO. Ottawa Charter for Health Promotiong. Copenhagen, 1986.

[6] 习近平. 决胜全面建成小康社会 夺取新时代中国特色社会主义伟大胜利——在中国共产党第十九次全国代表大会上的报告 [M]. 北京：人民出版社, 2017.

[7] 郑功成. 社会保障与国家治理的历史逻辑及未来选择 [J]. 社会保障评论, 2017 (1):203.

[8] 华颖.健康中国建设——战略意义,当前形势与推进关键 [J].国家行政学院学报,2017(6):105.

[9] 李玲.全民健康保障研究 [J].社会保障评论,2017(1):125.

[10] 国家统计局.中国统计年鉴(2017)[M].北京:中国统计出版社,2017.

[11] 国家卫生计生委.中国居民营养与慢性病状况报告(2015).[J].中国药店,2015(14).

[12] 何文炯.论社会保障的互助共济性 [J].社会保障评论,2017(1):26.

[13] 世界银行.深化中国医药卫生体制改革建设基于价值的优质服务提供体系 [R].2016.

[14] 雅诺什·科尔奈,翁笙和.转轨中的福利、选择和一致性 [M].北京:中信出版社,2003:15.

[15] 刘远立,李蔚东.构建全民健康社会 [M].北京:中国协和医科大学出版社,2008:59.

[16] 杨团.农村社会健康治理的思路 [J].中国卫生政策研究,2008,1(3):15-21.

[17] 曼纽尔·卡斯特.认同的力量 [M].北京:社会科学文献出版社,2006:32.

[18] 刘丽杭.国际社会健康治理的理念与实践 [J].中国卫生政策研究,2015,8(8):69-76.

[19] 兰敏.山东省老年教育产业分析及发展对策 [D].济南:山东师范大学.2014.

[20] 许峰华,朱大方,夏时畅,等.浙江省健康教育现状与对策分析 [J].浙江预防医学,2011,23(7):82-85.

[21] 焦旭祥.促进浙江健康养老服务业加快发展 [J].浙江经济(领导要论),2015(13):8-9.

[22] 马骁.健康教育学 [M].北京:人民卫生出版社,2012:1-5.

[23] 赵淑英.社区健康教育与健康促进学 [M].北京:北京大学医学出版

社，2011:192-200.

[24] 陈琦蓉，刘丹，唐四元.社区老年人健康教育现状及对策［J］.中国老年学杂志，2017，22:5729-5732.

[25] 叶映林，梁淑雯，苏柳群，等.社区老年人健康状况调查与健康教育模式探讨［J］.国际护理学杂志，2013，32（7）：1411-1413.

[26] 李丽君，殷堰，黄秋圆，等.社区老年人常见慢性病及相关危险因素调查［J］.老年护理学杂志，2008，28（2）：69-70.

[27] 唐国英.社区老年人健康教育探讨［J］.卫生健康管理，2013，1（3）：20.

[28] 陆霞，王丽霞，陈菡.社区老年健康促进新模式中健康教育的难点分析与对策［J］.护理研究，2011，25（12C）：3398-3399.

[29] JORDEN J E, GALEA G, TUKUITONGA C, etal. Preventing chronic diseases：taking stepwise auction［J］. Lancet，2005，366（9497）:1667-1671.

[30] 厉以宁.供给侧改革并非简单关停企业［J］.上海集体经济，2015（6）：36-36.

[31] 沈世勇，张健明.浅议我国医疗卫生领域的供给侧结构性改革［J］.社会政策研究，2017（2）:76-85.

[32] 马伟杭，王桢，俞新乐，等.浙江省深化医药卫生体制改革探索与思考［J］.中华医院管理杂志，2017（2）:84-87.

[33] 郑继伟.深化医药卫生体制改革推进健康浙江建设［J］.行政管理改革，2017（2）:16-19.

[34] 郑继伟.区域视角下的健康发展战略选择［M］.北京：科学出版社，2013.

[35] 王明高.浙江："智慧医疗"惠及民生［J］.中国健康，2017（1）:16.

[36] 洪韬.深化医疗保险支付方式改革的浙江探索［J］.浙江经济，2017（5）:50-51.

[37] 卢珩，王伟平，陶思涛.完善浙江省大病保险制度研究［J］.浙江保险科研成果选编，2015：366-371.

[38] 费敏浩，余震.多维高效杭州医保构筑智能监管平台 [J].社会保障，2015（9）：39-40.

[39] 林莉，郑纯胜，李水根.浙江跨省住院费用直接结算 [J].健康报，2017（6）.

[40] 张冰，童伟宏，楼春燕.跨省异地就医更方便了 [N].浙江日报，2018-02-27.

[41] 杨敏.药械采购的"浙江之路" [J].中国卫生，2016（5）：21-23.

[42] 吴朝晖.浙江"三医联动"的药采新机制 [J].中国卫生，2015（9）：110-111.

[43] 卞正法，马野，楼春燕.遏制骗保的浙江实践 [J].中国人力资源社会保障，2016（3）：33-35.

[44] 中华人民共和国国家卫生健康委员会.突出浙江特色强化考核推进《健康浙江2030行动纲要》印发实施 [EB/OL].（2017-01-17）．www.moh.gov.cn/gwihwaxxs/s3586s/201701/6625.

[45] 浙江省人民政府.关于印发浙江省深化医药卫生体制改革综合试点方案的通知 [EB/OL].（2016-06-07）www.zjjxw.gov.cn/art/2016/6/30/art_1207106_1.html.

[46] 浙江省发改委课题组.加快浙江健康产业发展 [J].浙江经济，2013（8）：22-27.

[47] 詹俏荣.浙江发展健康产业的十大优势 [J].浙江经济，2012（2）：44-45.

[48] 浙江省政府健康产业发展督查组.促进浙江健康产业大发展大提升 [J].浙江经济，2016（9）：37-39.

[49] 浙江省发改委课题组.从文献研究看监控产业的概念与分类 [J].浙江经济，2013（8）：32-34.

[50] 李强.加快打造万亿朝阳产业力争健康产业发展走在全国前列 [J].浙江经济，2015（9）：6-7.

[51] 张毓辉，王秀峰，万泉，等.中国健康产业分类与核算体系研究 [J].中国卫生经济，2017（4）：5-8.

[52] 浙江省人民政府. 关于印发浙江省妇女发展规划（2016—2020 年）和浙江省儿童发展规划（2016—2020 年）的通知 [EB/OL]. （2016-10-14）. www. zj. gov. cn/art/2016/10/27/art_37173_286216. html.

[53] 浙江省人民政府. 关于印发浙江省老龄事业发展"十三五"规划的通知 [EB/OL]. （2017-06-01）. www. zj. gov. cn/art/2017/6/13/art_37173_293131. html.

[54] 浙江省人民政府. 关于印发浙江省残疾人事业发展"十三五"规划的通知 [EB/OL]. （2016-09-29）. www. zj. gov. cn/art/2016/10/19/art_12460_286115. html.

[55] 浙江省卫生计生委. 关于印发浙江省实施《流动人口健康教育和促进行动计划（2016－2020 年）》工作方案的通知 [EB/OL]. （2017-01-22）. www. zjwjw. gov. cn/art/2017/2/16/art_1202101_5636468. html.

[56] 张颖. 中国家庭医生制度的伦理学研究 [D]. 济南: 山东大学, 2015.

[57] 王习习. 苏州市居家养老医养融合实践研究 [D]. 苏州: 苏州大学, 2017.

[58] 黄文斌. 环境污染与公共服务对居民健康的影响 [D]. 深圳: 深圳大学, 2017.

[59] SAMUELSO, PUAL. The Pure Theory of Public Expenditure [J]. Review of Econmoics and Statistics, 1954 （36）: 387-398.

[60] GROSSMAN MICHAEL. On the Conception of Health Capital and the Demand for Health [J]. Journal of Political Economy, 1972, 80 （2）: 223-255.

[61] 朱坤, 乔学斌, 张小娟, 等. 乡村医生签约服务实践分析 [J]. 中国卫生政策研究, 2015, 8 （12）: 60-66.

[62] 郭晋晖. 杭州探路分级诊疗: 医保支付改革让大医院"舍得放" [N/OL]. 第一财经, [2017-04-24]. www. yicai. com/news/5272553. html.

[63] 浙江省人民政府办公厅. 关于印发浙江省医疗卫生服务领域深化"最多跑一次"改革行动方案的通知 [EB/OL]. （2018-04-28）. www. zj. gov. cn/art/2018/5/11/art_12461_297106. html.